Por una muerte apropiada

Marc Antoni Broggi

Por una muerte apropiada

Versión del autor

EDITORIAL ANAGRAMA
BARCELONA

Título de la edición original:
Per una mort apropiada
Edicions 62
Barcelona, 2011

Diseño de la colección: Julio Vivas y Estudio A
Ilustración: Marc Atkins / panoptika.net

Primera edición: febrero 2013

© Marc Antoni Broggi i Trias, 2011

© EDITORIAL ANAGRAMA, S. A., 2013
  Pedró de la Creu, 58
  08034 Barcelona

ISBN: 978-84-339-6350-5
Depósito Legal: B. 31190-2013

Printed in Spain

Reinbook Imprès, sl, av. Barcelona, 260 - Polígon El Pla
08750 Molins de Rei

A Glòria Rull

INTRODUCCIÓN

Cuando me propusieron escribir sobre el cuidado de las personas en los últimos momentos de su vida, me sentí ilusionado. Entonces yo formaba parte de un grupo de trabajo del Comité de Bioética de Cataluña para redactar unas recomendaciones orientadas a profesionales no especialistas en el tema; es decir, para los que no estuvieran integrados en unidades de cuidados paliativos. Pensé que bastaría con un simple giro para centrar esta vez la mirada en la preocupación de los ciudadanos corrientes. Quería mostrarles algunos de los problemas con los que deberán enfrentarse, qué pueden esperar actualmente de la buena práctica y con qué criterios se lleva a cabo por parte de los profesionales. Al mismo tiempo, pensé que debería aprovechar la ocasión para aclarar algunos conceptos que a menudo se confunden: sedación terminal y eutanasia, no aceptación del tratamiento y suicidio, limitación terapéutica y dejación del deber de socorro. A pesar de que haya escritos sobre cada una de estas actuaciones, pensé que era oportuno reunirlas para diferenciarlas bien. Convenía además dar algún consejo, tal como se nos pide a menudo, sobre la manera de hacer un documento de instrucciones

9

previas o voluntades anticipadas (lo que antes se conocía como testamento vital): algo que resultase útil.

Pensé que interesaba mostrar estos aspectos basándome en lo que he ido observando a lo largo de mi experiencia como cirujano y también en los análisis que he tenido la suerte de compartir con personas de otras especialidades (de enfermería, del derecho, de la filosofía, de la política o de la gestión). Es cierto que la experiencia profesional me ha proporcionado un trato asiduo con personas que se acercan a la muerte o que temen acercarse a ella y, por lo tanto, un conocimiento práctico aunque sea relativo y siempre parcial. Y, por otro lado, el cultivo de la bioética me ha habituado a una reflexión sobre los derechos y las necesidades de los ciudadanos enfermos.

Finalmente, creo que la experiencia siempre debe complementarse con el saber acumulado que nos fue legado. Tengo que confesar al respecto que, al menos en temas como éste, me han resultado siempre más interesantes las muestras imaginadas por los poetas y artistas que las teorías expuestas rigurosamente por los pensadores; así, a menudo me ha parecido encontrar más sabiduría en los razonamientos de muchos personajes de ficción que en algunos tratados eruditos. Aprovecho la maestría de unos y otros cuando veo que expresan de forma tan certera ideas o sentimientos que comparto pero que yo hubiera expresado con menor fortuna. De hecho, muchos autores han dedicado alguna reflexión a la muerte y el cuidado adecuado para encararnos a ella puede provenirnos de su conocimiento y expresividad. «Si uno no es sabio ni santo, lo mejor que puede hacer es seguir los pasos de los que lo han sido», se me ha repetido desde joven.

Confieso mi deuda con muchísima gente a la que he conocido personalmente o cuya obra me ha llegado; incluso debo admitir la influencia de muchos que puedo haber citado sin darme cuenta. Seguramente hay poco mío; a cada paso hay influencias que acepto y que con frecuencia no recuerdo a quién atribuir (en cuanto a influencias me siento, como dice Sánchez Ferlosio, «asaetado como un San Sebastián»). Todos somos nuestra memoria, y mucha de la que hemos acumulado y utilizamos se nos evoca inconscientemente.

El punto de partida escogido es éste: dado que uno mismo tiene que encarar tarde o temprano el tener que morir o ver morir a alguien a su lado, conviene tener una idea realista de las decisiones que acompañan estos momentos y de las formas de ayuda que se nos ofrecerán o podemos ofrecer. Los dos ejercicios, el de la aceptación de lo que se nos acerca y el de saber estar con quien ya se encuentra en ello, son importantes.

La preocupación sobre la forma de morir siempre ha existido: «Más que la misma muerte, lo que me da miedo es la forma en que vendrá, lo que tendré que sufrir.» Es un pensamiento clásico. Y ocurre ahora que esta preocupación ha aumentado, al menos entre los ciudadanos de este nuestro «primer mundo» tan lleno de posibilidades técnicas. Porque, a diferencia de otros lugares y de otros tiempos, se espera poder disfrutar de una ayuda médica más eficaz y al día; pero también se teme que esta ayuda acabe llevándonos a situaciones no deseadas, manteniéndonos en un estado poco confortable para nosotros y para nuestros familiares, o que se nos precipite la muerte cuando todavía no la querríamos. Puede decirse que, menos para los casos de muerte repentina, la muerte ahora viene acompañada de decisiones cada vez más difíciles e inquietantes, hasta el punto de haber vuelto casi obsoleto el concepto de «muerte natural». Todos tenemos algún ejemplo

11

que no querríamos vivir y límites que no querríamos traspasar. «¿Cómo debo afrontar la muerte? ¿Cómo se me podrá ayudar? ¿Cómo puedo evitar que se me haga llegar allí donde yo no quiero? ¿Qué está cambiando en nuestro entorno sobre estas cosas?» Éstas son algunas de las cuestiones que trataremos, teniendo clara la idea central de que morir es inevitable pero que morir mal no lo es.

Conviene distinguir algunos niveles en los que hay que actuar para morir lo mejor posible. El primero es el de la disposición de cada cual, y le dedicaremos el primer capítulo. Después, insistiremos en la importancia de una compañía cálida que permita compartir miedos y esperanzas y que favorezca la confianza de poder controlar situaciones e intervenir en las decisiones. Finalmente, tenemos que considerar, claro está, la actuación de los profesionales –y de las instituciones, no lo olvidemos– para que dirijan sus conocimientos, habilidades y posibilidades técnicas a la lucha contra el dolor y el sufrimiento y para que sean respetuosos con las necesidades de cada persona, a quien debe adaptarse la atención para que sea correcta. Precisamente, una serie de iniciativas legislativas vienen a regular una nueva práctica y a proporcionar más ocasiones de participación a enfermos y familiares. Son aspectos que deberían conocerse mejor, al menos en cuanto a derechos y en cuanto a los deberes que de ellos se derivan.

En cada uno de estos ámbitos que propongo analizar sucesivamente, desde el primero, más íntimo, al más público, hay aspectos que mejorar. Trataré de mostrar a grandes rasgos algunas posibilidades para hacerlo en cada uno de ellos, sin eludir tampoco algunas de las dificultades. Porque estas últimas son grandes y cualquier análisis que quiera ser realista debe tenerlas en cuenta.

Precisamente, en los últimos capítulos señalaremos algunas actuaciones de ayuda que resultan básicas: la previsión de cuidados, la analgesia o la limitación de tratamientos, todas ellas casi siempre posibles. No entraremos en detalles de actuaciones más especializadas como puedan ser las que procuran los profesionales dedicados a cuidados paliativos o la insustituible atención de enfermería, a pesar de que debe quedar claro desde el principio que son los modelos a seguir y a extender.

Al final nos referiremos a una actuación no aceptada de momento entre nosotros como es la eutanasia. Pero la polémica sobre ella no debería eclipsar la necesidad de mejorar el final de la vida para la mayoría de los ciudadanos. Y, en este sentido, una de nuestras pretensiones primordiales es distinguir que una cosa es provocar la muerte y otra muy distinta ayudar a que se produzca lo más plácidamente posible cuando llegue la hora.

El desconocimiento es la causa de muchos errores. Desconocer, por ejemplo, los cambios acaecidos entre nosotros sobre posibilidades de ayuda, los derechos de los que ahora gozamos y los límites que podamos poner a lo que se nos proponga, lleva al desconcierto y a la parálisis, porque mantiene la confusión entre algunos conceptos éticamente básicos y jurídicamente diferenciados ya con toda claridad. Así, ¿cuántas veces no se confunde eutanasia con cuidado paliativo, esperanza con engaño, limitación de tratamiento con abandono, o posibilidad de actuación con obligación de actuar? ¿Cuánta gente no confunde en la práctica «buena muerte» con la evitación de todo tipo de agonía? La incomprensión intensifica el miedo a tomar decisiones –por ejemplo, la de parar cuando sería el momento de hacerlo– y se aceptan así rutinas poco razonadas y se desperdician oportunidades de hacer las cosas más reflexivamente.

La reflexión es esencial. Se trata de utilizar aquella mirada que se refleja en las cosas y en las situaciones y que nos vuelve cargada de preguntas. Estimular la necesidad de reflexión que nos conduzca a hacernos mejor las preguntas y contribuir a aumentar el conocimiento sobre estos asuntos es el objetivo que nos hemos propuesto.

1. LA VIVENCIA DE LA MUERTE PRÓXIMA

A menudo se hace demasiado para posponer la muerte y demasiado poco, y tarde, para aliviar el sufrimiento que la acompaña: ésta es la constatación que conviene tener presente cuando hablamos de ayudar mejor a quien va a morir, tanto por parte de los profesionales[1] como de los familiares. Los primeros tienen una inercia y tan poderosos medios para continuar la lucha contra la enfermedad que fácilmente van demasiado lejos. Y los familiares, dada la angustia que sienten, esperan y piden actuaciones que a veces ya no son ni útiles ni seguras para el enfermo. La falsa idea de que la muerte es siempre un fracaso para los primeros y un mal absoluto para los segundos hace que, a partir de cierto momento, los esfuerzos de todos se orienten en una mala dirección: la de retrasarla a cualquier precio. De este modo, la obsesión por evitar la muerte impide tratar como es debido el proceso de acercarse a ella. Incluso a veces la misma dificultad para ver la muerte con naturalidad puede hacer que se acabe actuando en un sentido aparentemente contradictorio: precipitando innecesariamente el desenlace que vendría por sí solo, únicamente porque se quería evitar cualquier tipo de agonía visible. En cualquier

15

caso, se toman decisiones poco razonables y se deja al moribundo sin el más mínimo control. Corregir estas actitudes constituyó el objetivo principal del trabajo del Comité de Bioética de Cataluña al que habré de referirme con frecuencia: mucho de lo que aquí expongo ya figuraba en él.[2]

Todos guardamos en la memoria muertes plácidas de amigos, familiares o pacientes de las que salimos enriquecidos pensando que habíamos podido ayudarles o acompañarles como era debido. Quizás nos hayamos dicho entonces: ¡morir bien no es tan difícil como creía! Sin embargo también hemos experimentado lo contrario, y hemos quedado apesadumbrados ante procesos angustiosos y desapacibles. Que esto último ocurra puede deberse a imponderables de la misma enfermedad y de sus complicaciones: morir mejor o peor depende de muchas circunstancias y algunas de ellas son poco previsibles o son inevitables. Pero también es cierto que a veces depende de decisiones poco meditadas y de actuaciones desproporcionadas: traslados de última hora, tratamientos inútiles, semanas de intubación en la unidad de cuidados intensivos. La sensación de impotencia o de culpabilidad suele dejarnos entonces un malestar profundo.

Volviendo la vista atrás, creo que estas experiencias deberían servirnos de lección y para poder preguntarnos: ¿qué había en unas que favorecía morir mejor que en otras? ¿Qué podemos aprender de las primeras que nos ayuden a mejorar las segundas?

Ya hemos dicho en el prólogo que conviene plantearse por separado los tres ámbitos en los que hay que incidir: el de la intimidad, el de la familia y el público, aunque los tres sean simultáneos e igualmente decisivos. En cada uno de ellos el protagonista es distinto y la responsabilidad también: en el primero, el más íntimo, el protagonista es el propio enfermo; en el segundo, lo son sus familiares y las personas de su entorno; y en el último debemos tener en cuenta a los profesionales, la organización sanitaria y también el marco social, las leyes y las costumbres que rigen en ese momento.

Evidentemente, todos ellos se interrelacionan. No podemos prescindir, por ejemplo, del peso que algunos condicionantes sociales tienen sobre las personas. En nuestra sociedad, la muerte se vive hoy de forma muy distorsionada y peculiar. Milagros Pérez Oliva, periodista que ha contribuido mucho a la reflexión sobre el tema, recuerda la experiencia corriente de un niño actual: en una tarde puede ver en la pantalla de la televisión un montón de muertes violentas, pero en cambio parece que le esté vetado el proceso real de morir, casi censurado: no verá más al abuelo enfermo, ni cuando muera, como antes era habitual; no se le llevará al hospital, ni al tanatorio. El imaginario colectivo «imprime carácter» en las emociones y en la mentalidad que este niño pueda tener después, cuando sea mayor.

Otro ejemplo: la delegación –relegación, de hecho– del cuidado en las instituciones y en los profesionales hace que se espere demasiado de éstos ante el proceso de morir. Así, la esposa y los hijos –antes, cuidadores habituales– ven ahora el acompañamiento que deberían proporcionar al enfermo como un trabajo casi insoportable para sus fuerzas, sin darse cuenta de que su aportación no puede sustituirla nadie más. En situaciones críticas algunas necesidades no pueden ser atendidas por el profesional, aunque conozca bien al enfermo; y lo común es lo contrario, que sepa muy poco de él. «Uno de los encuentros más desafortunados en la medicina moderna es el de un anciano débil e indefenso que se acerca al final de su vida solo, frente a un médico joven, dinámico y atareado que empieza su carrera profesional.»[3] Y es que los profesionales, jóvenes o no, nunca podrán suplir ciertas necesidades, aunque tengan buena formación, hayan adquirido experiencia y adopten una disposición óptima. Actualmente se les pide demasiado.

Distorsiones así las hay, y hablaremos de algunas de ellas y de la necesidad de superarlas. Sin embargo, no hay que olvidar nunca algunas conquistas que nos permiten controlar mejor que antes el proceso del final de la vida. La asistencia de enfermeras bien formadas ha acabado siendo, por ejemplo, una de las mejoras clínicas más importantes del siglo XX. Y lo mismo cabe decir, en lo que atañe a los enfermos moribundos, de la dedicación especializada y del ejemplo de los compañeros de cuidados paliativos y, en general, de la influencia de todo el movimiento *hospice* (de residencias orientadas a la ayuda al final de la vida) de los países anglosajones. No hay duda de que todo ello representa un cambio cualitativo definitivo que permite una atención más global y eficaz y que nos señala la orientación adecuada.

Los muchos problemas que puedan quedar por resolver casi nunca son sólo ni principalmente técnicos u organizativos. En general, son de comprensión y actitud. Vemos la necesidad de mejorar a todos los niveles, en cuanto a la compañía de los familiares y a la prestación sanitaria profesional. Pero antes que nada conviene empezar considerando el terreno personal, con las dificultades mentales que suelen alzarse ante todo aquel que se acerca a la muerte, y la convivencia con los fantasmas que surgen cuando se avecina.

Aunque morir mejor o peor dependa de muchos imponderables, procedentes tanto de la enfermedad como del entorno familiar o sanitario, no hay que perder nunca de vista la importancia de la actitud que cada cual adopte. Sobre todo depende del balance más o menos satisfactorio que se haga de la propia vida y, por lo tanto, de la mayor o menor dificultad que se tenga para asumir que la vida tiene ya que dejarse así, tal como está. El final de la vida (resulta un lugar común) es una etapa de la misma, la última. Esto implica a menudo un combate interno entre la rabia y la aceptación cuando se ve que la hora «más temida que esperada» llega por fin y que ya no podemos hacer más cosas de las que hemos hecho. «Feliz por encima de todo aquel que no tenga que rechazar su vida anterior para acordarla a su suerte actual»:[4] esta frase de Goethe señalaría el ideal.

Ninguna ayuda técnica recibida podrá suplir este balance interior. Pero sí se puede influir favorablemente si se detecta, se respeta y no se interfiere en él. Aunque desde fuera se pueda hacer poco en un terreno tan íntimo, es bueno estar mínimamente atento para poder reconocer algunas dificultades del moribundo y tenerlas en consideración antes de cualquier actuación. Si no se está bastante atento, en cambio, es fácil cometer errores evitables, sea desde el simple acompañamiento, sea en el proceso de diálogo e información, sea en la difícil toma de decisiones.

Evidentemente, no es objeto de este libro hacer un estudio sobre la muerte como dificultad personal ni mucho menos servir de guía para enfrentarse mejor a ella: no es un estudio filosófico ni psicológico, ni un intento «de autoayuda» para «aprender a morir».* Pero algo sí conviene decir sobre este proceso variable y cambiante que tan fundamental resulta para la calidad del proceso final de la vida. Por lo tanto, al considerar este terreno tendré que bucear necesariamente en el pensamiento de otros más preparados que yo cuando vea que ilustran mejor lo que conviene tener presente.

Quien se disponga a acompañar a una persona que se encuentra en este trance supremo, tiene que recordar una serie de estados mentales que son comunes. Por ejemplo, Elisabeth Kübler-Ross, en su mejor época, publicó un libro de referencia[5] en el que se describen las famosas etapas por las que sería habitual transitar: una de negación y aislamiento, otra de ira, a la que seguiría una de depresión, y finalmente podría llegarse a la de la aceptación final. No hay que tomar al pie de la letra esta secuencia, y sabemos que un enfermo puede saltarse o quedar encallado en alguna etapa. Por lo tanto, conociendo (aunque no sea con detalle) su existencia, se podrá comprender mejor lo que está pasando y al menos intentar no entorpecer este trabajo interno. Si únicamente se está pendiente del tratamiento y de las actuaciones técnicas —sean éstas médicas, de cuidado de enfermería o simplemente domésticas—, no se podrá atender suficientemente bien una de las fuentes de sufrimiento, y hay que tener presente, además, la gran diversidad personal y la variabilidad que existe de un momento a otro.

Morir puede ser difícil, haya síntomas molestos o no. Para unos porque les llega en un momento en el que toda-

---

* A pesar de que aquí defendemos ayudar a morir y no enseñar a morir, hay aportaciones excelentes con este título, como *Apprendre à mourir*, de Emmanuel Hirsch.

vía disfrutan de la vida y en el que, por lo tanto, resulta irritante tener que dejarla. La muerte no puede entonces considerarse oportuna, como se dice a veces que debería ser. Si «oportuna» significa «que llega a buen puerto»,[6] puede ser una buena imagen de fin de trayecto, de una llegada «como es debido». Pero el hecho es que la mayoría de los mortales querría continuar la navegación mientras en ella se vaya mínimamente bien, incluso acaba pidiendo dar alguna vuelta más. Me gusta la demanda razonable, no excesiva, del poeta romántico Hölderlin dirigiéndose *A las Parcas:* «Oh vosotras, las poderosas, sólo os pido un verano más...»[7] Otra partida más de ajedrez, le pide el caballero a la muerte en la película *El séptimo sello*, de Ingmar Bergman.

Dejar la vida, con sus satisfacciones y la curiosidad por lo que nos rodea, nos resulta penoso; y saber que esto ocurrirá, nos llena de rabia. Incluso sufrimos anticipadamente sabiendo que tendremos que abandonar algún día nuestros vínculos, los recuerdos del pasado y los proyectos de futuro. Un modesto chófer, mientras la familia a la cual servía visitaba unas tumbas romanas y hacía disquisiciones sobre la fugacidad de la vida, vino a introducir esta lacónica frase como resumen: «¡Yo, cuando pienso en la muerte, me da tanta pena!» ¿Puede decirse algo más elocuente? No hay que buscar demasiada profundidad en la perplejidad (tan humana) que acompaña esta conciencia de destino natural que compartimos. Llegamos al final demasiado pronto, querríamos apurar la copa un poco más, dar otro trago.

Salvo que se nos haya vuelto amarga, lo que también se da en situaciones terminales. Entonces pediremos ayuda para acabar. «¡Apartad de mí este cáliz!», diremos. Pero a pesar de saber que la enfermedad, la dependencia o la decrepitud nos puedan hacer más aceptable la inminencia de la muerte, se nos hace entonces muy desagradable tener que soportar este proceso previo para poder aceptarla. Así es que tampoco en esta situación se vislumbra la muerte como «oportuna» y se teme que venga precedida de una carga de malestar.

Bien sea que veamos la muerte como salida de un estado desagradable, como «*exit*» (así se llaman algunas asociaciones pro eutanasia), o que sintamos que se presenta prematuramente, esperamos contar con alguien que nos acompañe en ese trance y nos preste alguna ayuda para mitigar el sufrimiento del proceso. Es ésta una esperanza legítima y general. Morir sólo es sinónimo, para casi todos, de muerte indeseable, de carencia de esas muestras de mínima solidaridad que nos merecemos unos de otros. Al menos, en nuestras sociedades mediterráneas siempre se ha confiado en ella y ha venido asegurada por la familia, los amigos e incluso los vecinos. También se confiaba en un médico de cabecera entrañable y solícito, aunque fuera muy poco útil técnicamente hasta hace poco. Pero es que no era precisamente una técnica depurada lo que más se apreciaba de él en tales momentos.

Es cierto que ahora las cosas han cambiado y que la mitad aproximadamente de la gente de nuestro entorno ya no muere en su casa sino en instituciones sanitarias y más o menos apartada de los suyos. Quizá porque la familia tiene menos disponibilidad para permanecer a su lado; pero sobre todo, aunque la tuviera, porque la ayuda que ahora se busca en esos momentos se pretende que sea más «eficaz», más profesional. Se confía en una medicina tecnificada a la que se tiene derecho y de la que, además, se piensa que es capaz de prodigios extraordinarios. La muerte se ha medicalizado, y la medicina se ha mitificado: éste sería un resumen de actualidad.

Desgraciadamente, la confianza excesiva en la medicina y en su tecnología como fórmula mágica para ir retrasando indefinidamente la muerte acaba siendo un obstáculo para morir bien. Ninguna ayuda puede sustituir del todo el trabajo de convencimiento de que nos tenemos que morir inexorablemente a pesar de todo lo que se pueda hacer, y, por tanto, deberíamos estar mínimamente preparados de alguna manera cuando esto llegue.

El ejemplo de René Descartes es muy significativo porque nos muestra las dos actitudes: primero, la ingenua de querer posponer la muerte con el mito de la ciencia, y después, la de hacerse cargo, finalmente, de lo que es inevitable.

Este filósofo se aplicó también al estudio de la medicina, convencido de que «... si de algún modo es posible que los hombres sean más felices, creo que debe ser con la ayuda de la medicina. Lo que ahora se sabe no es casi nada en comparación con lo que queda por saber. Se podrían evitar infinidad de enfermedades y quizá los achaques de la vejez, si se conocieran mejor las causas y sus remedios...».[8] Y, siguiendo este hilo, llega al optimismo de pensar que, dedicándose a este problema, podrá llegar a alargarse la vida hasta edades como las que disfrutaban los patriarcas del Antiguo Testamento.

Puede parecer curioso que un pensador de su talla dedicara tiempo y energías a tal fantasía. Pero son muchos los que parecen compartir esta ilusión optimista o que, al menos, viven como si la compartieran. Es lo que contesta uno de los héroes del *Mahabharata* cuando el oráculo le pregunta: «"¿Qué es lo más incomprensible de los humanos?" "Que, sabiéndose mortales", contesta, "vivan como si no lo fueran."»[9] Los adelantos actuales y el alargamiento de la esperanza de vida reavivan esta ilusión.

Eso sí: más tarde el pensador francés supo superar el engaño y antes de morir confesó: «Os diré confidencialmente que las nociones de física que he pretendido conquistar me han servido en cambio para establecer algunos fundamentos de moral; y he quedado más satisfecho en este punto que en aquellos otros que me robaron tanto tiempo. De manera que en lugar de encontrar los medios de conservar la vida he encontrado otro, más fácil y seguro, que es el de no temer a la muerte.»[10] Un cambio saludable, y que seguramente le ayudó a decir en su último momento aquello tan simple y elegante que se le atribuye: *«Il faut partir»*, es hora de irse. La clave está en saber hacer este cambio a tiempo.

Quizá es cierto que no es sano pensar demasiado en la muerte mientras se pueda, y así lo reconoce incluso el gran Spinoza. Porque es lógico pensar poco en algo que nos resulta tan penoso para vivir cómodamente. «¿De qué me sirve pensar en un hecho que es ineludible y tan desagradable para mí?», parece ser la pregunta. Y el escritor Fernando Pessoa viene a defender esta actitud: «Una cosa me maravilla más que la estupidez con la que los hombres viven su vida: y es la inteligencia que subyace en esta estupidez»;[11] y remacha el clavo con su tan conocida imagen: «porque la inconsciencia es el fundamento de la vida: si el corazón pudiera pensar, se pararía».[12]

Pero el caso es que también es saludable poder pensar en ello cuando es debido. Porque la pregunta del párrafo anterior es, de hecho, ambigua: ¿de qué sirve pensar en ello? De nada para evitarlo, claro está. Pero sí para prepararse, para prepararse uno mismo o para ayudar a alguien a hacerlo.

Es decir, en los casos en que la muerte se nos muestra en el horizonte, hay que poder asumirla sin desesperar demasiado, sin que esta visión nos destruya totalmente o nos aniquile antes de tiempo. Y parece que cierta preparación es posible y permite vivir más tranquilamente: «La meditación previa de la muerte es meditación de la libertad», dice Séneca, «quien aprende a morir desaprende a servir»;[13] y es que de hecho nos libera del miedo con el que vivimos encadenados frente a su fantasma. Muchos hombres y mujeres lo han demostrado y nos lo muestran a menudo.

Pongamos el ejemplo de Mozart. En la última carta a su padre enfermo, le dice: «Como la muerte es el verdadero término de nuestra vida, me siento desde hace unos años tan familiarizado con esta excelente amiga del hombre que su rostro no sólo no tiene para mí nada de terrorífico, sino que me resulta sosegado y consolador... No voy nunca a dormir sin reflexionar que al día siguiente, a pesar de ser joven, quizá ya no esté aquí; y, aun así, nadie de los que me conoce puede decir que yo sea triste. Doy gracias a Dios por esta felicidad y se la deseo cordialmente a mis semejantes.»[14] Es evidente que en su música, que tan eficazmente nos pone en contacto con nuestros sentimientos, debemos buscar, entre otras muchas cosas, esta felicidad aquí expresada, este sosiego que no puede venir más que del reconocimiento de un hecho que simplemente se ajusta a la naturaleza. «La muerte como verdadero término de nuestra vida.» Es sabio el reconocimiento. Y aconseja cierta familiaridad previa para poder llegar a ella saludablemente. Coincide esto con los pensadores más lúcidos, como el poeta Horacio: «Piensa que el día que se va es el último para ti: será entonces bienvenida cada hora inesperada de más.»[15] Todos piensan que es beneficioso cierto ejercicio activo de «familiarización».

Así, vemos que hay gente que no solamente no teme a la muerte, sino que incluso parece que ha llegado a cierto compromiso con ella. Quevedo expresó con gran belleza esta posibilidad; y llega a decir al final de un soneto:

> Llegue rogada, pues mi bien previene;
> hálleme agradecido, no asustado;
> mi vida acabe, y mi vivir ordene.[16]

¡Mi vivir ordene! He aquí una alta aspiración: morir como ocasión, la última, para ordenar la propia vida; y para poder llegar, como dice Horacio, a la placidez: «Será amo de sí mismo quien al final del día pueda decir: he vivido.»[17] Salvo que esta «familiarización», a pesar de ser tan útil, no siempre se cumple.

LA COMPRENSIÓN DEL HECHO

A menudo no resulta nada fácil pasar de la confianza excesiva en uno mismo, en el fluir de la vida y en la posibilidad de restituir la salud cuando haga falta, a una situación de muerte cercana e inexorable. Sobre todo, cuesta mucho pasar de ser el centro del mundo a entender que el mundo tiene que continuar sin nosotros. Y si hemos vivido de espaldas a esta realidad demasiado tiempo, «cuando queremos dar la vuelta / no hay lugar», dice lacónicamente Jorge Manrique. Hacer el viraje resulta entonces complicado. De hecho, plantea un reto al que cada cual se debe enfrentar: que, para aceptar las limitaciones y la muerte, hay que reducir bastante el narcisismo que todos albergamos y que todos vamos cultivando en mayor o menor grado.

26

La familiaridad de la que hablábamos tiene que ser una familiaridad con la propia pequeñez, un ejercicio íntimo de modestia. Y esto precisa un trabajo que, a pesar de ser variable según los individuos, siempre resulta difícil, sobre todo si se tiene que hacer cuando ya queda poco tiempo para ello. Si uno se mantiene arrogante, cree en su importancia y espera todavía hacer muchas o grandes cosas, si todavía se toma en serio el papel que representa, puede ser muy difícil. Constatar que ya se acaba la obra y que su personaje tiene que quitarse la máscara (precisamente es lo que significa «persona» en griego), puede producir un malestar considerable. Y, para evitarlo, puede desear entonces la muerte repentina, o el engaño. El miedo exagerado a mirar de cara lo que viene no tan sólo impide morir bien, sino que dificulta vivir bien ya desde mucho antes.

Es evidente que para llevar a cabo todo este proceso hay diferencias muy ostensibles que hay que saber reconocer. Se ha dicho que la muerte nos iguala a todos. Pero el morir no. El morir nos diferencia mucho. Tanto como la forma de vivir, de disfrutar o de sufrir. A buen seguro que en esto de saber integrar la enfermedad y la muerte en nuestras vidas, y en definitiva de integrar nuestra vida en la naturaleza, hay diferencias de predisposición individual, de carácter. Y he creído constatar que estas diferencias no dependen mucho de la inteligencia de cada cual, ni de la erudición, ni de la adscripción y la fe religiosa, sino de la concepción más o menos realista que cada cual tenga sobre uno mismo.

Por supuesto, tienen su peso las circunstancias físicas y ambientales. La calidad de vida de los últimos tiempos, la sintomatología, la evolución de la patología que se sufra y los estragos que ésta pueda producir son determinantes.

Es difícil aceptar que hay que morirse cuando se es todavía joven o uno se siente joven, y se está sano y activo, relacionándose y participando autónomamente en el entorno y, por tanto, muy aferrado a la vida. En cambio, es más fácil cuando se ha visto apartado por la dependencia o la decrepitud de la vejez, cuando se han perdido las relaciones personales o cuando uno se siente una carga para los que le rodean. En este último caso, la muerte ya no se ve tan grave, e incluso hay quien la espera como una liberación. Dice Montaigne: «Observo que a medida que me adentro en la enfermedad caigo de manera natural en cierto desdén por la vida. Encuentro que cuesta más digerir la resolución de morir cuando se tiene salud que si se tiene fiebre. [...] El salto del malestar al no estar no es tan grave como el que va de estar en estado dulce y floreciente a otro arduo y doloroso.»[18]

Y es que el cuerpo, con su propia medida, va imponiendo a lo largo del proceso terminal una evolución y señalando cada día con más nitidez cuál va a ser el final, mostrando la evidencia de que no queda otra alternativa. Así, el ánimo, convencido finalmente, acaba disponiéndose también a partir. Es muy gráfica en este sentido la glosa utilizada por Cervantes en su última carta: «puesto ya el pie en el estribo, con las ansias de la muerte...».[19] Son muchos los que llegan a esta disposición y, conservando su lucidez, ponen el pie en el estribo para dejarlo todo. Simplemente, lo ven natural.

No hemos de confundirnos y pensar que esta fase de aceptación deba ser de gran felicidad o comportar grandes sentimientos. Simplemente, puede presidirla la tranquilidad de que finalmente acaban «los trabajos y los días» y se llega al descanso, y el recuerdo de que todo cansancio pide una reconciliación con la naturaleza.

También influye, ya lo hemos dicho, el imaginario cultural. Hay sociedades, grupos o familias ideológicas más favorecedoras que otras para estos menesteres. Unas tratan la vejez y la muerte más tranquilamente. Otras son más evasivas, y otras más impositivas. Y no me refiero sólo a las grandes palabras que se proclaman desde los púlpitos, sino a lo que comparte la gente en el día a día. Siempre hay ideas, imágenes y costumbres que contribuyen a que cada cual se sienta mejor o peor con el trabajo personal que debe acabar haciendo, aunque no todo el mundo tiene la misma capacidad, oportunidad o libertad para hacerlo a su manera. Así es que la influencia de las ideas generales, religiosas o no, puede ayudar a las personas, pero también puede dificultar si no se adaptan lo bastante, con suficiente flexibilidad, a cada uno.

NO ENSEÑAR, SINO AYUDAR A MORIR

Porque una cosa es recomendar formas de morir como más positivas a priori, o más humanas, y otra muy diferente es ayudar a personas concretas. No se trata entonces de enseñar a morir, sino de ayudar a que cada cual lo haga a su manera. Y toda ayuda digna (porque es la ayuda la que conviene dignificar) lo es si acaba correspondiendo con lo que cada cual entiende por dignidad.

Con el grupo de trabajo del Comité de Bioética de Cataluña decidimos utilizar poco el concepto de dignidad. No porque no tenga validez *per se*, sino porque a menudo se usa con significados incluso contrarios. «Muerte digna» puede querer decir cosas diferentes según quién lo diga: puede querer legitimar la eutanasia o, al contrario, defender que se soporte el dolor. A menudo se usa como petición de prin-

29

cipio simplemente para tener razón, como argumento indiscutible para defender una postura, ya sea de actuación o de inhibición. Antes que imponer ideas sobre actuaciones dignas, es más fácil ponerse de acuerdo en considerar indignas algunas actuaciones: como no respetar al otro, ofendiéndolo o utilizándolo, o no considerarlo una individualidad irrepetible y autónoma que precisamente define, limita, su propia concepción de dignidad.

Esta necesaria individualización debe ser el punto de partida imprescindible. En gran parte, como dice el poema de Borges, porque:

... un solo hombre ha muerto en la tierra [...]
Afirmar lo contrario es mera estadística, una
    adición imposible. [...]
Un solo hombre ha muerto en los hospitales, en la
    ardua soledad, en los barcos, en la alcoba del
    hábito y del amor.
Hablo del único, del uno, del que siempre está
    solo.[20]

Desde el enfoque que ahora planteamos, la soledad radical con la que se vive la muerte ya merece un gran respeto. Y si queremos ayudar, debemos evitar cualquier idea generalizadora, demasiado simple y, sobre todo, con excesiva vocación pedagógica. En este sentido hay que considerar críticamente el intento de la mayoría de las religiones o de las filosofías de crear mitos a seguir ejemplificando la muerte de sus fundadores.

En mi caso concreto, educado en la religión cristiana, descubrí más tarde, con mucha reverencia, alguna muerte ejemplar que me había sido ocultada. Conocí la de Buda que, a sus ochenta años, después de una larga prédica y viéndose morir, se detiene en un villorrio, medita sobre ese momento y se dirige serenamente a sus discípulos para decirles que lo importante no es él ni sus enseñanzas sino cada uno de ellos, que cada cual debe llegar a ser su propio refugio y su propio maestro, que no le lloren... Admirable. Pero todavía admiré aún más la muerte de Sócrates. También él sabe que va a morir, porque así lo ha decidido el tribunal. Y el día señalado se encuentra sentado en la prisión hablando con sus discípulos como un día cualquiera. Se despide de su mujer desolada y amenaza con expulsar a los que también lloren. No hay lugar para la tristeza. Al final, valiente y sereno, se bebe la cicuta mortal ante sus queridos amigos. Recordemos el magnífico discurso con que se despidió del tribunal público en su juicio: «Es hora de irnos. Yo a morir, vosotros a vivir. Quién va hacia una suerte mejor, es difícil saberlo salvo para los dioses.»

Son actitudes realmente admirables, que apuntan al ideal de sabio que todos querríamos llegar a ser. Salvo que después caí en la cuenta de que tales actitudes resultan demasiado alejadas quizá de lo que es común entre nosotros y de que, precisamente por esto, resultan discutibles como ejemplo para la mayoría, e incluso peligrosas. En cambio, he visto que el relato de la muerte de Jesús, que se me figuraba ambiguo y con cierto regusto de apología del sufrimiento, tiene muchos aspectos aleccionadores a considerar. También él sabe que se acerca su final, pero tiene un momento de miedo e incluso de duda. Traicionado después por un discípulo, ve cómo los demás se dispersan o reniegan de él. Tendrá que morir solo. Incluso exclama con amargura «¿Por qué me has abandonado?», tal como lo sienten muchos enfermos terminales en algún momento; y pide ayuda con un muy humano «Tengo sed». Da esperanza estrechando lazos de futuro («Madre, he aquí a tu hijo...») y ayuda a quien también está muriendo a su lado. Finalmente dice algo esencial: «Perdónalos...» Y tan sólo después de esto puede llegar a decirse: «Todo está consumado.»

Este ejemplo (comparaciones hagiográficas aparte, y dejando a un lado el mensaje sobre el sufrimiento, del que hablaremos más adelante) no oculta a nadie que ante la muerte se puede sentir dolor o malestar y puede ser difícil aceptar su oportunidad. Pero también sabe evocar que uno puede acabar apropiándose de ella si atiende a una necesidad crucial: que para bien morir es preciso ponerse en contacto con el núcleo interno de culpa de cada cual y haber podido perdonar y sentirse perdonado. No sólo para con los demás; fundamentalmente, hay que perdonar a la vida, tan corta y tan mezquina, y perdonarse uno mismo el pecado cometido siempre de no haber sabido aprovecharla óptimamente en el tiempo que se nos ha dado; el de no haber sabido, como dice Borges, ser lo bastante feliz. Rogeli Armengol nos ilustra de forma clara que la tranquilidad de ánimo necesaria para ir hacia una muerte con serenidad supone un esfuerzo de reconciliación, un «estado mental» al que sólo se accede con la suficiente humildad y generosidad.[21] Este estado mental que, entre la emoción y la razón, nos lleva a una comprensión de más calidad, Ramon Nogués lo identifica con la transcendencia y la espiritualidad, sean religiosas o no, que varían mucho de una persona a otra.[22]

Cualquier prototipo que se quiera proponer para ejemplificar la muerte no debería rehuir su complejidad ni la sordidez de algunos de sus aspectos. El príncipe de Salina, en el *Gatopardo* de Lampedusa, viendo en la biblioteca el cuadro *La muerte del justo*, se pregunta si su muerte «será tan pulcra como la pintan los pintores: seguro que ni las sábanas estarán tan limpias, dice, ni los que están alrededor vestirán tan bien». Los retratos de la muerte no tendrían que idealizarla tanto, y deberían ayudar a prepararse mejor para lo imprevisto, con más «resiliencia», como ahora se dice, con más capacidad de tolerancia y adaptación.

Por tanto, conviene relativizar los modelos ideales que podamos recibir (o dar) porque puede que no se ajusten a situaciones difíciles de prever. Más vale no tenerlas demasiado preconcebidas. Pongamos un ejemplo clásico y conocido. En la época homérica, el modelo ideal era el de la muerte heroica. Aquiles, su prototipo, tiene el privilegio de poder escoger destino, y prefiere así morir joven heroicamente y estar en boca de todos (a cada rato lo estamos citando, dice Borges) antes que morir olvidado después de una vida dilatada y gris. Pero las cosas cambian, y lo que era así en la *Ilíada*, no será lo mismo en la *Odisea*. Para el astuto Ulises el ideal ya no será morir heroicamente, sino volver sano y salvo a su casa y reunirse con su familia. El mismo Aquiles rectifica ante él y le confiesa desde el Hades: «No intentes consolarme, esclarecido Ulises», le dice, «preferiría ser labrador y servir a otro, a un hombre miserable y sin fortuna, que reinar sobre todos los muertos.»[23] Reconoce que siguió un modelo con excesiva rigidez.

Y es que el ideal puede variar a medida que evolucionamos, o las circunstancias van siendo distintas de las que uno imaginó. Estando sano se puede considerar «más digno» no aceptar esta o aquella situación de dependencia, pero hay que pensar que es posible que se cambie después, y así suele pasar. Conviene, pues, prepararse para aceptar con franqueza, y sin una idea preconcebida demasiado excluyente, la novedad que pueda presentarse.

Muchos modelos ideales tienen un denominador común que no ayuda a esta aceptación, y es el de la búsqueda de un «sentido» especial, entendido éste como objetivo a perseguir. Pueden ser muchos: desde el de ser recordado, a salvar la patria; o sencillamente a mantener una idea de lo que resulta digno, o incluso estético. Con él se legitimaría la muerte y se la haría más aceptable, se le daría más valor. Si este «sentido» se ha generado o desarrollado personalmente, es positivo para la aceptación del final. A muchos creyentes, por ejemplo, les resulta de mucha ayuda para conservar el ánimo mantener la conexión con su propia idea de la trascendencia. De hecho, como subraya Ramon Nogués, toda trascendencia, «como la capacidad para explorar», responde a «una delicada interfase entre lo que es emoción y sentimiento y lo que es la razón».[24] Pero si el modelo viene simplemente impuesto sin un margen suficiente de flexibilidad para adaptarse a las necesidades emergentes de cada cual, y para que pueda cambiarse si hace falta, puede acabar siendo una dificultad.

Y si esto es así para uno mismo y las propias opciones, conviene sobre todo ser muy prudente cuando se trata de ayudar a los demás. Porque, sin el suficiente respeto, podemos acabar imponiéndoles nuestros valores e influir excesivamente en aquellas decisiones cuyas consecuencias serán ellos quienes las sufran. Por poner un ejemplo muy común: pensar que es bueno saber no quiere decir imponer la información a quien le dé miedo recibirla. Cualquier actuación que quiera servir de ayuda no puede basarse más que en una cuidadosa personalización. Algunas decisiones cuando se está cerca de la muerte pueden ser complicadas; de hecho veremos que lo son cada vez más, porque ahora en ellas están en juego más valores, valores diferentes de distintas personas: de enfermos, profesionales, núcleos familiares o instituciones. Lo fundamental es la comprensión de que la ayuda que brindamos solamente puede ser tal desde la adecuación a quien la pida; no sólo respetando sus derechos generales, sino también sus necesidades individuales y cambiantes.

Cada cual, con ayuda pero sin interferencias, tiene que encontrar su camino, su propio «sentido»; es decir, aquella forma más o menos coherente y aceptable, más o menos armónica con lo que uno es y quiere llegar a ser.

Ya hemos visto que unos tendrán serias dificultades para hacerse cargo de un cambio tan radical en su vida como es el de pensar en acabarla. Es posible que hayan vivido demasiado alejados mentalmente de esta eventualidad, que hayan confiado demasiado en su propia salud o en una sanidad que ya proveerá cuando se la necesite. El viraje, entonces, puede ser brusco. Gil de Biedma nos describe con sinceridad este descubrimiento supremo:

... Dejar huella quería
y marcharme entre aplausos.
Envejecer, morir, eran tan sólo
las dimensiones del teatro.
Pero ha pasado el tiempo
y la verdad desagradable asoma:
envejecer, morir
es el único argumento de la obra.[25]

Cuando esta verdad desagradable aflora, puede ser duro continuar estando demasiado ligado al mundo, o al menos a algunos de sus ídolos. Armengol explica bien la diferencia entre saber estar en el mundo y estar demasiado apegado a él; que una cosa es vivir en el mundo y otra vivir para el mundo y pendientes de él. «Más que nuestras eventuales ideas sobre la vida y la existencia, es el apego lo que nos puede llevar a pensar que somos o deberíamos ser inmortales. Más que ideas de carácter metafísico sería la idea física del apego a la vida la que nos hace difícil y problemática nuestra muerte porque nos hemos acostumbrado a vivir.»[26]

Esta dificultad para imaginar y aceptar que somos prescindibles y que nos tenemos que despedir hace que a menudo se muera mal, y que se viva mal por el miedo a lo que no se quiere vivir de forma alguna. En cambio, si se sabe estar en el mundo sin quedar atrapado del todo por él, se puede disfrutar mejor de la vida: «¡No te olvides de vivir!», aparece inscrito en una obra de Goethe.[27] Que el miedo a la muerte no te impida vivir, podríamos decir. Porque lo esencial es poder decirse al final «he vivido», como decía Horacio al acabar el día y poder aceptar así la muerte que se nos aproxima.

De todos modos, también es comprensible, evidentemente, la nostalgia de dejar lo que tenemos. No sería patológica la tristeza o la dificultad que esto supone para muchos, y que se puede manifestar de tantas y tantas maneras. Desde aquel «me da tanta pena» del chófer que hemos visto unas páginas más atrás, a la conocida protesta de Maragall ante la promesa de otro mundo: «... *amb quins sentits me'l fareu veure / aquest cel blau damunt de les muntanyes / i el mar immens i el sol que per tot brilla?...*» («... ¿con qué sentidos me mostraréis / este cielo azul sobre las montañas / y el mar inmenso y el sol que tanto brilla?...»).[28] Incluso debe aceptarse que provoque una franca rebelión en algunos: «*Do not go gentle into that good night* [...] *Rage, rage against the dying of the light*», exclama la voz ronca el gran poeta galés Dylan Thomas («No entres dócilmente en esa buena noche [...] Enfurécete, enfurécete contra la muerte de la luz»).[29] Lo mismo viene a decir Unamuno con una increpación muy suya: «Y cuando al fin me muera, si es del todo, no me habré muerto yo; esto es, no me habré dejado morir, sino que me habrá matado el destino humano. Como no llegue a perder la cabeza, o mejor aún la cabeza del corazón, yo no dimito de esta vida; sino que se me destituirá de ella.»[30] Alguien puede muy bien sentirse identificado con este sentimiento de rechazo primario. Y su protesta íntima incluso puede convivir con la comprensión que tenga de lo que nos impone inexorablemente la ley natural. Puede que alguien encuentre en esta ambivalencia una forma muy personal de integridad y creer que así mantiene, con la protesta, una coherencia y una lucidez que no quiere dejar a pesar de rendirse ante los hechos. Para utilizar una metáfora quizá excesiva, quiere hundirse de pie con su barco, sin entregarlo, sin traicionar su dignidad de pobre mortal que protesta al verse tratado injustamente.

Y, como ésta, habría muchas contradicciones que detectar y aceptar. Demuestran que la aproximación simbólica que se busca, y que tan importante es para algunos, puede ser muy variada. La coherencia no se puede medir desde fuera, ni con la mera razón ni con un canon estético o un orden moral, sino que la piedra de toque de «su verdad» será el efecto de sosiego que al fin produzca en el estado de ánimo de cada persona. Lo que cuenta es el compromiso que pueda conseguir en su interior. Y este intento suele ser mudable a lo largo del tiempo.

Cerca de la muerte, la rapidez y amplitud de los cambios del estado emocional de una persona son importantes. No hay una situación estática ni una evolución lineal de dirección definida. Suele haber una ondulación que puede parecer errática desde fuera, como si la persona investigara en su interior y transitara por todos sus rincones, no dejando ningún sentimiento por tocar y buscando formas de tolerar y comprender lo que se acerca. La desesperación sentida en un momento puede dar paso, al poco rato, a una serenidad sorprendente; el estado de ánimo cambia a lo largo del día, o de una sola hora a veces. Esta posibilidad obliga a los del entorno a mantener una atención activa.

Saber y recordar que existen estos problemas y formas de preparación tan diversas resulta útil: para uno mismo cuando llegue la hora y para ayudar a aquellos que lo están sufriendo.

PREPARARSE MÁS ALLÁ DE LA RAZÓN

Es fundamental recordar que la preparación es posible y conveniente; que nunca es lo bastante tarde para intentarla. Y que la más efectiva es la que se basa en un sentimiento genuino de autoestima pero que a la vez acepta íntimamente la propia finitud y la propia pequeñez.

Ahora bien, no sólo es cuestión de verlo y de entenderlo con una mirada distante y olímpica, como si se tratara de otro. En este sentido, el trabajo debe ser honesto, sin trampas, evitando los espejismos o las ideas que a menudo construye la razón. Para morir bien, el trabajo tiene que llegar al núcleo más interno, más allá de la mera razón. Precisamente, uno de los errores es confiar excesivamente en la racionalización para prepararse, como si se tratara de hacerlo para una transacción.

Un ejemplo excelente de este peligro nos lo muestra *Wit*, una obra teatral de Margaret Edson.* Uno de los as-

---

* Hay una película magníficamente interpretada por Emma Thomson bajo la dirección de Mike Nichols, aquí mal titulada *Amar la vida*. También la montó Lluís Pasqual, protagonizada por Rosa M.ª Sardà, en 2005.

pectos que la hace apasionante es el de mostrarnos precisamente la evolución que hace una enferma terminal y cómo va afrontando los agravios de su enfermedad (y de su tratamiento) hasta su muerte.

Desde el principio, nos resulta admirable la entereza que la protagonista, Vivian Bearing, exhibe para controlar la situación con distanciamiento. Se trata de una brillante profesora de literatura inglesa, especializada en el poeta John Donne, sobre todo en sus «sonetos sagrados», que tratan precisamente el tema de la muerte. Parece que es del trato con ellos, pero también de su ingenio (que es lo que significa *wit* en inglés) y de su juego con las palabras y los conceptos, de donde saca la fuerza para conseguir su serena actitud: «Se trata de una valiente lucha con la muerte para la cual se convocan todas las fuerzas del intelecto para vencer a la enemiga.»

Y así, vamos viendo que su experiencia intelectual la ayuda mucho durante un tiempo: le permite mantener un análisis crítico e inteligente de las situaciones patológicas e, incluso, de aspectos como la frialdad del hospital. Se cree preparada para soportarlo todo porque todo lo interpreta con la ayuda penetrante de su mente. Cree estar preparada para la muerte porque se ha familiarizado con el concepto. Su lucidez es su espada y su escudo. Y nosotros comprendemos, a través de su mirada, que «querer saber y mirar» es lo que siempre la ha movido y lo que la sostiene. También vemos que el lenguaje resulta un instrumento útil y riguroso para relacionarse con los hechos. «La muerte no es una cosa que pueda representarse con signos de admiración, puntos y comas, o mayúsculas; tan sólo una simple coma separa la vida de la muerte, nada más.» Así de sencillo. Y se dice a sí misma, con palabras del propio John Donne: «Muerte, no te enorgullezcas / aunque te llamen poderosa y terrible / porque nada de eso eres a mis ojos.» La mantiene a raya con lo que sabe sobre ella.

Pero, con la evolución de la enfermedad, las cosas se complican. No todo es tan nítido: se va dando cuenta de que no se trata «de una simple coma» para traspasar, que también hay sobresaltos ante lo imprevisto, signos de exclamación ante la incertidumbre, mayúsculas ante el dolor... Se da cuenta de que no todo lo pueden abordar las fuerzas del intelecto. Poco a poco afloran otras necesidades perentorias: necesita algo más. Recuerda entonces, con remordimiento, que ella también trataba de forma innecesariamente estricta y distanciada a sus alumnos. Y ve su misma frialdad reflejada ahora en la voz de los profesionales que la tratan: también «quieren saber» sobre su cáncer pero no se interesan lo bastante en su sufrimiento. Se va dando cuenta de que un trato así resulta netamente insuficiente, que necesita más calor e interés. En definitiva, que para soportar el sufrimiento necesita más compañía y compasión.

El gran valor de la obra consiste en conseguir decirnos todo esto sin frases solemnes, sin simplificaciones didácticas ni sentimentalismos fáciles. Simplemente, se nos muestra a una enferma que se nos ha hecho entrañable por su envidiable autosuficiencia mental, hasta que tiene que reconocer el miedo y la falta de afectividad del entorno. Y es precisamente porque nos había subyugado desde el principio su altura de miras, su manejo de la condición de enferma, su ecuanimidad, su agudísimo sentido del humor y sus recursos intelectuales, por lo que nos sobrecoge más la vulnerabilidad y el descontrol a los que se enfrenta después. Hay un momento en que llora (¡finalmente!), y tan sólo después de haberlo hecho puede llegar a hablar de su miedo, reconociendo «que esta vez no hablaba de la muerte en abstracto sino de la mía, y nada hubiera sido peor que las agudezas verbales; es la hora de la sencillez, es la hora de la bondad». Una cosa era creerse preparada y otra estarlo. Se había escudado en las solas palabras, pero, como acaba admitiendo, «me han descubierto».

Marcel Proust viene a mostrárnoslo de este modo tan preciso: «Al ver cuánto me había equivocado, comprendí que el sufrimiento llega mucho más allá, en psicología, que la misma Psicología; y que el conocimiento de los elementos que componen nuestra alma nos viene dado no por las finas percepciones de la inteligencia, sino –duro, resplandeciente, como sal cristalizada– por la brusca reacción al dolor.»[31]

Es con un *insight* de este tipo como Vivian Bearing, la protagonista del film, ve también con claridad (aprehende, y no sólo entiende) que no es cuestión de rigor intelectual, o no del todo; que también se trata de sinceridad personal, de reconciliación con la propia vida y de aceptación de nuestra sencilla finitud. Y con esta constatación puede finalmente morir bien.

Para esta preparación poca cosa podemos hacer desde fuera, seamos profesionales o familiares. Alguna ya veremos que quizá sí: comprender lo que está pasando, aceptar cada particularidad personal y respetarla tal como se presente. Quien va a morir agradecerá una escucha atenta y activa, una hospitalidad que valore quién es él y quién ha sido, y sobre todo agradecerá la compañía.

Tanto si la preparación personal se ha hecho bien como si ha tenido que improvisarse a última hora, tanto si se ha hecho muy intelectualmente o se mantiene en cambio un tono muy emocional (incluso con cierta rabia, con *rage)*, tanto si reposa en una creencia trascendente como si no, comoquiera que sea debemos disponernos a ofrecerle una ayuda que disminuya su sufrimiento: que la «agonía» no suponga una lucha (como nos dice su etimología) demasiado desigual y destructiva, o demasiado solitaria. La ayuda, como mínimo, debe comportar una presencia próxima y una clara disposición a mantener un diálogo a su alcance. No sólo porque lo necesite el moribundo; también lo precisamos nosotros si queremos adaptarnos a su medida, a su mundo particular. Y todo esto, tan importante para la persona que muere, veremos que no es nada fácil.

NOTAS

1. M. A. Broggi, C. L. Llubià, J. Trelis. *Intervención médica y buena muerte.* Documento de trabajo 93/2006. Fundación Alternativas. Madrid, 2006.

2. Comité de Bioética de Cataluña. *Recomendaciones a los profesionales sanitarios para la atención a los enfermos al final de la vida.* Fundació Víctor Grífols i Lucas. Barcelona, 2010. http://comitebioetica.files.wordpress.com/2012/02/cbcfividaes.pdf.

3. B. Kaiser. *My Father's Death.* Citado en Iona Heath. *Ayudar a morir.* Madrid, 2008. Pág. 25.

4. J. W. von Goethe. *Anys d'aprenentatge de Wilhelm Meister.* Edicions 62. Barcelona, 1985. Pág. 346. Traducción propia.

5. E. Kübler-Ross. *Sobre la muerte y los moribundos.* Grijalbo. Barcelona, 1972.

6. J. Pohier. *La mort opportune.* Seuil. París, 1984. Pág. 11.

7. J. C. F. Hölderlin. *Poesía completa.* Ediciones 29. Barcelona, 1984. Pág. 100.

8. R. Descartes. *Le discours de la méthode*. L.VI. *Œuvres et lettres*. Gallimard. París, 1953. Pág. 169. Traducción propia.

9. Vyasa. *El Mahabharata*. Visión Libros. Barcelona, 1984. Pág. 383.

10. R. Descartes. «Lettre à Chanut du 15 juin 1646», *Œuvres et lettres.* Gallimard. París, 1953. Pág. 1236. Traducción propia.

11. F. Pessoa. *Libro del desasosiego.* Seix Barral. Barcelona, 1984. Pág. 67.

12. Ibídem. Pág. 29.

13. Séneca. *Lletres a Lucili,* I. XXVI, 10. Bernat Metge. Barcelona, 1928. Pág. 68. Traducción propia.

14. J. y B. Massin. *W. A. Mozart.* Turner. Madrid, 1987. Pág. 612.

15. Horacio. *Epístoles.* I, 4, 13-14. Bernat Metge. Barcelona, 1927. Pág. 81. Traducción propia.

16. F. de Quevedo. «Conoce la diligencia con que se acerca la muerte». *Poemas escogidos.* Clásicos Castalia. Madrid, 1987. Pág. 57.

17. Horacio. *Odes i epodes.* III, 29, 41-43. Bernat Metge. Barcelona, 1981. Pág. 73. Traducción propia.

18. M. de Montaigne. *Los ensayos.* Acantilado. Barcelona, 2007. Págs. 98-99.

19. M. de Cervantes. Dedicatoria de *Los trabajos de Persiles y Segismunda.* Ediciones Arte y Literatura, La Habana, 1975. Pág. 24.

20. J. L. Borges. *Obra poética.* Alianza. Madrid, 1987. Pág. 135.

21. R. Armengol. «Sobre la propia muerte y la de los otros.» *Quadern CAPS,* 1995, n.º 23. Págs. 21-29.

22. R. M. Nogués. *Cervell i transcendència.* Fragmenta. Barcelona, 2011.

23. Homero. *Odisea.* Canto XI. Vergara. Barcelona, 1963. Pág. 663.

24. R. M. Nogués. *Cervell i transcendència.* Fragmenta. Barcelona, 2011. Pág. 87. Traducción propia.

25. J. Gil de Biedma. «No volveré a ser joven». *Las personas del verbo*. Seix Barral. Barcelona, 1990. Pág. 152.

26. R. Armengol. *Felicidad y dolor. Una mirada ética*. Ariel. Barcelona, 2010. Pág. 194.

27. P. Hadot. *No te olvides de vivir. Goethe y la tradición de los ejercicios espirituales*. Siruela. Madrid, 2008. Pág. 144.

28. J. Maragall. *Cant espiritual. Antologia poètica*. Selecta. Barcelona, 1967. Pág. 174.

29. D. Thomas. «Do not go gentle into that good night». *Mil años de poesía europea*. Edición de Francisco Rico. Planeta, Barcelona, 2009. Pág. 1097.

30. M. de Unamuno. *El sentimiento trágico de la vida*. Losada. Buenos Aires, 1964. Pág. 118.

31. M. Proust. *En este momento*. Cuatro Ediciones. Madrid, 2005. Pág. 146.

2. LA COMPAÑÍA AL ENFERMO

Todo enfermo espera poder contar con una compañía solidaria y comunicativa que le evite la soledad. Lo espera de sus próximos, familiares y amigos, y también, en la parte que les corresponda, de los profesionales.

DE LA SOLEDAD A LA HOSPITALIDAD

Se ha dicho que este sentimiento de soledad frente al infortunio forma parte de la condición humana. Espriu lo dice así: «*Què és la veritat? / La solitud de l'home / i el seu secret esglai*» («¿Qué es la verdad? / La soledad del hombre / y su secreto espanto»).[1] Encontrarse ante esta verdad, con el espanto íntimo que la acompaña, es lo primero que se constata en los momentos de tribulación, y el último tramo de la vida suele ser uno de los más intensos. Estar solo en el momento de morir puede ser triste; pero sentirse solo entre la gente es mucho peor; resulta indigno, inhumano. «Murió solo en la calle y nadie le conocía» es un verso que le gusta citar a mi padre como colmo de la insensibilidad y de la insolidaridad colectivas.

45

Quien esté cerca y quiera prestar alguna ayuda debe tener en cuenta este hondo espanto y disponerse a mitigarlo con su compañía. Es algo que puede hacer; y enseguida verá que su sola disposición ya mejora radicalmente la situación. Porque sentir esta voluntad de ayuda de aquel que está cerca permite al enfermo hacer una distinción que le es fundamental: la que dista entre soledad, quizá radical e ineludible, y el abandono. Distinguir entre ambos y comprobar que la una no comporta forzosamente lo otro alivia mucho. El contacto de la mano amiga, la mirada empática, la voz cercana y la presencia atenta le demuestran al enfermo que puede mantener una esperanza de comunicación a pesar de todo. Quizá sea cierto aquello de que cada cual debe vivir en soledad su propia muerte, pero, al menos, podrá vivirla sintiendo que se le comprende, que se valora su «secreto espanto». Saber que se le mira, y quizá admira, que a alguien importa el malestar que sufre o la serenidad a la que llega, es una ayuda inestimable.

También es verdad que algunas personas, sobre todo de edad avanzada, han llegado a encontrar cierto gusto por la soledad, a verla como un ámbito de reposo en el cual resulta gratificante el contacto silencioso con uno mismo y apartado del ruido del mundo. Para estas personas, esta experiencia puede ser una condición para acceder a una espiritualidad, ya sea de connotaciones religiosas o no; algo que favorece aquel diálogo con el «hombre que siempre va conmigo» del que habla Antonio Machado y que quizá esté en la base de toda espiritualidad. Se trata de un distanciamiento del entorno que favorece la preparación para irse retirando de él definitivamente. De hecho, se ha dicho que hacerse adulto es aprender a estar solo.

La posibilidad de esta preferencia por el ensimismamiento debe tenerse en cuenta a la hora de acompañar a alguien; porque, en casos así, el acompañamiento deberá ser más discreto, y el silencio estará seguramente más presente que la palabra. Recordemos que acompañar no es imponer una presencia ni un diálogo; no es andar en lugar del otro marcándole el camino que debe seguir; es hacerlo a su lado y estar y quedar a su disposición. Es ser hospitalario.

La hospitalidad es un concepto interesante. Define una de las necesidades cruciales de todo enfermo, y de ahí que comparta raíz etimológica con «hospital», por ejemplo. En concreto, apunta a la necesidad de ser bien acogido; de serlo con la actitud abierta con que un buen anfitrión debe recibir a su nuevo huésped:[2] interesándose por su manera de ser, por su peculiaridad, y valorando lo que representa precisamente de novedad, de persona irrepetible. Es lo que reivindica René Char cuando nos reclama: «desarrollad vuestra rareza legítima» *(«développez votre étrangeté légitime»).*[3] La verdadera hospitalidad se congratula de ella y la acoge tal como es.

Es la actitud básica que debe tener quien se acerca a alguien que va a morir, ya sea para ofrecerle una ayuda profesional o simplemente el apoyo familiar o de amigo; en cada caso, con las características que correspondan. Por ejemplo, no vale decir que ya le conocemos, que le hemos visto en otras circunstancias, porque las que ahora se avecinan son desconocidas para él y para todos los demás. La solicitud que se le debe a alguien que se encuentra en esta situación no puede limitarse a ser la rutinaria, la preconcebida y aplicada de forma general siguiendo los protocolos de un centro o las costumbres familiares o sociales al uso.

Para proporcionar un buen acompañamiento y una ayuda eficaz lo importante es tener clara la voluntad de individualización. Y precisamente una actitud así requiere que pueda basarse en unos valores que cualquier enfermo considerará elementales.

La compasión o empatía

El primero es el de la compasión, etimológicamente el de «sentir con el otro». De hecho, surge del sentimiento de repugnancia innato que tenemos a ver sufrir y, a partir de él, del de tener que activar un resorte para obrar. La clave intelectual y moral que abre la puerta a la buena práctica es la de admitir abiertamente que la compasión ha sido, es y debe continuar siendo el motor de toda ayuda al enfermo, incluso de la más técnica, especializada y puntual.

Enseguida conviene señalar, debido a la mala prensa que tiene el concepto hoy en día, que la compasión de la que hablamos aquí (o simpatía, si preferimos la etimología griega) no es sinónimo de lástima ni de otro sentimiento pasivo y triste.[4] Alguien sufriente la podría entender así, con aquello de: «no quiero vuestra compasión, me ofende»; la vería entonces cargada de paternalismo, de un sentimiento de superioridad, acaso comprensiva pero excesivamente distante. O, desde el que la da, se puede ver como una debilidad que no puede permitirse quien quiera actuar, porque le impediría hacerlo como es debido. Así es como piensan algunos profesionales que no quieren implicarse con las personas, sino sólo actuar sobre lo que ellas llevan dentro. Estas lecturas reduccionistas son la causa de que en algunos ambientes se crea que hablar de compasión resulte ramplón y se prefiera el término de «empatía», y se lo utilice como sinónimo a pesar de no serlo del todo. No tengo nada contra un eufemismo como éste mientras sirva para transmitir el mismo valor. Precisamente, los que lo reivindicamos como valor cardinal de la asistencia, se denomine de una manera u otra, nos referimos a él para hablar de una comprensión tal del sufrimiento que pone en marcha en nosotros una disposición a actuar para mitigarlo; la compasión o empatía mueve a actuar: conmueve. Por lo tanto, no se queda en puro sentimiento sino que hace pasar del sentir al hacer, de la observación a la solicitud; de un plano puramente afectivo pasaría a otro ético. No es solamente sensibilidad sino detección del problema que debe tratarse, y decisión para ayudar a solucionarlo como es debido. Es germen de actuación solidaria.

La compasión nos pone en marcha; pero, además, obliga a personalizar los pasos a seguir. Sin ella quizá no actuaríamos lo bastante, o actuaríamos demasiado, o lo haríamos en una dirección equivocada. La filósofa Hannah Arendt advierte que la carencia de emotividad no aumenta ni refuerza en nada la racionalidad.[5] Y es cierto que no se consigue más eficacia fríamente. La carencia de compasión más bien conduce a la insensibilidad; y ésta, en cambio, sí acaba siendo a la postre el origen de actuaciones poco razonables. En el contexto en el que hablamos debe tenerse siempre en cuenta, ya sea para tomar una decisión importante, como puede ser la de una sedación terminal, ya sea para alguna tan banal como la de colocar mejor la almohada: nada se hará bien si se hace mecánicamente, si no se tiene el miramiento suficiente y puntual. Y es que desde la compasión, o empatía, aunque se mire la causa perturbadora, nunca se olvida a la persona que la sufre; y está claro que el enfermo quiere que sea bien atendida la primera, pero también quiere que se le mire y atienda a él, empática, sintónica, compasivamente. Es una expresión de la dignidad que compartimos todos: el otro es digno de mi compasión y por tanto sería indigno para mí que yo no lo compadeciera.

El coraje

El segundo valor que hay que considerar es el del coraje. Una vez detectado el dolor y sentido el deber de aproximarnos a él, hay que atreverse a hacerlo. Para aproximarse a alguien que va a morir conviene superar el temor a entrar en contacto con una realidad que, no siendo la nuestra, tendremos que compartir en buena parte.

Da miedo ver «los vertiginosos ojos claros de la muerte»[6] en el espejo de los del otro. Pero, para poder ayudar, no hay más remedio que superar este miedo, sabiendo que existe, que no puede no existir. El coraje implica precisamente ser consciente de él, pero con la confianza de que conseguiremos hacerle frente. «Acércate», nos dice el enfermo, «atrévete.» Sin este valor (la polisemia de la palabra «valor» demuestra la importancia del coraje para toda virtud), cualquier virtud, la compasión sentida en este caso, quedaría paralizada, «desvirtuada»; dejaría de serlo para retroceder a mero sentimiento. La cobardía puede hacer que los propósitos que se han generado no lleguen, como dice Hamlet, a transformarse en acciones; o que las acciones se hagan atropelladamente, para salir pronto de ellas, como para huir de la situación.

Muchos acompañantes tienen miedo de su poca capacidad, de no tener suficientes conocimientos o habilidades para quedarse junto a quien sufre. Debería tranquilizarles el convencimiento de que su voluntad de ayuda y su disposición a darla ya aseguran su eficacia. Las fuerzas para superar la cobardía provienen en gran parte, precisamente, de la necesidad de actuar que la compasión ha generado, del hecho de haber sentido el deber; no sólo del impuesto desde fuera por los buenos hábitos y por lo que los demás esperan de nosotros –lo que ya de por sí resulta útil–, sino del que proviene de una voz interior, de una «vocación». El coraje es el valor que permite acabar actuando responsablemente, respondiendo ante quien sufre y ante nuestra conciencia consciente de su deber.

La lealtad

Además de hacernos cargo de lo que pasa y de poder ayudar, conviene comprometernos con el enfermo a mantener una vigilancia sobre el futuro, incluso cuando él ya haya perdido su capacidad de control. Entonces tendremos en cuenta sus valores sin que los nuestros –ya sean personales, comunitarios, profesionales o institucionales– pasen por delante de los suyos. Incluso debemos prometer que seremos prudentes con cualquier interpretación que podamos hacer de ellos. Porque aunque sea imposible no interpretar, y que haciéndolo demostremos nuestro interés por su mundo, fácilmente podemos acabar traicionándolo si no mantenemos una alerta leal.

La lealtad hacia el otro implica entender que su dependencia no tiene por qué significar la claudicación de cualquier expresión autónoma; al contrario, nos obliga precisamente a brindar nuestra ayuda para que su autonomía, ahora precaria, se manifieste en lo que pueda, y se reconstruya en lo posible del quebranto en el que la ha sumido la enfermedad. El enfermo querría, a pesar de lo maltrecho que está, que no se pierda de vista su proyecto; que cuando llegue el momento en que él no pueda hacerlo por sí solo, nosotros, los que estamos a su lado, seamos sus defensores.

When they say I'm past all caring,
brush my hair and braid in ribbons.
I will know this
as the seashells on my table
know the rhythms of the sea.

When they tell you to go home,
stay with me if you can.
*Deep inside I will be weeping.**[7]

La enferma que redactó este «testamento vital» (que así se llama el poema) hace con él un llamamiento a los valores de compasión, coraje y lealtad que hemos visto. Viene a decirnos: «Mira lo que me pasa, quédate cerca y no dejes de cuidarme hasta el final»: éste sería el mensaje que debemos transmitir como familiares, como amigos y como profesionales también; cada cual a su manera, por supuesto.

---

* «Cuando te digan: no hay nada que hacer / péiname y hazme rizos. / Los reconoceré como la concha sobre la mesa / conserva el ritmo del mar. // Cuando te digan ve a casa, / quédate, si puedes. / En el fondo, dentro de mí estaré llorando.»

Cuando no se puede hacer, al menos hay que saber estar. Incluso sería una condición previa y no sólo una alternativa a la acción: diríamos que, para saber hacer, primero hay que saber estar. Porque es algo que parece necesario para hacerse cargo de lo que el otro siente, para poder acercársele y comprometerse, e incluso para saber qué debe hacerse por él.

Si los valores anteriores se han incorporado como virtudes, el enfermo sentirá que es comprendido y que será acompañado como es debido incluso en situaciones no previstas por el momento. Sentirá que velará por su objetivo personal un pacto, siempre más o menos difuso, pero que incluye tener el final más «digno» posible. Y se entiende aquí por «dignidad» ser objeto de respeto como persona con un proyecto vital singular. Sabrá que los demás están ahí para ayudarle a conseguirlo. Y de este modo tendrá menos miedo a perder el control de la situación, a verse expropiado de su personalidad. Se sentirá, en definitiva, más seguro y, por lo tanto, más tranquilo. Tendrá más confianza en que no permitirán que sufra.

Pero no sólo el saber estar resulta tranquilizador para el afectado, también lo es para quien lo adopta. Por decirlo de otra manera, a aquel que haya evitado o traicionado los valores expuestos le será difícil sentirse bien, sentirse digno de aprobación; y acabará sintiéndose incómodo. Verá que no sabe tener suficiente estima por los suyos y tendrá miedo, en consecuencia, de perder el aprecio que le gustaría tener de los suyos. Y así acabará perdiendo la propia autoestima como persona capaz de ayudar: se desmoralizará.

Muchos sentimientos de culpa, de frustración, de luto patológico que se viven entre familiares provienen de haber minimizado la importancia de este compromiso. Es cierto que también existen dificultades para superar obstáculos e incomodidades reales que pueden ser muy variadas. Hay momentos en los que todo se hace muy largo y en los que la impaciencia, o simplemente la pereza de tener que volver a estar cerca de esa muerte próxima, del sufrimiento ostensible, invitan a replegarse hasta un trato más formal, más distante, meramente correcto. Para el cuidador asiduo es inevitable que haya días de todo, de más contención y de menos implicación: lo importante es ser consciente de ello y tener la voluntad de corregirlo cuando sea posible, buscando otras ocasiones para encontrar formas más cálidas.

También es necesario que el profesional atienda estos mismos valores. Como cuidador que es al fin y al cabo, su cultivo acaba resultando vital para su integridad moral. Porque si no siente estos valores como propios e internos de la profesión que ejerce, tarde o temprano se desorientará. No comprender que hay que ponerlos a la misma altura que otros valores que reconoce y respeta más –como el conocimiento, la eficacia o la destreza–, puede hacer que acabe perdiendo la confianza en sí mismo. Pensaba que sabría qué hacer, pero descubre que no sabe estar; y, no sabiéndolo, cuando quiere actuar, una parte de la realidad sobre la que debe hacerlo –la más interna y personal del enfermo– se le escapa, le resulta opaca. Puede no ser aún consciente de por qué le ocurre, pero acabará sintiéndose poco hábil para relacionarse con las personas necesitadas, y empezará a tener miedo de las demandas que le puedan hacer. Así es que querrá rehuir las ocasiones. Se sentirá en falso, poco preparado, vulnerable para hacerles frente. Y, ante la desconfianza del entorno, buscará el refugio que le proporciona el estatuto de científico neutro y distante.

54

Pero la incomprensión de lo que se esperaba de él le sume en la perplejidad y le provoca inseguridad.

En cambio, el cultivo de los valores señalados y su incorporación a la actividad clínica de manera ajustada lleva a un ejercicio profesional más rico, más lúcido y más gratificante. Da más confianza al paciente y a uno mismo. Insistiremos en ello cuando veamos los deberes profesionales.

LA CONFIANZA

Ha salido a relucir el concepto de la confianza. Siempre se ha dicho que la confianza es una piedra angular en la situación de enfermedad, que es fundamental que los enfermos la depositen en sus cuidadores y en los profesionales que les atienden, ya que proporciona seguridad y tranquilidad a todo el mundo. También se dice con nostalgia que esta confianza existía antes de forma general y automática y que ahora resulta más difícil de conseguir. Dicho así, sin más, debe admitirse que es cierto. Pero es importante tener en cuenta algunas causas que explican el fenómeno, sobre todo si queremos intentar reconducirlo. No podemos olvidar algunos cambios irreversibles de lo que vivimos.

Antes, la confianza era una petición de principio. Sencillamente, se pedía al enfermo que la aportara sin más para edificar con ella una relación sólida. Por lo tanto, y dada la sumisión en la que se encontraba el paciente, venía siempre dada, o al menos supuesta. El deber de todo buen enfermo era llevar consigo su confianza ciega. Se le pedía que confiara en quien, en principio, sabía más que él. Los cirujanos la conocíamos bien, la necesitábamos; porque sólo con ella nos sentíamos seguros cuando el enfermo se ponía literalmente en nuestras manos. Era una confianza acrítica que simplemente a todo el mundo le interesaba potenciar al máximo: familiares, amigos y profesionales.

En cambio, ahora, muchos enfermos y muchas familias muestran de entrada una actitud expectante y dudosa antes de otorgarla. Piensan que el profesional se la tiene que ganar. La confianza ya no sería una actitud previa, sino que quería suspendida hasta poder basarla en algún indicio, en algún juicio. Se ha dicho que nunca ha habido tanta confianza en la medicina en general y tan poca, en cambio, en el médico en particular. Es cierto que ahora, incluso, existiría una desconfianza «saludable», si con ella entendemos la que mantiene una alerta lúcida antes de abandonar toda vigilancia, antes de abandonarse a una aceptación definitiva. Sería lógico, por ejemplo, cierta interrogación sobre el uso que va a hacerse de las posibilidades técnicas, que son muchas y muy agresivas. Mi padre acostumbra a decir que «las máquinas no tienen corazón, que no tienen compasión». Podríamos añadir que a muchos profesionales que se fían excesivamente de ellas también se les ha vuelto el corazón algo mecánico y frío. Resulta, por tanto, comprensible que el ciudadano tenga miedo de que a él le «haya tocado» uno de éstos, porque sabe que los hay, que salen de la facultad con buenas notas y que incluso adquieren méritos académicos, eco mediático y aceptación social. Es un peligro en ciernes que no olvida. Claro está que, al final, acabará confiando cuando vea, con actitudes y con hechos, que el profesional (o el cuidador) asume los valores que le interesan: que mantiene el miramiento que esperaba, una hospitalidad curiosa hacia él, una compasión bien entendida, la valentía para acercársele y que es atento y respetuoso al hacerlo. En definitiva, el paciente se tranquilizará cuando vea que pueden respetarse ambos mutuamente. Él es el primer interesado en que la confianza fructifique y brindará la suya por poco que se le den motivos para ello. Tenía desde el principio la esperanza de poder hacerlo.

SABER ESCUCHAR

Todo esto se pondrá a prueba en el proceso de comunicación, con aquellas formas verbales y no verbales que se adopten. Aunque debamos pensar en los profesionales sobre todo, el tema de la información interesa realmente a todos los que están junto al enfermo sin excepción.

Por ejemplo, cualquiera que se acerque al enfermo debe tener en cuenta que éste percibirá enseguida, químicamente, la empatía, o su carencia. Por tanto, debemos «ponerla a punto», recomponerla cada vez que tenemos que acercarnos al enfermo; hay que hacer el trabajo consciente de querer hacerlo bien también esa vez, aunque se tenga el buen hábito de hacerlo correctamente siempre. Debemos prepararnos de nuevo y poner en marcha nuestro ánimo para esa ocasión también. Tendremos que dejar fuera algunas preocupaciones y elegir con cuáles entramos en su habitación. No debemos confiar en formas rutinarias y generales, sino en crear una nueva, o renovada, para la ocasión. Preguntarnos: ¿qué necesitará hoy el enfermo? Con esta pregunta hay que entrar.

Cierto es que hay unas buenas maneras generales que favorecen que la buena comunicación fluya desde un principio, tales como la cordialidad y la tranquilidad con que uno se presenta. Sonreír, mirar a los ojos, dar la mano afectuosamente y pronunciar su nombre con voz cálida, es la mejor introducción. La calma de movimientos y las posturas relajadas dan sensación de comodidad y de que se dispone de tiempo. Es más importante dar la sensación de disponer de tiempo que dilatarlo materialmente. Sentarse, acercar la silla a la cama y mirarse acorta distancias y muestra que apetece empezar un diálogo. En definitiva, que estamos cerca y pendientes de sus necesidades.

Todo diálogo consiste, a pesar de que se haya ido con la idea de informar de algo, en preguntar antes que nada: en interesarse en cómo está hoy, en preguntar cómo pasó la noche, en ver si el enfermo está receptivo, y en disponerse a escucharlo. Recordemos que *dia-logos* es aquella situación en la cual el *logos*, el conocimiento, se encuentra disperso y en la que se intenta reunificarlo: comunicándose, verbalizando, conversando.[8] Es fundamental que la persona sienta que su mundo interior interesa a alguien. Ser escuchado en estos últimos días podríamos decir que legitima en gran parte su vida. Ser valorado, aunque sea al final, es constatar que se ha sido valioso en algo.

Pero saber escuchar situaciones de sufrimiento no es fácil. Requiere curiosidad y paciencia, querer seguir hasta donde quiera ir el enfermo, pararse donde le interese, y progresar en la forma que prefiera. «Escuchar no es sólo oír palabras sino sentimientos.»[9] Captar lo que está detrás de las palabras. También lo que haya detrás de los silencios y de las evasivas; o lo que se entrevé entre las incoherencias. En catalán, *sentir* es también oír, e implícitamente incluye esta escucha receptiva.

Cuando se escucha a un enfermo en fase terminal no debe esperarse una gran fluidez en su discurso. Las palabras nacen del interior, y el del enfermo acostumbra a ser turbulento, inmerso en un mundo que lo hace poco transparente, y que se mueve entre la realidad y la pesadilla. De este rumor hondo e íntimo, del que nosotros sólo oímos los ecos, el desorden de algunas palabras y los silencios pueden ser expresiones de la dificultad que tiene en controlar sus emociones, de sus miedos y de sus límites.

Asimismo hay que saber comprender la insubordinación con la que acoge algún camino –de aceptación o de evasión– que le ofrecemos y que quizá sienta demasiado trillado y previsto, pero no apropiado para él. Es como si intentara explorar otros itinerarios más suyos. «No quiere un *prêt-à-porter* sino un traje a medida.»[10] Hay que ver estos vaivenes, los silencios que impone, las palabras que elige y el ritmo que va escogiendo, como ejercicios de una genuina autonomía que hemos de respetar.

Respetar, en este caso, quiere decir no pretender reconducir su discurso hacia otro tema u otro estilo más coherente. Quien esté junto a la persona que va a morir no debería impacientarse por la dificultad para comunicarse o por lo que pueda parecerle hermetismo o poca colaboración, sino que debe mantenerse atento a cualquier confidencia que pueda surgir en algún momento, inesperadamente. Más que conclusiones precisas y bien formuladas, más que deseos consolidados, recibirá quizá muestras de perplejidad y de descubrimientos íntimos.

El silencio y distancia del enfermo no se deben solamente a su desorden interno. También, a veces, se deben a un concepto del pudor que hace que acabe no diciendo lo que querría decir y prefiera mantenerlo sobrentendido. En nuestra cultura latina no es rara esta preferencia por lo sobrentendido, por lo tácito, cuando se trata de sentimientos. No se quiere caer en el «mal gusto» de tener que mostrarlos abierta y explícitamente. Sólo se manifestarán algunos deseos calladamente sin que deba hablarse todo, sin tener que pronunciar aquello que los demás deberían haber entendido implícitamente. Para algunos enfermos habría temas «tabú» que no sería correcto tocar de manera abierta, o para los que se precisaría un tiempo de acomodación, de aclimatación. La muerte puede ser uno de ellos, ya lo hemos visto; y nuestra curiosidad tiene sus límites, claro está: no puede imponerse por encima de su pudor.

Es evidente que todo ello constituye una dificultad para conocer preferencias y para prever actuaciones o limitaciones futuras. Por supuesto, hay una gran variabilidad generacional y también individual, y hay que contar con ella a la hora de planear el diálogo. Un error en este sentido, una precipitación desajustada, puede hacer que el enfermo se encierre en su caparazón por un tiempo. Y no siempre los miembros de la familia son los más capaces de comunicarse, prisioneros como suelen estar de viejas formas de relación que la costumbre ha solidificado. En todo caso, se trata de mundos interpersonales difíciles de modificar de golpe, en el último momento. A veces el médico o la enfermera obtienen más información en pocos minutos que una esposa en muchas semanas. Pero también es cierto lo contrario: un familiar puede acabar informando mejor al enfermo que el médico más experto y entregado. Y no digamos una enfermera, que es quien a menudo sabe elegir mejor la forma y el momento más idóneos. Es recomendable, pues, que la cooperación funcione entre todos los cuidadores.

Nolasc Acarín supo ver la ambigüedad en la que se mueve a menudo el enfermo terminal: «Quizá lo más frecuente es que no haya negativa a ser informado pero tampoco voluntad decidida a que se haga. En estas circunstancias, cuando la familia es atenta y cariñosa con el enfermo, y el médico suministra la información sin estridencias en la medida en que el enfermo quiere saber, el tránsito a la muerte puede ser plácido. Puede serlo a pesar de no haberse hecho explícitas las confidencias y los sentimientos. La despedida puede estar sobrentendida como si fuera un acuerdo tácito en el que el gesto, la mirada, a veces la caricia, hacen poco necesarias las palabras.»[11] Vemos que, muy ajustadamente, este autor remacha también lo que hemos dicho acerca del sobrentendido tácito y el pudor a una explicitación excesiva. Hay que aceptarlo.

LA MENTIRA

Las preguntas deben contestarse con veracidad, tanto por parte de los profesionales como de los familiares. Seguramente las preguntas serán diferentes si son dirigidas a unos u otros, pero no pueden contestarse con mentiras. Es éste el imperativo categórico de uno de los cambios más radicales que estamos viviendo. Incluso la ley lo ha venido a señalar así, como veremos más adelante.

Hay que decir con rotundidad que la mentira debe ser desterrada como opción; no digamos ya como hábito. Cuando acabé los estudios, el engaño piadoso era una costumbre general y consolidada. Era lo que se esperaba de todo buen cuidador, atento y responsable.

Argumentos en contra de esta práctica hay muchos. El primero, ya suficiente por sí solo, es de principio, y en él se ha basado la ley actual: la mentira es un daño grave porque es un abuso contra la persona que deposita su confianza en la respuesta que espera al formular la pregunta. No tenemos derecho a decepcionarla y es un abuso suponer que preferiría que lo hiciéramos. Al contrario, todo el mundo tiene derecho a acercarse a la verdad con preguntas; y, por tanto, tiene derecho a confiar en la veracidad de la respuesta que reciba.

Además, la mentira es un camino irreversible. Para corregirlo deberíamos destruir el trayecto andado hasta entonces y, seguramente, al mismo tiempo la confianza futura en el diálogo. Hay que tener en cuenta que más tarde podemos necesitar una verdad ahora rehuida y que, por tanto, hay que dejar la posibilidad de iluminar entonces lo que ahora, de momento, todavía pueda quedar en la sombra.

Finalmente, la mentira casi nunca es necesaria, ni siquiera cuando hay una reticencia a saber más. Pueden encontrarse fórmulas menos crueles de acercamiento a la verdad, aunque no se trate de una «verdad completa», aunque una parte de ella quede aplazada para ser ampliada más adelante.

Lo contrario de la verdad cruda no es la mentira piadosa. Es la verdad la que debe darse lo más piadosamente posible; y se puede conseguir en la medida en que sea adaptada, escalonada y respetuosa. Podríamos decirlo así: no hay mentiras piadosas sino formas piadosas de aproximación a la verdad. La verdad es amplia y multiforme, y nos permite movernos a través de ella, avanzar, detenernos, matizarla y ampliarla cuando haga falta. La mentira, en cambio, es concreta y encadena definitivamente a un mundo irreal.

En el uso de la mentira suele haber una actitud defensiva de quien no quiere o no sabe tratar la propia angustia y la presencia de la persona enferma. A pesar de que se aduzca la protección de ésta, a menudo lo que se protege es la paz emocional de quien la decide. Que conste que, más que los médicos, son los familiares los que sienten con más fuerza la tentación de mentir, y con la ocultación y el engaño pretenden proteger la convivencia y su cotidianidad. Muchas personas que dicen querer saber la verdad cuando se les presente la muerte próxima, dicen, a su vez, que no informarían de ello a su familiar en una ocasión similar: querrían protegerlo, necesitan sobreprotegerlo.

Es evidente que hay en todo esto diferencias personales muy grandes. Hay gente a quien le gusta la verdad como forma de vivir, y por tanto de morir. En *Candilejas* de Chaplin, por ejemplo, el protagonista exclama: «He perdido la juventud, la salud, la fama..., ¡que me quede al menos la verdad! Y, si puede ser un poco de dignidad.» La verdad (la que sea) se ve aquí como una reconciliación con la vida, como una manera de dignificarla al fin. Asimismo, para mucha gente su dignidad implica atreverse a saber, atreverse a preferir la lucidez a la ignorancia, pese al dolor que pueda comportar. Que alguien sepa de él algo que él no sabe sería, para él, sumamente indigno.

Por el contrario, algunos enfermos que piden «no sufrir al final» no se refieren, cuando lo dicen, tan sólo al dolor físico sino también, implícitamente, al dolor emocional de verse morir, al de ver que se acercan a ello. Es decir, incluyen en la invocación el hecho de ahorrarse el sufrimiento que esta visión pueda ocasionarles. No se creen capaces de soportar el trabajo de integración de una realidad para la que se saben poco preparados. Quizá sea una negativa que no pueden expresar ni siquiera con nitidez; al menos no con la que demuestra Boscán, cuando admite tan claramente: «Durmiendo, en fin, fui bienaventurado, / y es justo en la mentira ser dichoso / quien siempre en la verdad fue desdichado.»[12] Ya veremos más adelante que esta actitud puede inducir a falsas esperanzas y a engaños que habrá que respetar, pero que no deberían en cambio inducirse ni incitarse. El hecho es que es muy cierto que hay gente que cree que cierta felicidad es sinónimo de cierta inconsciencia, y que prefiere vivir de espaldas a algunas realidades desagradables: a la injusticia o al sufrimiento de su entorno, por ejemplo. Incluso hay quien ha escogido el hábito de pasar por encima de muchas cosas que le afectan, y ha evitado conocer de esta manera el engaño de la esposa, las malas compañías del hijo, la corrupción del hermano y, en general, cualquier mala noticia; y es probable que quien viva de esta forma quiera morir sin tener que enfrentarse a esta realidad. Son opciones personales, quizá de raíz temperamental. Lo que aquí subrayamos es que conviene ir detectando estas particularidades si se quiere ayudar a cada cual en su terreno y a su manera. Se debe descubrir previamente este talante personalísimo, considerando, sin embargo, que puede cambiar.

También hay influencias culturales que cuentan. En los países anglosajones la mentira se considera un pecado grave, una ruptura drástica con toda posibilidad de comunicación y de confianza futuras. En Japón, en cambio, en el caso de enfermos con mal pronóstico sobre todo, la mentira se considera una buena práctica, una muestra de compasión, una forma obligada de evitar un dolor sobreañadido. Es ésta una costumbre ancestral muy extendida y hasta hace muy poco compartida por nosotros.

EL MURO DE SILENCIO

Todo el mundo conoce la vieja práctica de construir un muro de silencio alrededor del enfermo; menos él, todos conocían su situación; lejos de él, todo el mundo hablaba de ello. Como a un niño, se le protegía así del mal que le amenazaba. Se consideraba que bastante pena tenía ya con el mal de su enfermedad para que encima se le añadiera otra pena más; se le ahorraría al menos el mal de la verdad. Pero la consecuencia era que el enfermo quedaba prisionero de este pacto entre los de su entorno tanto si quería como si no. Alguien podía sentirse cómodo y seguro en su seno, es cierto; pero otros enfermos lo vivían como una imposición que debían soportar resignadamente.

Nadie ha descrito con tanta perspicacia esta situación como Lev Tolstói en su pequeña novela *La muerte de Iván Ilich*. En ella, se nos van mostrando las vivencias del juez Iván Ilich víctima de una enfermedad, al principio banal y luego grave y mortal, y cómo se desenvuelven y evolucionan sus relaciones con los que le rodean. Siente la carga que representa para los demás, y la impaciencia de éstos. Descubre que la mejor ayuda le llega de un criado, que es el único que conecta con sus necesidades reales. De hecho, sin decirlo, se constata en la obra la importancia de los valores que veíamos: el criado acierta no sólo porque tiene obligación de hacerlo y está libre de las viejas dificultades que a veces pesan entre familiares, sino también porque siente compasión, se atreve a contactar con el sufrimiento y se mantiene fiel día a día. La lectura de esta pequeña joya es muy recomendable para todo aquel que quiera entender lo que es estar gravemente enfermo y la ayuda que se necesita. Se refleja muy bien en esta obra la indignación que siente el protagonista cuando se ve atrapado en una situación de incomunicación que no ha elegido y que no puede soportar: «El mayor suplicio de Iván Ilich era la mentira compartida por todos. Le atormentaba que no quisieran reconocer lo que todo el mundo sabía que era mentira sobre su situación y que él también sabía; que lo obligaran a tomar parte en aquella mentira... Una mentira que acabaría reduciendo el acto solemne y terrible de su muerte al mismo nivel de las visitas, las cortinas y el esturión de la comida. Era un tormento atroz.»[13]

Lo mismo que él, muchos enfermos quedan decepcionados por el distanciamiento que reciben cuando se acerca la agonía. Notan el malestar de los de su entorno, la forma distinta de comunicarse que adoptan, una solicitud más servicial, una seriedad más impostada, una reducción del tono de la voz, una teatralización de las entradas y salidas; es decir, una pérdida de proximidad, en suma. Pensando proteger al enfermo, de hecho, con esta práctica de silencio impuesto se le deja solo, aislado; se le abandona a su «secreto espanto» detrás de un muro impenetrable construido a su alrededor sin contar con él para no tener que oír su voz. En el fondo, se hacía así porque se creía que su opinión ya no era relevante, que era demasiado complicado conocer unas necesidades que ni él mismo podía llegar a saber del todo. Además había que preservar una cotidianidad plácida, aunque ficticia, sin diálogos o sobresaltos incontrolados.

Es frecuente que se informe a los familiares antes que al enfermo, por ejemplo al salir de quirófano. Y todavía muchas familias nos dicen entonces: «No se lo digamos cuando despierte, no lo resistiría.» Creo que esta demanda tan común debe reconducirse. Hay que pensar que el enfermo es una persona que tiene derecho a saber y que se le debe considerar, en principio, capaz de soportar el dolor inicial. «Entiendo que no le quieran hacer daño, pero supongo que con eso no me están pidiendo ustedes que defraudemos la confianza que pueda haber depositado en nosotros, en ustedes y en mí...» Y entonces hay que recordar que, ante la pregunta que nos haga, deberemos contestarla; y que, eso sí, podemos pactar formas de hacerlo progresiva y apropiadamente.

Ya lo hemos visto: tampoco hay que confundir la mentira con la retención de la información, o que ésta pueda ser parcial y transitoria y que mantenga por tanto posibilidades de avance común para más adelante. Porque esta última práctica posibilita la adaptación progresiva a las necesidades cambiantes de cada cual. Es ésta una distinción esencial.

LA INFORMACIÓN Y LAS MALAS NOTICIAS

De hecho, si se le deja tiempo suficiente, si ninguna mentira lo ha apartado abusivamente del conocimiento o si ninguna verdad brutal lo ha cegado del todo (como le pasa a Edipo), y si además ha podido ir apartando el miedo poco a poco, cada persona irá creando paso a paso un espacio en su mundo interior donde poder ubicar la nueva realidad para metabolizarla a su manera hasta llegar a una simbolización suficiente. Así acabará encontrando la manera de hacerla menos destructiva, más soportable. Y cuando crea que tiene el espacio mental preparado, hará preguntas para llenarlo.

La pregunta, ya lo hemos dicho, es el signo inequívoco de voluntad de información, y como tal debe atenderse. Y ella es la que marca también el límite. En todo proceso de información es la estrella que orienta, la llave que abre una puerta y que, contestándola lo más simple y francamente posible, abre otras más allá. De pregunta en pregunta cada persona escoge de alguna manera el momento, el ritmo y el límite de su descubrimiento. Si los que la rodean lo tienen en cuenta, manteniéndose detrás y sin querer adelantársele, podrán adaptar el contenido y la forma de la información que hay que dar.

Hay preguntas, de todos modos, que no tenemos que precipitarnos en contestar y ante las cuales se debe saber contener la respuesta. Son preguntas que pueden quedar en el aire y presentes. La pregunta «¿Quieres decir que no me estoy muriendo?» puede no pedir una respuesta en ese momento, sino ser más bien una pregunta interna que la persona se formula para írsela contestando ella misma poco a poco, aunque no sepa muy bien cómo lo hará. Es decir, puede ser una muestra de angustia, del descubrimiento de su «secreto espanto»; y su verbalización puede ser el aviso que nos hace de que inicia un camino en el que quizá precise nuestra ayuda (o quizá no). La cuestión es saber estar ahí para continuar esperando o para responderla entonces si nos la vuelve a hacer mirándonos a los ojos. Es un tema difícil pero habitual, para el cual nunca nadie está preparado del todo, ni los profesionales ni los familiares. Se demuestra con ello una vez más que no basta el conocimiento de los conceptos generales.

Pero, para propiciar un buen diálogo, no sólo se deben escuchar todas las preguntas, contener las que no esperan respuesta y contestar las que recibimos formalmente. A menudo también es conveniente inducirlas, evocarlas desde fuera. Precisamente al recordar el peligro de dar una información sin haber recibido ninguna pregunta al respecto, puede ser útil inducir alguna antes de tener que dar una información que creemos necesaria u oportuna. De esta forma, se puede preparar quien debe darla y quien va a recibirla. «No sé si ha quedado bastante claro todo lo que se nos ha dicho hasta ahora, pero quizá deberíamos preguntar un poco más; ¿qué te parece?» Ésta puede ser la propuesta de un hijo, por ejemplo. Con indagaciones como ésta por parte de quien tiene su confianza, el enfermo puede mostrar interés en avanzar o, a la inversa, el temor a hacerlo, aunque sea sólo con un silencio o cierto malestar. Su respuesta nos guía y además, con nuestro envite, reforzamos la confianza del enfermo en nuestra cautela y mitigamos su miedo a una información repentina. Miedo justificado, porque hay barreras contra la lucidez, a veces levantadas con mucha meticulosidad, y no creemos que nadie tenga ni la obligación ni el derecho a derribarlas sin más, y menos en nombre de una Verdad, así, con mayúsculas y en abstracto. Despreciar las reticencias del paciente sería caer en un paternalismo perverso, por mucho que se vista precisamente de defensa de su autonomía. El cuidador, médico o familiar no puede decidir qué grado de información debe querer un «buen» enfermo, ni, por lo tanto, ése en concreto. Toda buena relación debe dar también buena acogida a su infantilismo y a su irracionalidad.

Está claro que tampoco es bueno presuponer el infantilismo de toda persona enferma sólo porque lo esté, o porque su estado sea grave. No puede ser que se vea apartada de lo que querría saber por una costumbre o por un anhelo de protección poco reflexivo. De hecho, a pesar de todo, hay que considerar mejor, en principio, el conocimiento que el desconocimiento: es más saludable, humaniza más. Permite al moribundo apropiarse más de la vida que aún le queda y de las decisiones que deberán tomarse, con lo cual se favorece una participación más activa, una reconstrucción más sólida. La mayoría de las veces, el temor que genera la incertidumbre acostumbra a ser peor que el dolor que comporta el conocimiento. El temor puede ir disminuyendo al saber que se controla lo que se sabe que va a venir. En cambio, la incertidumbre y la falta de sinceridad del entorno sumen al paciente en una penosa inseguridad que a menudo induce una imaginación sobre males hipotéticos y exagerados; o, si se ha sido demasiado optimista, a decepciones dolorosas que se habrían podido evitar.

Con el conocimiento se puede vivir la vida más seriamente, como recuerda Begoña Román, se puede «decir finalmente lo que se quiere decir, hacer lo que se deba y pueda hacerse, y ver, a la hora de la verdad, qué tiene importancia y qué no la tiene».[14] Es una ocasión que, desde fuera, no debería negarse a nadie sin un motivo de peso. Quien vaya a morir debería poder contar con esta oportunidad por si quiere aprovecharla. No habría de hurtársele a nadie, si no ha manifestado lo contrario, un tiempo privilegiado para poner en orden su vida y para resolver cuestiones pendientes, tanto emocionales como prácticas. Ya veremos más adelante que arrepentirse, corregir, poner las cosas en su lugar, puede ser imprescindible para la paz interior. Así, reconciliarse con el hijo puede ser decisivo: es un argumento contundente. Incluso puede haber situaciones en las que un beneficio a terceros pueda ser determinante. Una mujer de cuarenta años, gracias a que estaba informada de que moriría en pocos meses, pudo arreglar el cuidado de sus hijos, de cinco y seis años, y dejarlos a cargo de una abuela en lugar del padre drogadicto con el que habrían malvivido. Y, al contrario, resultó difícil reconducir las cosas cuando un empresario a quien se le había ocultado el diagnóstico y se le había mentido, quería vender la empresa y embarcarse en un proyecto demasiado arriesgado. Son ejemplos, entre otros muchos, de la bondad del conocimiento y de la previsión.

Creemos que, de entrada, debería presuponerse, pues, su conveniencia. Hay que buscar, si acaso, razones para no hacerlo (que puede haberlas, claro está). Pero no debe verse a priori toda información de una mala noticia como una crueldad; aunque otra cosa sea la valoración que podamos hacer del momento, la forma y las circunstancias en que se da. Tampoco hay que ver en ello sólo una moda, o un mimetismo de otras tradiciones en las que hace tiempo que sí es costumbre (y aunque sea cierto en gran parte en lo que atañe a la influencia anglosajona sobre nosotros). Ya hemos dado razones suficientes, en principio y en general, de la bondad de la información como para insistir en ello. Pero, además, hay una razón básica que nunca hay que olvidar: la de estar ante un derecho de toda persona enferma. Es cierto que no debe hacerse de manera poco sensible, pero este peligro no quita que, en primera instancia, haya que creer que la persona enferma puede querer ir conociendo su estado y sus posibilidades dentro de lo que cabe. Se trata de su vida.

Por otro lado, hay situaciones en las que, a pesar de que no recibamos ninguna pregunta, a pesar de que nuestro intento de evocarlas haya sido infructuoso, incluso a pesar de que veamos claramente que el enfermo no quiere saber, debemos darle una información. La situación típica es la que se presenta antes de una decisión importante, por ejemplo cuando deberíamos actuar sobre él. Entonces debemos plantearle una propuesta que puede serle beneficiosa y hay que informarle de por qué se la hacemos, de qué es lo que se pretende conseguir con ella y de qué riesgos comporta. Se llega así a lo que se ha convenido en llamar el «consentimiento informado», del que hablaremos más adelante. En resumen, se basa en el hecho de que no se puede actuar sobre nadie sin su consentimiento previo; y que éste, para que sea válido, debe contar con una información suficiente. Por ejemplo, si hay que operarlo quirúrgicamente de una oclusión, quizá debamos acabar informándole de una mala evolución de su enfermedad que él no hubiera conocido sin esta complicación y dado su desinterés por saber.

A la hora de comunicar las malas noticias, de todas maneras, hay que ser prudente. Es un error creer que se deban aportar como «piezas cerradas, definitivas, sin preámbulos o sin gradación». Sobre este error nos alerta el texto de *Recomendaciones a los profesionales sanitarios para la atención a los enfermos al final de la vida* del Comité de Bioética de Cataluña,[15] recomendaciones que son aplicables a todos aquellos que forman parte del mundo del enfermo y que lo quieran ayudar. ¡Cuántas veces no debe ser el amigo o el hijo quien acaba por fin dándole la mala noticia!

En el citado texto, después de señalar que la información debe inscribirse en un diálogo abierto de descubrimiento mutuo, en un proceso como el que hemos ido viendo, se apuntan una serie de pautas a tener en cuenta que pueden ayudar a cualquiera:

• Conviene elegir el momento y el lugar adecuados para un diálogo íntimo, o con las personas con las que el enfermo se sienta cómodo. «¿Le parece bien que esté presente...?»

• Quien da la información también debe prepararse para darla. Debe preparar el cómo, el límite y también los aspectos positivos que tendrá que añadir después. Conviene investigar antes, si no lo sabemos, qué sabe o qué teme, y dejarle tiempo para poderlo expresar. Es mejor haber previsto una posibilidad así antes, sugiriéndola: «¿Es de las personas que, llegado un momento, quieren saberlo todo?» También es útil recordar su curiosidad o su reticencia a saber que ya demostró en episodios anteriores: su interés por conocer la medicación o los resultados, etcétera. A veces es difícil y dudoso saberlo, y puede ser oportuna una pregunta directa: «Bien, ¿qué sabe (o cómo ve, o qué entiende) sobre la enfermedad, o sobre lo que se ha hecho hasta ahora, adónde hemos llegado...?»

• Toda persona se preparará mejor si, de alguna manera, recibe un aviso y ve que se le va a dar una mala noticia. («Tendríamos que hablar de un problema que ha aparecido / que me preocupa de usted / que debería saber»... y pausa). Quizá se pueda presumir que ya lo espera, pero es mejor advertírselo. Incluso con una advertencia más directa (los americanos insisten en este *warning shot*): «Lo siento mucho, pero tengo que darle una mala noticia.»

• Debe verbalizarse después, sin ambigüedades, el núcleo del problema, con frases cortas, sin extenderse demasiado, con palabras llanas y lo menos destructivas posible (evitando tabúes o miedos suyos conocidos, si se pueden evitar...).

• Después, hay que permanecer atentos a la respuesta emocional, con un silencio empático, mirando con franqueza, sin prisa. Es importante conocer el desajuste que siempre existe entre las tensiones de cada uno de los interlocutores, la diferencia entre la tensión de quien informa y la de quien recibe la noticia. La del primero es muy alta al empezar, porque sabe a lo que va y le da miedo tener que hacerlo, y después baja rápida y drásticamente a medida que informa. La tensión de la persona afectada, en cambio, aumenta de golpe cuando confirma su temor y sobre todo después, cuando se da cuenta de lo que representa para ella. Por lo tanto, conviene que el informador continúe alerta, con disponibilidad y respeto para ayudar en la reacción, repetir lo que se ha dicho (es habitual), clarificar dudas o apartar temores sobreañadidos, etcétera. Debe evitarse considerar posibilidades imaginadas, hipótesis improbables, decir lo que no se sabe realmente.

• Para comunicar malas noticias, la actitud es fundamental. Gran parte de la comunicación no es verbal, y a menudo aquello que queda más grabado, más que las palabras utilizadas, es la actitud con la que se comunicaron. La persona puede haber anticipado lo que se le iba a decir, pero lo vivirá mal si quien lo hizo se mostró frío, distante o insensible. Una actitud valiente, cercana, serena y considerada (capaz de decir «Lo siento, esto no lo sé», «Me sabe mal, habría preferido comunicar otro resultado» o «Debe ser muy duro para usted») muestra empatía, respeto y voluntad de ayuda para hacer frente a la nueva realidad.

• Asegurar el no abandono: «Estoy aquí para apoyarle. Soy su médico (o tu hijo) y siempre que lo necesite me tendrá a su lado. Puede preguntarme lo que quiera y le contestaré lo que sepa.»

• Después, se debe intentar comunicar algún aspecto positivo, o menos negativo, sobre la situación; prudentemente, lealmente; sobre todo sin querer minimizar el impacto producido ni apelar sin más a su entereza. Hay que comprender su dolor: y aquí la compasión, el coraje, el saber estar y el mostrar la implicación tienen sin duda su papel. Comunicar según qué diagnóstico ciertamente cierra una puerta –la de la continuidad de la vida, quizá–, pero no todas. La información no puede sonar a claudicación, a un «no hay nada que hacer». Tan importante es decir aquello que no se puede hacer como enfatizar aquello que sí puede hacerse. Y es preciso tenerlo pensado, preparado. Quien da la noticia debe proporcionar apoyo, y para ello se puede ser honesto sin destruir los mecanismos de adaptación del enfermo.

• Tener preparado algún plan concreto que ofrezca continuidad, un plazo claro: «Pasado mañana nos podemos ver... Hasta entonces convendría que hiciera tal y cual», «Empezaremos tomando...».

Así pues, vemos que a veces la información, al menos la básica, debe darse para poder pedir el consentimiento ante una posibilidad o una actuación, aunque en otra circunstancia se hubiera preferido evitar. Un momento como el descrito resulta imprescindible muchas veces, y su evidente dificultad (tan real) no puede ser motivo para no informar a quien lo necesita para decidir. Quizá se pueda posponer en parte y elegir una aproximación o un ritmo más cauteloso en otras situaciones, si familiares y profesionales pueden prepararlo para mejor ocasión.

La compañía brinda una presencia atenta que posibilita que uno pueda sentirse comprendido y que pueda establecer un sólido puente de diálogo. Quien se acerque al final de la vida debe poder confiar en que los valores de compasión, coraje y lealtad le procurarán esta ayuda cuando le haga falta.

Con respecto a la información, toda persona debería tener la sensación de que puede disponer de ella sin impedimentos para recibirla si así lo desea, y sin ninguna compulsión a dársela si no es necesaria y aún no la quiere. A lo largo de este difícil camino zigzagueante se hacen evidentes algunos imperativos. El primero es que debe evitarse imponer fórmulas ideales. Después, que no hay que confundir las necesidades del paciente con las propias, ni nuestro miedo a informar con un mal entendido deber de protección. Y, finalmente, que no es lo mismo el derecho del enfermo a saber que las ganas que tenga de ejercer este derecho en un momento dado. Confundir cosas como éstas resulta siempre muy perjudicial.

Debemos partir de la base de que todo el mundo tiene ganas de saber y de que todo el mundo tiene miedo a saber también. Hay que aceptar esta realidad y movernos entre ambos sentimientos. Al mismo tiempo, todo el mundo quiere tener una esperanza para encarar el futuro; pero ésta, como ahora veremos, debería ser razonable.

1. S. Espriu. *Setmana Santa XXIV. Obres completes,* 2. Edicions 62. Barcelona, 1987. Pág. 156.

2. D. Innerarity. *Ética de la hospitalidad.* Península. Barcelona, 2001.

3. R. Char. *Fureur et mystère. Oeuvres Complètes.* Bibliothèque la Pléiade. París, 1983. Pág. 160. Traducción propia.

4. A. Comte-Sponville. *Petit traité des grandes vertus.* PUF. París, 1995. Pág. 137.

5. H. Arendt. Citada en Aurelio Arteta. *La compasión.* Paidós. Barcelona, 1996. Pág. 134.

6. G. Celaya. *La poesía es un arma cargada de futuro. Poesía urgente.* Losada. Buenos Aires, 1960. Pág. 149.

7. N. H. Spigle. *My Living Will.* Poesía presentada por J. Drane en el Simposium de la Sociedad Catalana de Bioética del 29 de noviembre de 2002 y traducida por él al castellano.

8. E. De la Lama. «Familiaridad: una crítica psicodinámica del pensamiento instituido». En E. De la Lama (ed.). *En defensa de la tolerancia.* Escola Universitaria de Treball Social. Barcelona, 1994. Pág. 152.

9. P. Arranz *et al.* Citada en Ramon Bayés, *Afrontando la vida, esperando la muerte.* Alianza. Madrid, 2006. Pág. 96.

10. B. Puijalon. «Autonomía y vejez.» En *Autonomía y dependencia en la vejez.* Cuadernos de la Fundació Víctor Grífols i Lucas. N.º 16. Barcelona, 2009.

11. N. Acarín. *El cerebro del rey.* RBA. Barcelona, 2009. Pág. 361.

12. J. Boscán. «Dulce soñar.» Soneto LXI. En *Poesía lírica del Siglo de Oro.* Elias Rivers (ed.). Cátedra. Madrid, 1991. Pág. 30.

13. L. Tolstói. *La mort d'Ivan Ilitx.* Quaderns Crema. Barcelona, 2002. Pág. 73. Traducción propia.

14. B. Román. «La muerte como hecho y el trato humano al enfermo moribundo como deber». *Quadern CAPS.* 1995, n.º 23. Págs. 12-14.

15. Comité de Bioética de Cataluña. *Recomendaciones a los profesionales sanitarios para la atención a los enfermos al final de la vida*. Fundació Víctor Grífols. Barcelona, 2010. http://comitebioetica.files.wordpress.com/2012/02/cbcfividaes.pdf.

3. LA ESPERANZA, EL MIEDO Y EL TIEMPO

Todos estamos de acuerdo en que al enfermo debe dársele información sobre su situación y sobre lo que creemos que convendría hacer. Pero también lo estamos en que se le debería mantener la esperanza, que es «lo último que debería perder». Algún código de deontología señala que la información debe ser a la vez «verídica... y esperanzadora». Y cabe preguntarnos: ¿no son contradictorias ambas cosas cuando el pronóstico es grave? ¿Cómo podemos hacerlas compatibles? A veces se da tímidamente alguna pauta, al añadir a lo anterior que debe ser a la vez «comprensible, mesurada, discreta y prudente». Pero esta prudencia mesurada que aconsejaría tratar de manera diferenciada a cada enfermo es muy difícil de establecer en un caso concreto. Por tanto parece que es imprescindible reflexionar más sobre lo que haremos al respecto, ya sea como profesionales o como familiares, y sobre el proceder que adoptemos al ofrecer la esperanza a nuestros enfermos. ¿Cómo ayudarles mejor?

Hay una escena de *Tío Vania* en la que, con pocas palabras, Chéjov dice muchas cosas sobre la esperanza, al menos entendiéndola de una manera bastante común. Sonia

79

está enamorada de un amigo que parece que no le corresponde, lo que la hace sufrir, y su cuñada le propone preguntárselo directamente para salir de dudas. Cuando ve que ella se niega en redondo a hacerlo, le dice: «Me parece que la verdad, sea cual sea, no es tan terrible como la incertidumbre en la que estás»; Sonia se queda entonces pensativa y murmura entre dientes: «No, la incertidumbre es mejor, porque deja un hueco a la esperanza.» En esta escena, la esperanza queda ligada al desconocimiento, y así la entienden muchos enfermos graves aunque no lo admitan abiertamente. La misma Sonia, cuando se le pregunta qué es lo que mascula sobre la esperanza, no quiere admitirlo, y contesta: «Nada, nada.» Es interesante este añadido (Chéjov era médico) porque es cierto que a veces resulta difícil saber si esa persona quiere saber o no en ese momento. Ya hemos dicho que todo el mundo tiene ganas de saber y, a la vez, tiene miedo a saber; pues bien, a menudo «el clamor de las ganas de vivir ahoga las preguntas y el deseo de saber».[1] Y es que el miedo moviliza recursos para rehuir la visión del mal que ve venir, y apela a la esperanza para poder hacerlo.

El mito de Pandora es ilustrativo al respecto (y está muy emparentado con todos los de la pérdida del Paraíso). Los dioses hicieron a Prometeo, por su responsabilidad en la humanización de los mortales, un regalo envenenado: una mujer portadora de «todos los dones» (Pandora), con los lógicos bienes aparentes (belleza, felicidad...), pero también portadora de un ánfora que contenía todos los males (enfermedad, vejez, muerte...). Cuando el recipiente se abrió, todos los males se esparcieron entre los humanos incontroladamente y tan sólo fue cerrado a tiempo para mantener en él la esperanza. Desde entonces, es un recurso en nuestras manos para encarar y soportar los infortunios.

Pero ¿de qué tipo de esperanza hablamos? Porque, siendo un sentimiento clave, puede abrir la puerta para vivir la enfermedad de manera saludable y comprometida o cerrarla con el cultivo de la inseguridad y el miedo al conocimiento. «La esperanza es una felicidad, quizá de las mayores de este mundo. Pero, igual que con otros placeres, su exceso se paga con dolor, y las expectativas desmesuradas con frustraciones desmesuradas.»[2] El hecho de que estuviera depositada entre los males del ánfora de Pandora ya debería hacernos pensar que alguna de sus caras pueda ser inquietante.

Aquellos que acompañan al enfermo deberían tratarla con prudencia, sin precipitarse en ofrecerla solamente como ilusión para obtener una gratificación inmediata, y sin calibrar lo bastante sus consecuencias. No deberían apelar a cualquier esperanza para salir del paso (de ellos y del enfermo). Es lo que reconoce el cirujano Sherwin Nuland en uno de los libros más honestos publicados sobre la ayuda a morir: «Cuando se trató de mi hermano, olvidé muchas cosas. Me quise convencer a mí mismo de que decirle la verdad era quitarle su "única esperanza" [...] Y fue esta equivocada actitud mía la que precisamente impidió que se materializaran otras formas de esperanza más tranquilizadoras.»[3] Añade que la esperanza debe saberse «reconducir» para que sea una ayuda; sobre todo, dice, hay que saber «redefinirla».

Por ejemplo, no es sensato pensar que la «única» esperanza sea la de no morir, o la de una curación milagrosa por parte de una medicina omnipotente. Hay otras. Puede ilustrarlo una secuencia muy habitual entre nosotros: puede haber existido la de curarse con el primer tratamiento quirúrgico; después, la de que las metástasis quedaran debilitadas con la quimioterapia; más tarde la de que los síntomas pudieran ser bien tratados; y, finalmente, la de que se procure una muerte acompañada, controlada, apropiada. Por lo tanto, la esperanza puede ir cambiando, y se la reconduce bien cuando se la adapta a la realidad. Salvo que, para poder hacerlo como es debido, conviene haberse preparado para darle cierta elasticidad y pueda así ser mesurada y flexible desde un buen principio. Debe basarse en la espera de lo posible.

Esperanza y *espera* comparten, en castellano, la misma raíz latina: *spes.** Y es verdad que están entrelazadas. La «sala de espera» podría llegar a verse, forzando un poco el símbolo, también como una «sala de esperanza»; al menos en una consulta médica, por ejemplo, se manifiesta una ambigüedad característica: puede estar a punto de llegar una buena noticia o una mala. La esperanza es una vivencia sobre el futuro, sobre lo que todavía no es. Por lo tanto siempre va ligada al miedo de que acabe no siendo como queremos. De ahí la famosa e incontestable frase de Spinoza: «No hay esperanza sin miedo, ni miedo sin esperanza.»[4] Quien espera teme ser decepcionado, y quien tiene miedo espera poder hacer que desaparezca.

Pero es una mala salida a este binomio intentar borrar el temor inventando una esperanza demasiado contundente e ilusoria. Es preferible intentar mitigarlo previendo lo que puede pasar y, con las armas en la mano, favorecer

---

* No así en francés, a pesar de ser también una lengua latina: *attente* y *espoir*. De ahí la frase de André Gide que reproduce Ramon Bayés: «*Oh, quelle belle langue celle que confond attente et espoir*» («Qué lengua más bella la que confunde espera y esperanza») (R. Bayés. *Vivir. Guía para una jubilación activa*. Paidós. Barcelona, 2009. Pág. 110). Tampoco en inglés van emparejadas las palabras *wait* y *hope*.

que se realice lo mejor dentro de lo posible. Por lo tanto, diríamos que una esperanza saludable no puede consistir en una anticipación del futuro sin suficiente base real, sino que requiere valorar bien las posibilidades más útiles que haya para adaptar a ellas los deseos. Rogeli Armengol nos recuerda que la esperanza debe mucho al presente y al pasado, y no sólo al futuro.[5] En primer lugar, porque depende de lo que se pueda sembrar: es, en parte, confianza en el trabajo (aunque sea mental) que se hace o se pueda hacer. Y, a la vez, debe estar en contacto con el pasado, con lo que cada cual ha sido y ha hecho ya. La esperanza tiene que descansar, por lo tanto, en un sentimiento de activa participación en el mundo y no en un sentimiento pasivo. Se espera que aquello que se ha dicho o se ha hecho dé sus frutos y sean buenos para uno mismo y para los demás. No es una simple creación de nuestra imaginación ilimitada, sino una proyección de nuestras necesidades, no del todo racionales ni del todo ilógicas, pensando en lo que puede pasar, es decir, en un futuro incierto pero no del todo incomprensible ni incontrolable.

La esperanza no es limitarse a esperar sin saber, ni a desear sin poder, ni a querer sin gozar.[6] Es esperar las buenas posibilidades poniendo lo máximo de nuestra parte para que se puedan cumplir, y es valorar aquellos aspectos positivos, aunque sean pequeños, para disfrutarlos en lo que podamos, y a pesar de todo. Está claro que con ello no se destierra del todo el temor: entre las posibilidades que hay, esperamos que se presenten las buenas y tememos a las malas; de lo que hacemos, esperaremos los frutos mejores; y lo que disfrutamos lo queremos conservar y tememos perderlo. Siempre nos movemos en la incertidumbre (y sobre todo en medicina), es cierto. Pero es innegable que conocer lo que hay nos permite prever mejor el mañana e influir en él; y que valorar lo que se tiene, aunque sea poco, nos pone en contacto con lo que se estima y favorece que podamos movilizar deseos y fuerzas para avanzar. Ésta sería la base para una definición de buena esperanza: una espera sólida y no ficticia de lo que puede suceder.

La falsa y la buena esperanza

Por lo tanto, siguiendo la misma línea, podemos decir que hay formas de esperanza que habrá que apoyar y cultivar, otras que deberán respetarse pero sin estimularlas y otras que convendría evitar.

Convendría evitar aquella esperanza que sólo es un refugio que la evolución destruirá tarde o temprano, a veces más dolorosamente de lo que supondría el conocimiento actual. No se puede propiciar esperar una cosa que no puede ocurrir o que es demasiado improbable, o que llevará a una desmoralización futura. Constituye un engaño.

En este sentido, no debe decirse lo que no es, no debe prometerse lo que no se puede, no se debe indicar lo que resulta fútil o demasiado inseguro, aunque el hacerlo comporte un confort brillante pero efímero. La propuesta de un tratamiento inútil, de un ensayo medicamentoso poco pertinente, o la información exagerada sobre un descubrimiento nuevo, pueden promover una ilusión momentánea, pero también pueden ser formas de bloqueo del verdadero progreso personal, aparte de que a menudo puedan suponer además un peligro o llegar a hacer algún daño. En este sentido, es conmovedora la confesión del cirujano Sherwin Nuland: «Harvey [el hermano] pagó cara mi incumplida promesa... Probablemente habría tardado lo mismo en morir, de la misma caquexia, insuficiencia hepática y desequilibrio químico, pero no se le habrían sumado los estragos de un tratamiento inútil y tóxico, y el equivocado concepto de esperanza.»[7] Los médicos deberían tenerlo claro, pero los familiares quizá más.

A veces es el propio enfermo el que, buscando un resquicio de posibilidad milagrosa, se aferra a una esperanza desmesurada para negar su situación; o para poder convivir con el sufrimiento, para poder soportarlo y quizá superarlo más tarde. La negación es muy potente a veces, y a menudo resiste victoriosamente a las evidencias de la razón. Incluso en enfermos bien informados, se puede observar esta derrota de la razón ante el miedo y el cansancio, aunque sea de forma transitoria. Todos los que hemos frecuentado enfermos graves, hemos observado el curioso movimiento de vaivén, como el de un péndulo que mentalmente hace pasar al enfermo –al enfermo o al familiar– de la intemperie dolorosa de lo real a la sombra reparadora de la ilusión; y a veces al abrigo de esperanzas sorprendentes. Puede pasar que a un enfermo, en la sala de espera, se le abra de repente la esperanza de que en esta visita se le dirá por fin que el diagnóstico, que carga como una losa agobiante, estaba equivocado. Sin duda es una idea ilusoria, que no se basa en nada y que presupone una desilusión posterior (y si lo pensara mínimamente llegaría a esta conclusión), pero en esta ilusión encuentra un descanso momentáneo para reponer fuerzas y no verse succionado por la desesperanza. Dejémosle, pues, que la mantenga.

Conservar la lucidez puede ser duro, y muchos enfermos, agotados por la enfermedad, a partir de un momento prefieren apartarla y abandonarse en manos de quien los cuida. Un enfermo de cáncer avanzado con el que yo había mantenido una relación asidua y muy franca y que tenía un particular gusto por la veracidad, un buen día me sorprendió atribuyendo su ictericia a una hepatitis sobreañadida en lugar de ver lo evidente: que no era más que una simple consecuencia de sus conocidas metástasis en el hígado. Comunicándome su «descubrimiento», creo que vino a decirme que había encontrado un refugio cómodo, quizá cansado de la cascada de malas noticias, y que, por favor, lo comprendiera y lo aceptara. Este tipo de refugio debe respetarse: lo ha construido el propio enfermo por necesidad, y destruirlo sería una crueldad. Repitámoslo: no se trata de enseñar a vivir, sino de ayudar a vivir.

Pero una cosa es que la irracionalidad provenga de las tribulaciones del propio enfermo y otra distinta que nosotros nos arroguemos el derecho (y para algunos el deber) de ofrecérsela. Es cierto que hay que saber tolerar su autoengaño y continuar nuestra compañía comprensiva con un silencio atento o con respuestas abiertas, aunque sean ambiguas («¿tú crees?», «es posible»). Pero respetar el camino que el enfermo ha elegido por su cuenta no es lo mismo que estimular desde fuera la irracionalidad con la promoción irreflexiva de esperanzas infundadas que tal vez después sean difíciles de revertir y que incluso acaben aumentando su sufrimiento. No hay que decir o hacer todo lo que pensamos que al enfermo le gustaría que dijéramos o hiciéramos en ese momento pensando que más tarde ya se encargará el tiempo, la evolución y el deterioro de poner las cosas en su sitio. No es correcto destruir la falsa esperanza de quien no quiere saberlo todo, pero esto no significa inducírsela o que se deba asentir a todo lo que pretenda. No es una manera responsable de ayudarle.

La irracionalidad existe, evidentemente (y también en las apreciaciones familiares e incluso en las profesionales); no hay que olvidarlo. Y es cierto que el enfermo adopta a menudo, ante la amenaza de destrucción que ve en su horizonte, una regresión a formas de infantilización en las que se siente más seguro. Pero si en estos casos se le responde con formas exageradas de protección, se puede agravar su sensación de dependencia y de invalidez personal. No debería aprovecharse la ofuscación del enfermo, quizá pasajera, para formarse juicios definitivos sobre él y etiquetarlo de incompetente prematuramente, de que es uno de esos que «no quieren saber» o de que quiere delegar en otros para siempre.

En estas situaciones, los que rodean al enfermo deben aumentar la asiduidad y la atención, y mantener con él un diálogo sin caer en la tentación de impedirle el conocimiento. Prudentemente, tienen que dejar las puertas abiertas a una posterior «reconducción» hacia una aceptación mayor de la realidad, atentos a todas las ocasiones de reequilibrio de su ánimo que pueda presentar. Los que le quieren y le ven sufrir tienden a valorar a la baja estas posibilidades; pero la protección legítima no puede llegar al extremo de expropiarlo de las posibilidades de recuperación que pueda tener, pues quizá no se han sopesado lo bastante y pueden sorprendernos más tarde.

Esta recuperación de la autonomía personal debe considerarse, incluso en los casos de dependencia importante, un objetivo básico de la ayuda. Y es una ayuda útil la que puede sentir el enfermo cuando ve que se mantiene la confianza en su fortaleza y nuestra esperanza en su capacidad.

Es cierto que una ayuda así es difícil y requiere bastante dedicación. Por ejemplo, obliga a conocer aspectos que preocupan al paciente, preguntar por ellos y considerarlos. En general, las amenazas que más angustian son las que no pueden predecirse o no se conocen lo suficiente. Por lo tanto, la intervención más perentoria es la de disipar dudas e informar mejor de aquello que sí se sabe y que el enfermo está pendiente de saber. Ésta es la base más sólida para edificar buenas esperanzas, es decir, todas aquellas que sí conviene promover aunque sean pequeñas y a corto plazo.

Para hacerlo, es importante empezar por abonar las que van surgiendo del buen trato, porque serán la raíz de muchas más: la esperanza de poder hablar, de ser escuchado y de que sus valores interesan a los demás y serán respetados. Esto supone mantener un diálogo abierto a su disposición, en el que encontrará siempre lealtad y veracidad, respeto y prudencia, verbalización o silencio según cuál sea su necesidad puntual. No debe tener miedo de ser asaltado con informaciones excesivas o que, a su manera, sean inoportunas. Debe sentir que se le acepta tal como es, con sus peculiaridades o rarezas conocidas y por conocer. Debe pensar que sus demandas serán atendidas dentro de lo posible y que, a la vez que sus opiniones, serán tenidas en cuenta.

Es muy importante la esperanza de continuidad en la compañía, sin cambios demasiado frecuentes o turnos imprevistos, etcétera. La compañía debe ofrecer el augurio de que podrá irse aumentando el afecto y la calidez en ella, y que no se limitará sólo a la amabilidad.

De esta fuente básica fluirán otras esperanzas dentro del ancho abanico de lo posible y de lo cotidiano, y así se podrá ir avanzando. Son recomendables todas las que ayuden al enfermo a convivir con la realidad y a influir en su futuro, porque con ellas se aumenta su propia autoestima y la confianza en el horizonte que tiene por delante, por muy oscuro que sea. Walter Benjamin se sirve del símbolo, tan gráfico, de la estrella: «A medida que el sol se va apagando, surge en el crepúsculo la estrella vespertina. Toda esperanza descansa en este ínfimo pero visible fulgor; incluso la más rica proviene sólo de él.»[8]

Pálidas pero presentes, siempre hay a mano esperanzas de este tipo que acaban resultando importantes para el enfermo; y fructíferas, porque acaban dando frutos. En cada situación serán distintas: poder hacer un viaje, ver nacer una nieta, una visita esperada con ilusión, poder ir a casa un fin de semana... No se puede hacer una lista. Es estimulante para él constatar que los de su entorno tienen, como objetivo asumido, su bienestar y por tanto valoran también estas cosas. Esto le permite no tener reparo en plantear demandas y acciones realistas que acaban siendo emancipadoras para él, aunque para los demás parezcan nimias.

Son especialmente saludables las que enlazan la situación actual con su vida cotidiana, las que le permiten ser consciente de que ésta continúa discurriendo desde un pasado a un futuro en el que hay todavía cosas por decir. Así, acabará sintiendo que vale la pena aumentar su influencia, y que, con ella, llena mejor el presente. Verá que puede pensar más tranquilamente el futuro si vive más consciente de cada minuto, que así está más pendiente de su vida. Y que esto le ayuda a rememorar su pasado, las buenas experiencias, lo que guarda en su corazón (que esto es lo que quiere decir «recordar»). Es un proceso, un círculo virtuoso, que hay que propiciar porque ayuda a sentirse más definido como persona irrepetible que continúa su propia construcción a pesar de todo, hasta el último momento. Hasta proyectarla más allá y anticipar deseos y pedir el respeto a unos límites o a unas demandas que dan coherencia a lo que uno es.

Ésta es la esperanza que los griegos denominaban *elpis*, la que permite «hacer proyectos» a pesar de las calamidades.[9] Es decir, aquella que permite proyectarse al futuro, al mundo y a los demás.

Los demás son muy importantes. No solamente porque ya están aquí y son espectadores nuestros, lo que ya es estimable en sí mismo porque nos sabemos acompañados. También lo son, y sobre todo, porque pueden ser beneficiarios de nuestra vida y benéficos para ella. Beneficiarios, porque toda buena esperanza comporta necesariamente haber contado con ellos y su futuro, saber que saldrán adelante y que hemos podido transcurrir por su vida. Benéficos, porque constatamos nuestra deuda y aceptamos nuestra dependencia para con ellos. En la enfermedad es posible vivir y descubrir aspectos interesantes de la solidaridad. Puede resultar la epifanía de muchas emociones enriquecedoras no sentidas hasta ese entonces. En este sentido, la buena esperanza no es «lo último que nos queda», sino que es lo mejor que tenemos para vivir bien lo que nos queda.

EL MIEDO

Hemos visto que el miedo va íntimamente ligado a la esperanza, y que, según cómo se conduzca esta última, no hará más que mantener el miedo a ella vinculado, agrandándolo quizá; por ejemplo, constatando que siempre planea amenazante cuando se está en la duda. Y, al contrario, si la esperanza se contiene debidamente con la difícil «redefinición» que hemos intentado mostrar, puede ayudar en cambio a tolerar mejor el miedo, a disminuirlo mucho, a domesticarlo en gran parte; aunque sabemos que es difícil que desaparezca del todo. De hecho, el miedo acostumbra a presidir el proceso de acercamiento a la muerte,

90

cada día y en cada lugar, en cada decisión y en todas direcciones. Está el miedo del enfermo, por supuesto, y el de sus familiares; pero está también el del profesional para acercarse, y ese tan temible a que se le note. Nunca se puede minimizar. Nadie debe avergonzarse de sentir miedo; nadie debe menospreciarse por ello.

Por parte del acompañante, este miedo se puede vivir como la «pereza» de volver a ver, de acompañar y de cuidar a aquel que nos angustia tanto. Y nos angustia porque nos pone ante el hecho inexorable de la muerte –la nuestra y la de todos– y de su dolor, y de la amenaza real a la destrucción de la vida cotidiana. Frecuentemente se añade la angustia de no saber cómo comportarse ni qué responder, el temor de hacer algo inapropiado, mal hecho. La muy humana necesidad de huir puede surgir entonces imperiosa. Y esto por no hablar de las turbulencias internas, producto de ambivalencias que la proximidad de los seres queridos nos despierta; y, si éstos son terminales, mayores resultan las turbulencias. Un ejemplo puede ser el deseo clásico de que «todo se acabe de una vez» (incomunicable, por definición) y los sentimientos de culpa que, de rebote, se derivan de él y que nos pueden llevar a una sobreactuación muy poco gratificante. Es una realidad poco estudiada, aunque sea tan común.

Pero, a pesar de todo, la atención que el enfermo merece nos obliga a hacer frente al miedo con cierto coraje, con paciencia, y con la confianza de que, en principio, se puede conseguir. La actitud de quien nos dice: «Yo no puedo acompañar a un enfermo porque me angustia demasiado y no lo haría bien», y elude de este modo la compañía que podría proporcionar, es una actitud poco responsable que denota poca entereza. A veces los familiares piensan que necesitan unas condiciones especiales que no tienen, un aplomo o unas aptitudes más o menos técnicas que no pueden improvisar. En primer lugar, hay que decir que no es verdad que para acompañar se precise una preparación especial, sino, ante todo, la buena disposición para hacerlo que ya hemos mencionado en el capítulo anterior. Y, en segundo lugar, no es difícil obtener en nuestro entorno el apoyo y los consejos profesionales necesarios, ya sea para cuidados más o menos rutinarios o para otros concretos más urgentes. Hay un estudio que demuestra que en un país africano a lo que más se teme es el poco tratamiento de los síntomas habituales en el proceso de morir, mientras que en uno europeo, en cambio, se teme más la falta de acompañamiento.[10] Es cuestión, pues, de que recuperemos un hábito –una virtud– que, en principio, está al alcance de casi todos nosotros y de que revaloricemos el efecto benéfico de una compañía tranquila y cálida antes que otras muchas cosas.

«Lo que en verdad quiero como paciente [terminal de cáncer] *no* es que me proporcionen más tiempo o una solución. Lo que quiero es que no me abandonen ante mi miedo y ante mis intentos de elaborar la realidad de mi situación. Cuando *se sabe* que se flota en una gran incertidumbre respecto a la vida y la muerte, la honestidad importa mucho, porque nos brinda el único apoyo que tenemos. De lo contrario, todo es esperanza y superstición, lo cual no evita que nos atormentemos durante la noche.»[11] Éstas son las palabras de una amiga de Iona Heath que ésta transcribe en un librito pequeño pero de gran intensidad sobre ayudar a morir. Al referirse a la honestidad, creemos que de hecho hace un llamamiento a los valores básicos de una buena ayuda: la compasión para ver el miedo, el coraje para no rehuirlo y una lealtad que incluya, implícitamente para ella, la veracidad. Sólo así, piensa, podrá evitar el miedo en solitario «durante la noche». Porque «la esperanza» (la que hemos considerado falsa esperanza, de hecho) sería una superstición que mantendría el miedo secuestrado y poco controlado. Una esperanza así es vista como algo deshonesto, opaco, que enmascara la realidad y que nos separa de los demás. Precisamente, en este excelente libro, la autora acaba haciendo una propuesta interesante: «El terror a lo desconocido, y la soledad y el miedo son, como siempre, más agobiantes durante la noche... Quizá tendríamos que alentar a los enfermos a tomar nota de sus miedos de la noche para poder analizarlos juntos a la luz del día.»[12] Es una muestra modélica de compañía: brindarse a compartir la turbulencia del mundo interno –no hace falta que sea por escrito– para ayudar a serenarlo en lo que se pueda después bajo la luz de la verbalización. A buen seguro que el miedo que se siente por la noche resulta distinto si se ha recibido una invitación como ésta para compartirlo al día siguiente. La posibilidad de comunicación que puede abrir un ofrecimiento como éste debe de ser sin duda de gran eficacia afectiva, dejando a un lado el efecto catártico y simbólico que tiene la palabra.

Montserrat Roig debía de pensar algo parecido cuando escribió su tan emotivo y acertadísimo artículo sobre el miedo. Por el momento en que lo hizo (ya terminal de un cáncer) y la forma en que está escrito, presumo que debió ser terapéutico para ella en más de un aspecto. En todo él se nota una llamada a ser acompañada en su miedo y una denuncia del obstáculo insalvable que representa el miedo que ve en el otro. Dice así:

> Hay un terreno ambiguo en el que se crea un desajuste en las relaciones [...] y este terreno es el de las palabras. El enfermo ha de descubrir, con paciencia, sus miedos; y frecuentemente no los puede hacer sentir al médico [al

acompañante]. Éste los desconoce. «Las palabras son, a la vez, indispensables y fatales», aseguraba Aldous Huxley. También los médicos [los acompañantes] se sienten aprisionados por las palabras, que no expresan exactamente lo que quieren decir. Son aproximaciones a sentimientos, a actitudes mentales. También están los gestos, las miradas, una manera de caminar. Todo ello es controlado por el paciente-enfermo, mucho más de lo que piensa el médico [el acompañante]. Un matiz es tomado por una definición, una sugestión por un axioma.

El enfermo, a la larga, descubre que también el médico [el acompañante] tiene miedo. Pero ya lo hemos dicho: no es el mismo miedo que padece el enfermo. El de éste es un miedo terrenal, primitivo, casi diría animal. Un miedo que se mueve en un terreno confuso, rudo, oscuro, estrecho. No precisa metáforas. Es un miedo que da miedo sentir. El miedo del médico [del acompañante], me parece, es más impreciso. Es el miedo a ser sorprendido. Tener que admitir lo que no es controlable. [...]

Puede pasar, así, que el enfermo empiece a tener miedo del miedo del médico [del acompañante]. Se ha dicho: necesitamos pequeñas dosis de miedo para soportar el gran miedo. Pero hay médicos [acompañantes] que, al no aguantar este desasosiego ante el extrañamiento, ante lo imprevisible, montan todo un espectáculo para huir de las palabras. Es el médico [o acompañante] *showman*, dispuesto a disimular el miedo helado que a veces siente. Se refugia en palabras contundentes como única respuesta. [...]

No hay, entonces, complicidad entre los dos. Los miedos, los pequeños y los grandes, no son expresados en palabras. Los caminos divergen y el enfermo-paciente no admite que el médico tenga miedo. [...]

Y no es un asunto fácil.

El texto se titula «El miedo del médico. Apunte para una reflexión».[13] Pero creo que lo que propone en él es extensible a todo acompañante del enfermo, sea familiar u otro profesional, y por eso he introducido entre corchetes esta posibilidad. Lo interesante es ver cómo vive una enferma grave el miedo, el suyo y el de quien está a su lado, y lo inquietante que puede llegar a parecerle ver cómo el otro rehúye el contacto apelando al histrionismo. No hace falta que sea solamente del médico de quien habla: donde dice que se refugia en palabras «contundentes» se puede leer (pensando en el acompañante: visita, familiar, etcétera) en «palabras evasivas o frívolas», o en «una locuacidad excesiva», o en «bromas fuera de tono», o en «un optimismo forzado». Nadie duda de que cualquiera de los *showmen,* el médico o el visitante de esa tarde, querían ayudar a la enferma; pero el miedo a su contacto se lo impedía. Uno lo ha querido eludir interpretando el rol que cree que es el que debe interpretar un profesional; y el otro, el papel que cree que es el que se espera de un antiguo compañero de ocio. Pero los dos han acabado produciendo un distanciamiento. Del médico, que tanto representa para el enfermo, hablaremos específicamente más adelante. Pero cabe considerar también la frustración que pueden ocasionar los que están asidua u ocasionalmente cerca del enfermo.

Claro está que es lícito el intento de animar al enfermo a que se olvide de su estado y de su miedo, el intento de procurar que recuerde los buenos días pasados, de reproducir con él la alegría compartida antaño; incluso de hacerle sentir una esperanza de que pueda haber otros momentos así. Pero, como siempre, una cosa es la propuesta y otra la imposición de un estado de ánimo. Una cosa es que el amigo proponga, tácitamente, un determinado tono distendido y juguetón, controlando la aceptación y el límite de tolerancia del enfermo, y otra el *«showman* de visita» que impide todo verdadero contacto.

Son dificultades que sienten los que acompañan a un enfermo grave. En palabras de un hijo que cuidaba a su padre: «Los miedos del acompañante –cuanto más cercano, más fuertes son– creo que a menudo vienen de preguntarse si uno será capaz de comunicar la parte de amor que siente o que debería sentir; y de la duda de si podrá contener –y en alguna medida, mostrar– su propia angustia ante el dolor y el desasosiego del otro. También la de encontrarse solo en una situación en la que puede requerirse una actuación urgente, y las dudas sobre decisiones y cómo corregirlas si viene al caso... Así pues, lo que más angustia es la relación y las decisiones. Pero también la realidad de los cambios que esa muerte inminente pueden significar en la vida de su entorno. Son muchos miedos a la vez. Se debería ser muy tolerante con los intentos de autenticidad expresiva y sentimental que pueda tener el familiar, dado que cada relación es única, que ese enfermo sólo morirá esa vez y que en el poco tiempo que queda hay pocas ocasiones para acompañarle y hacerlo bien. Debe encontrar fórmulas personales no estereotipadas, y no tiene un guión que seguir como el que tiene quizá el médico.»

Creo que es elocuente el desasosiego. Otro ejemplo, preciso y conmovedor, es el del amigo que se ve sorprendido por el miedo y no sabe reaccionar a tiempo: «Había ido a la clínica a verla. Yo no era la única visita. Hablábamos, nos reíamos. Y en un momento dado nos quedamos casi solos. No del todo, creo. En cualquier caso, hubo un momento de calma. Y entonces, no sé cómo ni por qué, de repente me miró. Una mirada, por así decirlo, lanzada desde el otro lado de la enfermedad terminal [...] Era una mirada de terror, sin palabras que la acompañasen; y las palabras insípidas que yo sí estaba diciendo resbalaron fuera de contexto, incapaz como me sentía de soportar la expresión desolada de aquellos ojos. Sólo podía hacer una cosa, acudir a su lado, abrazarla con fuerza y decirle: "Ya sé lo que te pasa" [...] Me estaba mirando y yo tenía que reaccionar sin permitirme ni un instante de duda, liberándome de aquel desconcierto paralizante que ya duraba más de dos, más de tres segundos, mientras ella me espiaba y con sus ojos escrutadores y desesperados constataba mi incapacidad para recoger su instintivo dolor y darle una respuesta... Tres segundos, cuatro segundos... Y no le dije nada, no me acerqué a ella.»

Seguramente todo el mundo se sentirá identificado con el «desconcierto paralizante» de este visitante sincero que tan honestamente muestra su deslumbramiento cegador ante la inesperada demanda de la enferma Montserrat Roig.* Es cierto que puede resultar muy difícil encarar una situación así, sobre todo si no se ha previsto, si no se está mínimamente preparado para recibirla.

Por otro lado, a pesar de todo, no hay más remedio que combatir estos miedos si queremos ayudar. Hay que intentarlo con previsión, con asiduidad, con paciencia, pero también con descanso periódico y con apoyo externo. Los ratos de ocio y distensión son imprescindibles para evitar quedar succionado por la situación y caer en el cansancio, la claudicación y quizá la crispación. No sólo se recuperan así fuerzas para poder continuar renovado, sino también para reencontrar una mirada más fresca que permita volver a mirar dónde se está y reconsiderar con calma

---

* Curiosamente, se trata de la misma enferma Montserrat Roig, y el relato es el de su amigo dramaturgo Josep Benet i Jornet, publicado treinta años después (*Material d'enderroc*. Edicions 62. Barcelona, 2010).

la situación y los problemas planteados que tiene y los objetivos que se pretenden.

Es importante poder analizar y verbalizar el miedo. Y reconsiderar las frustraciones y el trato que se está dando, para rectificarlo si hace falta. También el que se recibe: hay enfermos impertinentes y muy poco respetuosos con quien los cuida, al que esclavizan con cierto chantaje emocional. Las conversaciones entre familiares y cuidadores sobre todo ello siempre resultan útiles, y aunque pasen por momentos de tensión, son necesarias. A menudo, hay que pedir el parecer del equipo profesional para diversas cuestiones, claro está. Todo ello redundará en más tranquilidad para todos, aumentará la capacidad de ayuda y proyectará más seguridad al enfermo.

Si en el entorno se ha podido superar este miedo y se ha permitido que el enfermo exprese el suyo, se le puede empezar a prestar una ayuda realmente eficaz. Debe pensarse que el miedo que siente es una reacción «natural» ante una serie de amenazas reales: la de la muerte, el sufrimiento, la dependencia, la consunción que ve venir, o las de vivir una agonía y perder el control, son amenazas muy reales y destructivas; no debe intentarse, por tanto, subestimarlas simplemente para animar al enfermo. El enfermo tiene que ver que nos las tomamos en serio, que podrá expresar su miedo sin que lo esquivemos con actitudes que no vienen al caso y que a menudo irritan, como son trivializarlas («No te preocupes hasta que llegue el momento») o apelar a la necesidad de aguante («Hay que ser fuerte ante lo que viene: todos pasaremos por ello»). Debe verse que primero las tenemos en cuenta y que calibramos cómo son antes de intentar consolar.

Además, el enfermo debe poder mantener la esperanza de que entre todos los que le rodean se controlará su comodidad; de que hay una capacidad de respuesta frente a las molestias. Se pueden concretar ayudas disponibles contra aquellas amenazas que inquietan especialmente, proponiendo preguntar a los profesionales cuando sea necesario («Mira, esto no lo sé, pero mañana se lo preguntaremos al médico y nos lo explicará para que te quedes más tranquilo»). Recordemos que el miedo de los familiares, sobre todo de los que no encuentran suficiente apoyo en un buen equipo asistencial (como puede ser el de PADES: Programa de Atención Domiciliaria y Equipos de Soporte) hace muy difícil la cura del enfermo en casa y es causa de decisiones poco razonadas como puedan ser las de traslado inútil de última hora. Sobre el tratamiento de la agonía hablaremos más adelante, pero conviene tener presente que hay medidas técnicas a mano para evitar el dolor y disminuir el sufrimiento, e incluso la lucidez que lo acompaña si llega a ser demasiado deslumbradora.

El miedo a ser una carga para los demás es un motivo frecuente de angustia. Es un tema difícil, sobre todo en un mundo en el que ya no hay roles ni pautas ancestrales socialmente incuestionables: las mujeres de la casa, que antes eran las cuidadoras «oficiales», ahora trabajan fuera, con lo cual ya no sabemos si es mejor estar en casa o esconderse en una residencia, por ejemplo, para liberar a los demás. Para tranquilizar al enfermo hay que saber mostrarle que la dedicación que les damos, y que merece, se la damos con mucho gusto por el cariño que le tenemos, porque no nos resulta insoportable y porque, además, sentimos hacia él un deber al que no podemos faltar.

Los miedos del enfermo a perder el control, a no tener un tratamiento contra los síntomas suficientemente eficaz y a ser una carga para el entorno pueden hacer que prefiera un ambiente hospitalario, donde todo está más preparado, o eso puede llegar a creer. En principio, es cierto que morir en casa tiene unas ventajas innegables: se puede continuar rodeado de los objetos personales, de los familiares y amigos, en la propia habitación, con los olores y ruidos conocidos. La muerte queda así más ligada a la vida que se ha llevado y de la que es su última etapa. Pero el temor a que en casa no haya las posibilidades de actuación suficientes para hacer que la muerte sea confortable puede pasar por delante del temor que se pueda tener a la sobreactuación y a la despersonalización del hospital. Por lo tanto, conviene prever con realismo las necesidades que van apareciendo y, si es posible, tranquilizar al enfermo con muestras de que se ha previsto, de que se está en ello y de que se tiene un buen control de la situación con la ayuda profesional adecuada.

Junto a estos miedos habituales, el enfermo puede sentir otros aparentemente no tan razonables. Son los que se refieren a peligros demasiado remotos o improbables, tal vez arraigados en forma de fobias muy tiránicas. Un enfermo puede tener un miedo excesivo al dolor, improbable en su caso, o a la colocación de una sonda no contemplada ni como posibilidad. Quizá la causa sea lejana: vio morir así a alguien y aquello quedó adherido en su imaginario como símbolo de una mala muerte. Estos miedos requieren un diálogo minucioso para mostrar que no tienen suficiente base real pero que, a pesar de todo, se estará alerta para evitarlos y se recordará su negativa, que es y será prioritaria. O que, si no pueden evitarse, no son como él piensa, etcétera.

La culpa y el perdón

Otras causas de malestar antes de morir pueden ser más internas. Por ejemplo, la sensación de culpa puede no dejar morir bien. No es raro que exista la sensación de culpa difusa, de que se ha vivido mal o de que no se ha sabido aprovechar lo suficiente la vida, o que en ella se han cometido equivocaciones. Ante esto, es oportuno saber mostrar a quien lo piense que quizá debería tener más presentes los mejores aspectos de su vida, que los hay, el lado bueno de ella: el esfuerzo y el trabajo hechos, la dedicación en mejorar cosas, las ilusiones puestas, las horas empleadas, la ayuda a los demás, el amor de familiares y amigos. Es posible que este plato de la balanza haya sido poco valorado. Lo mismo que hace el ángel de la guarda con el atribulado James Stewart, en la película *Qué bello es vivir* de Frank Capra, se puede intentar mostrar que, a buen seguro, el mundo hubiera sido distinto sin él, y seguramente peor, al menos para esta o aquella persona en concreto, o para este grupo.

Otras sensaciones de culpa pueden parecer más concretas, y a menudo más urgentes. Sobre todo las debidas a la necesidad de no dejar asuntos pendientes. Ya hemos visto que éste es un argumento de peso para aconsejar que los enfermos estén informados cuando su estado es grave: para que tengan ocasión de poder plantearse el perdón. Reconciliarse con los demás y perdonar el daño recibido posibilita despedirse del mundo con más sosiego. Y puede ser de gran ayuda para el enfermo que se favorezcan estas posibilidades de poner en orden antiguos problemas mal resueltos con actuaciones de reparación.

A veces, estos problemas pueden aparecer de forma imprevista, como una necesidad perentoria. Recuerdo a un anciano ya postrado que se vio asaltado por una culpa remota y penetrante, escondida a lo largo de sesenta años, en relación con el suicidio de un compañero de guerra después de un juego de cartas en grupo. Se culpaba de no haberlo previsto y evitado. Que se escuchara atentamente su relato y que se le formulara alguna pregunta sobre las circunstancias del suceso le permitieron darse cuenta de que realmente la culpa no era suya y de que seguramente se exigía demasiado a sí mismo. Se tranquilizó visiblemente. Poder detectar una culpa que causa angustia y temor a morir mal, y favorecer la reconciliación necesaria, es una de las gratificaciones para quienes acompañan a alguien al final de la vida.

De todas formas, la liberación real de culpas más difusas o más hondas no se consigue solamente finiquitando una deuda pendiente. Limitarse a ello sería, como dice Jankélévitch,[14] equiparar el perdón a una simple restitución o reparación, comprender su conveniencia y cancelar el remordimiento sacándose la espina que estaba clavada en uno mismo y en los demás. Es un paso necesario, obviamente. Lo que interesa es que desencadene una reconciliación más amplia: con la vida en general y con la que, a pesar de sus carencias, le ha tocado en concreto vivir. Ya no se pretende entonces saldar cuentas para poder olvidar, sino, al contrario, rememorar cualquier aspecto propio, ponerse en contacto con cualquier acierto o error cometido, precisamente porque son propios y han de recuperarse para poderlos integrar. Es un tipo de perdón que completa, que consigue la transfiguración de reconocer lo que uno es aceptando lo que se ha sido. Sería como un remanso en el cual, después de las turbulencias del viaje, ya se puede descansar al comprender que el viaje tiene un final, y valorando haberlo realizado. Por decirlo así, se trata de una voluntad gratuita de reconciliación íntima en que acaban desvaneciéndose los reproches y el miedo. De acuerdo con Armengol, el perdón sería acceder a un «estado mental» ecuánime, sereno, que abre «la puerta a la esperanza».[15] Sería la esperanza de que ya no quede nada por hacer.

Quizá los demás podamos ayudar poco para propiciar este estado de ánimo interior de concordia, de plenitud. Para los creyentes sería acceder a la redención; para los que no lo son, alcanzar una espiritualidad suficiente. Lo que resulta muy claro es que este estado se reconoce cuando se está ante él. Y se recordará ya siempre, porque deja sembrada en nosotros la esperanza de que es posible una muerte apropiada. Nuestra mirada, seguramente iluminada por la admiración, puede ser el mejor acompañamiento para quien muere.

ACOMPASAR EL TIEMPO

Hemos visto algunas ayudas esenciales en la compañía al enfermo para mitigar su sufrimiento: personalizar la comunicación con él, influir para calibrar la esperanza y acompañarlo en su temor secreto. Pero también, y prioritariamente, hay que estar muy atento a no aumentar nosotros su sufrimiento generándole angustia. Y una forma de introducirla involuntariamente, y que resulta muy habitual, es mediante un manejo torpe del tiempo, de los tiempos de espera especialmente.

Quizá Ramon Bayés sea el autor que más ha denunciado este problema, y en casi toda su amplia bibliografía se refiere a él. Enfatiza algo que me parece esencial: el desconocimiento (u olvido) de la distinta percepción del tiempo que existe entre el enfermo y los demás, los sanos, sean éstos familiares o profesionales. A pesar de que el tiempo sea el mismo, lo sentimos pasar de forma muy distinta según sea nuestra situación.

Esta «elasticidad» del tiempo la hemos sentido desde siempre. Ya la intuimos de pequeños: se hacía demasiado rápido cuando jugábamos y nos parecía eterno, en cambio, en los últimos minutos de clase. En función de nuestro estado y de nuestros sentimientos, el tiempo puede enlentecerse o ir más deprisa, parecer que no está o hacérsenos muy aparente. En algunas circunstancias, se hace más visible, más evidente; y quizá, a partir de entonces, queda instalado en nosotros. «¡Qué curioso es el tiempo! Mientras vas viviendo, no lo sientes; pero a partir de un día sólo lo sientes a él.»[16] Desde ese día o esa época el tiempo será un compañero asiduo. Es lo que le pasa al enfermo desde el momento del diagnóstico de una enfermedad terminal, cuando todo son malas noticias para él y debe convivir con el miedo, aunque sea el miedo a tener miedo. Entonces, el tiempo, que ya ha impuesto su presencia, va enlenteciéndose de forma inquietante.

Un ejemplo ilustrativo de lo que decimos es la vivencia que relata la enferma terminal de *Wit*, de la que ya hemos hablado en el primer capítulo. «No se pueden imaginar», dice, «hasta qué punto el tiempo puede volverse estático. Planea sobre el enfermo. Pesa... y, a la vez, es tan exiguo. Va muy lento, pero a la vez es tan corto.»[17]

Es difícil expresar de manera más nítida un sentimiento tan complejo como éste. Al ver la película se me aclararon cosas que había intuido en los enfermos. Creo que refleja un mundo interno que, no lo olvidemos, forma parte de su realidad, y debe existir, pues, también para nosotros. Es un mundo regido por un «reloj emocional» (para utilizar una expresión de Bayés)[18] cambiante que adelanta o atrasa y con el que, a pesar de estar oculto a la percepción de los demás, hay que contar.

El tiempo se va volviendo más pesado y lento cuanto más aumenta el miedo y el sufrimiento, cuanto más alterada esté la persona (deprimida o ansiosa) o cuando se está esperando algo importante, como un alivio que no llega. En cambio, una visita agradable o una buena noticia lo acortan o incluso lo esconden. Esta evidencia del paso del tiempo como eco o termómetro del malestar o del bienestar relativo hizo que Bayés propusiera considerarlo un indicador sistemático de estos estados de ánimo que conviene detectar y tratar.[19] Resulta útil y fácil servirnos de su percepción.

Cuando hablamos de esto, conviene recordar que una de las principales causas de sufrimiento es la espera incierta; y que es algo corregible. «El tiempo de espera parecerá más largo, y el sufrimiento por lo tanto será más grande, cuanto más importante sea para el enfermo lo que espera –persona, suceso, información– y más incierto el tiempo que se tenga que esperar.»[20] Conviene, pues, que todos los que tratan o acompañan a enfermos tomen conciencia de este hecho: que él vive sumido en un tiempo diferente, encadenado a un «reloj emocional» implacable. Si no, pueden cometer daños evitables. De hecho, es habitual olvidar que, cuando se está haciendo un trabajo absorbente en una situación de interés, como le pasa al profesional o al familiar en la oficina, el tiempo se detiene. Y así, el médico puede decir aquello de «dentro de una hora pasaré a informarle», o el familiar aquello de «me voy sólo un rato», o el amigo de visita «ya volveré dentro de unos días»; y la hora se transforma en toda una mañana, el rato se hace demasiado largo y unos días acaban siendo semanas. Tal vez la persona que traiciona así la promesa hecha no le dé mucha importancia, pero el enfermo lo vivirá como una desconsideración y sentirá que no puede confiar completamente en la lealtad de lo que se le dice. El enfermo grave, sobre todo al final de la vida, se siente muy amenazado, y muchos detalles, y los tiempos de espera, los acaba relacionando con la espada de Damocles que pende sobre su cabeza. «Ya se olvidan de mí...» Un error de este tipo puede destruir gran parte de la buena esperanza que el enfermo había podido construir hasta entonces. El simple descuido lo vive, con susceptibilidad exagerada, como muestra de insensibilidad, incomunicación y falta de compasión. Por lo tanto, cuando se pueda, debe evitarse y disculparse si se ha cometido tal descuido.

Hay que admitir, además, que existe en muchas situaciones cierta insensibilidad y falta de respeto. Sea cual sea el «reloj emocional» de quien espera, esperar sin saber el tiempo de espera resulta desesperante; y acaba siendo indignante cuando se teme que sea por desidia. Es ésta una lacra que se ha convertido en un mal hábito muy común en el contexto de la sanidad. Gran parte del trabajo de quien acompaña a un paciente a visitarse en un centro sanitario, por ejemplo, consiste en «cargarse de paciencia» y dedicar su capacidad de convicción, para tranquilizar al enfermo, de que «debe de haber alguna razón» que explique la espera y la falta de información sobre su causa. Casi se trata de disculpar el abuso para no dar pie a la indignación. Un mero «perdone, veo que me retrasaré, no le podré atender hasta pasadas las once», habría sido suficiente para calmar la angustia.

Del mismo modo, por lo que respecta a la visita del amigo, no cuesta mucho un «no podré ir a visitarte esta semana, pero telefonearé el domingo». A buen seguro que todos podemos reconocer negligencias de este tipo en algún momento de las que deberíamos disculparnos.

Para evitar producir malestar hay que pensar en la posibilidad de producir errores. Así como existían aquellos paneles de relojes que permitían saber la hora en distintas ciudades a la vez, quien se encuentre en el entorno de un enfermo debería acceder a un panel similar y preguntar a menudo por el «reloj emocional» del enfermo. «¿Estará esperando algo?» El miramiento que requiere un enfermo al final de su vida incluye esta percepción, tan distinta de la nuestra y tan cambiante además a cada momento. Esta sola atención puede evitar más de un sufrimiento adicional.

Con respecto a la sensación de tiempo, además de vivir bajo su presencia obsesiva, presenta una paradoja que debe recordarse: que un día cuesta de pasar, y se hace monótono y aburrido, pero que, a la vez, un día sigue al otro de forma tan huidiza que puede sentirse cómo la vida se escapa entre ellos. Thomas Mann, en *La montaña mágica*, lo explica así: «Cuando los días son semejantes entre sí, no constituyen más que un solo día, y con la uniformidad perfecta, la vida más larga sería experimentada como muy breve.»[21] Y así lo viven muchos enfermos, quietos, sin distracciones, sin ninguna variedad. Y con respecto al espacio ocurre algo similar: se va empequeñeciendo a medida que el abatimiento del enfermo crece. El interés por el entorno disminuye, el exterior se va alejando y, finalmente, desaparece todo lo que no está presente en la habitación.

Hay otro acoplamiento de los tiempos que debe conocerse, más íntimo esta vez: aquel que debe lograrse entre el tiempo del cuerpo, marcado por la progresión de la enfermedad, y el del ánimo. El enfermo acaba por sincronizarlos a pesar de que se haya resistido a ello con proyectos e ilusiones. Es un trabajo difícil que poco a poco llega a conseguirse a menudo con la ayuda de la evidencia de la postración corporal y la aceptación resignada de la misma. Detectar esta sincronización es fundamental para el entorno, porque señala una preparación necesaria y completada que puede ayudar a orientar ante ciertas decisiones clínicas.

Comprender estas particularidades y que el enfermo vea nuestro intento de adaptarnos a ellas, constituye una de las mejores ayudas que pueda recibir. Sentarse a su lado, nivelar con él la mirada, tomarle la mano e iniciar una conversación, es acompasar, aunque sea por unos momentos, nuestro tiempo con el suyo;[22] mejor dicho, acomodar nuestro tiempo al suyo. Son momentos útiles porque dan esperanza al enfermo de que las diferencias de percepción del tiempo no van a ser ningún obstáculo. Quizás entonces pueda pensar aquello de Tagore: «Cuando me sonreías y hablabas de cualquier cosa, sentí que aquél era el momento que tanto había esperado.»[23] Es un momento de acoplamiento. A partir de entonces, la comunicación será sin duda más fluida.

Leer a su lado, compartir su silencio, mirar por su misma ventana, adormilarse al mismo tiempo... es penetrar en su mundo, en su espacio, y compartir su ritmo; es ser acogido por él. Hablarle de los recuerdos comunes, ayudarle para que hable de los suyos, de los agradables o de los que no lo son tanto, preguntarle, escucharle, intentar comprenderlo... es caminar a su lado. Así al enfermo se le ofrece, de hecho, lo que querría Nolasc Acarín: «Cuando tenga que morir, me gustaría tener a mi lado a alguien que me acompañe y pueda ser mi confidente y mi cómplice a la vez.»[24] De acuerdo con este autor, podemos decir que lo ideal es que la compañía no sólo permita al enfermo tener un confidente para comunicarse cuando quiera y poder compartir con él el miedo, sino que también le ofrezca una complicidad en lo que se refiere a velar por sus intereses, que esté pendiente de sus derechos y de los límites de lo que pueda hacerse y que, llegado el caso, le ayude a tomar y a prever decisiones razonables.

NOTAS

1. S. Nuland. *Cómo morimos.* Alianza. Madrid, 1995. Pág. 214.
2. S. Johnson. Citado en Iona Heath. *Ayudar a morir.* Katz. Madrid, 2008. Págs. 58-59.
3. S. Nuland. *Cómo morimos.* Alianza. Madrid, 1995. Págs. 228 y 212.
4. B. Spinoza. *Ética demostrada según el orden geométrico.* Trotta. Madrid, 2000. Escolio de la proposición 50 de la 3.ª parte. Pág. 159.
5. R. Armengol. *Felicidad y dolor. Una mirada ética.* Ariel. Barcelona, 2010. Pág. 304.
6. A. Comte-Sponville. *Diccionario filosófico.* Paidós. Barcelona, 2003. Pág. 195.
7. S. Nuland. *Cómo morimos.* Alianza. Madrid, 1995. Págs. 216-217.
8. W. Benjamin. *Cuatro ensayos sobre Goethe.* Gedisa. Barcelona, 1996. Pág. 101.
9. J. Grondin. *Del sentido de la vida.* Herder. Barcelona, 2005. Pág. 88.
10. S. A. Murray *et al.* «Dying from cancer in developed and developing countries: lessons from two qualitative interview studies of patients and their carers». *British Medical Journal.* 2003, n.º 326. Págs. 368-371.
11. I. Heath. *Ayudar a morir.* Katz. Madrid, 2008. Pág. 95.
12. Ibídem. Pág. 104.

13. M. Roig. «El miedo del médico. Apunte para una reflexión.» *Quadern CAPS.* 1991, n.º 91. Págs. 105-106.

14. V. Jankélévitch. *El perdón.* Seix Barral. Barcelona, 1999. Pág. 13.

15. R. Armengol. *Felicidad y dolor. Una mirada ética.* Ariel. Barcelona, 2010. Págs. 303-304.

16. H. von Hofmannstahl y R. Strauss. *El cavaller de la Rosa.* Acto 1. Programa del Gran Teatre del Liceu. Barcelona, temporada 2009-2010. Pág. 18. Traducción propia.

17. M. Edson. *Wit (Amar la vida).* Película dirigida por Mike Nichols. Tripictures, 2001.

18. R. Bayés. *El reloj emocional.* Alienta. Barcelona, 2007.

19. R. Bayés. «Una estrategia para la detección del sufrimiento en la práctica clínica.» *Revista de la Sociedad Española del Dolor.* 2000, n.º 7. Págs. 70-74.

20. R. Bayés. *El reloj emocional.* Alienta. Barcelona, 2007. Pág. 53.

21. T. Mann. *La montaña mágica.* Janés Editores. Barcelona, 1958. Pág. 97.

22. R. Bayés. *Afrontando la vida, esperando la muerte.* Alianza. Madrid, 2006. Pág. 219.

23. R. Tagore. *Ocells perduts,* n.º 42. Selecta. Barcelona, 1974. Pág. 156. Traducción propia.

24. N. Acarín. «La muerte y el médico». *Anuario de Psicología.* 1998, n.º 29. Págs. 19-33.

4. DERECHOS Y DEBERES

Las muestras de cariño de los familiares y de los que rodean a la persona que se está muriendo resultan insustituibles para ella. Pero a menudo no bastan, y hay que contar también con una buena asistencia profesional e incluso institucional. Sin este auxilio resulta demasiado difícil, por ejemplo, luchar contra algunos síntomas. Por lo tanto, debe considerarse seriamente el marco público en el que todos estamos inmersos; porque, además de la ayuda técnica que brinda, puede favorecer o dificultar algunas decisiones importantes.

DEL MUNDO PRIVADO AL PÚBLICO

Muchas reivindicaciones personales y muchas discusiones sobre el concepto de lo que se ha denominado «muerte digna» giran alrededor de esta cuestión: de la influencia de lo público sobre lo privado. ¿En qué momento podemos dejar que la muerte ocurra? ¿Con qué criterios? ¿Tenemos que diferenciar entre dejarla llegar y provocarla? ¿Cómo evitar que se imponga un tratamiento a quien no

111

lo desea? La respuesta a todas estas preguntas no es tan sólo privada, sino sobre todo social; pero el caso es que el posicionamiento en torno a ellas ha cambiado tanto, que es lógico que surjan dudas sobre su vigencia y alcance en un momento dado. Y lo que es más grave, a menudo se confunden los conceptos éticos y jurídicos, y de esta manera se acaba afectando negativamente a la persona necesitada.

Debemos recordar que en todas estas cuestiones intervienen valores, y que su solución no es nunca puramente técnica. ¿Por qué hablamos de valores? Porque son los que mueven los hilos de las acciones y determinan el grado de satisfacción o de disgusto que sentimos frente a ellas.

Es cierto que los valores nacen en el reducto de la conciencia personal de cada cual; pero cuando son compartidos por muchos, se hacen presentes entre nosotros e influyen incluso en el derecho. Es difícil definir «valor» en pocas palabras: aquí lo utilizamos como algo que está en las cosas, en las situaciones o en las opciones y que hace que las estimemos, que las deseemos, que las prefiramos. Son buenas porque nos resultan atractivas y no a la inversa, formula Spinoza;[1] con lo que quiere decir que el valor de las cosas, las situaciones y las opciones no viene dado sólo por una cualidad objetiva y definida de antemano, sino por la apreciación y estima que les tengamos. Los valores lo impregnan todo a nuestros ojos, nos diferencian a unos y a otros y nos definen como personas.

Está claro que están muy influidos por la comunidad en que se vive, eso es algo que no puede negarse. Así, algunos son asumidos colectivamente como preferentes, y el grupo intenta organizarse a su alrededor, quiere que se compartan y puede llegar a proclamarlos principios rectores, es decir, esenciales para construir el futuro que decide como bueno. Entonces promulga leyes para preservarlos y para exigir que se respeten. Los derechos, y los deberes a que obligan, materializan esta voluntad de cohesión y tienen la finalidad de «hacer valer» los valores. En consecuencia, se espera que todos los ciudadanos los tengan responsablemente en cuenta en las relaciones privadas e interpersonales; es decir, que puedan responder de cómo se preservaron en ellas los derechos y se respetaron los deberes señalados.

A lo largo de este proceso, que tan someramente resumimos, conviene constatar que no todos los valores en liza acaban teniendo el mismo peso, que no todos llegan a valer igual. Y resulta fundamental, a la hora de manejarlos, distinguir los que sirven a cada cual en la vida privada de los que deben guiar nuestra acción para con los demás. Los primeros pueden basarse en ideas irracionales, en costumbres aceptadas acríticamente, en intereses poco confesables, en creencias. En todo caso, son respetables mientras sean fruto genuino del esfuerzo por autodefinirse y construirse uno mismo.

En cambio, los que tienen que regir una actuación hacia el prójimo están a otro nivel y, antes que nada, deben estar consensuados y regulados públicamente con cierta razonabilidad: deben haberse debatido y adoptado de forma transparente. Y, para hacerlo, resulta evidente que la mayor garantía es el carácter democrático de la sociedad. En ésta, los ciudadanos pueden organizarse para defender lo que más «valoran», basándose en la autoridad moral que les confiere su consideración de iguales con la libertad de expresión y la capacidad crítica que ostentan; como dice la Declaración de los Derechos del Hombre y del Ciudadano de 1789: «sin otra distinción que la de sus méritos y de su capacidad».[2] Esta laicidad de base no es una ideología más; no es una nueva creencia u otra concepción del mundo; es la forma de organizar el ámbito común, la ciudad, para permitir la convivencia entre ellas. La tolerancia entre ideas y creencias distintas es el valor primario; el que permite, a través del diálogo racional, articular los demás entre sí. Sólo el diálogo abierto puede ser el crisol en el cual los valores se ponen a prueba y pueden acabar aceptándose y organizándose jerárquicamente, empezando por los más estimados: desde entonces, los más «valiosos» socialmente hablando. Así es como los valores pasan de las conciencias individuales a formar parte del marco colectivo.

Si esto es así, es lógico que los valores que nuestro marco acaba consolidando sean, precisamente, los que permitan respetar mejor los de cada cual, limitándolos lo mínimo, y sólo en lo que sea necesario para preservar el bien común y cuando sea realmente imprescindible. De esta manera, el bien común, si se organiza adecuadamente, acaba siendo el garante de la libertad individual.

La sociedad abierta

En el contexto que tratamos aquí, el de la ayuda al enfermo, es importante comprender cómo se ha llegado al consenso democrático y conseguido credibilidad, adhesión social y legitimidad suficientes. Y ello es fundamental para diferenciar el enriquecedor pluralismo que lo ha propiciado de lo que no sería más que un relativismo moral estéril. Relativizar todo valor es tentador cuando se sale de un código moral impuesto como era el que prevalecía entre nosotros. Pero liberarse del absolutismo no quiere decir que tengamos que aceptar que toda opinión tiene el mismo valor y que se puede aseverar cualquier cosa y, por lo tanto, nada en firme. Esto nos llevaría a una situación en la que, renunciando a la fuerza de la razón, daríamos pie a que la única forma de imponer un valor determinado sería el dominio y la imposición. El «pluralismo crítico», como lo llama Popper, es algo muy distinto: es «la postura por la cual toda teoría –cuantas más mejor– se admite en competencia con las demás; y esta competencia consiste en la discusión y en su eliminación crítica».[3] En otras palabras, la superioridad de un posicionamiento o de un valor sólo puede ser admitida después de una ponderación colectiva que haya permitido consensuar si se lo puede preferir a los demás; y esto sólo puede ser fruto de la deliberación libre y franca entre ciudadanos iguales.

En una «sociedad abierta» –como la denomina el mismo Popper– esta ponderación debe tener en cuenta una serie de requisitos: que se parta de la base de la capacidad legislativa de todos los ciudadanos; que ellos puedan decidir el fin al que tienden, no sólo los medios para hacerlo; que se contrasten razonadamente las posibilidades; que se analicen sus consecuencias; que estas últimas tengan en cuenta también a los afectados por la decisión; que se contemple su futura universalización; y, finalmente, que el resultado sea revisable para volver a discutirlo en todo momento. No sería, pues, un simple consenso final el que sería válido *per se*, sino que el resultado quedaría legitimado por el proceso con el que se ha llegado a él.

No se trata de buscar un pacto neutral, sino de elegir entre todos qué marco preferimos para un futuro mejor, para aumentar en él nuestra autonomía, para progresar en un mundo más habitable, en una situación –personal y general– más humana.

Con esta idea, y siguiendo el camino apuntado por la Ilustración y muy trillado en las sociedades democráticas, se pusieron en un primer plano los valores de libertad, igualdad y solidaridad *(liberté, égalité y fraternité);* como dice nuestra Constitución, «como valores superiores del ordenamiento jurídico». Adoptarlos constituyó un paso de gigante para la humanidad que se consolidó definitivamente con la Declaración de los Derechos Humanos de 1948. Desde aquel momento, los objetivos primarios, en cada legislación civilizada que se promulgue, tienen que ser siempre los de la libertad de cada cual, la igualdad entre todos y la ayuda a los demás. Son los derechos de cada uno y los deberes de todos.

CAMBIOS RECIENTES EN LA ASISTENCIA

Pues bien, es muy importante tener todo esto en cuenta para lo que tratamos aquí. Porque este nuevo panorama ha acabado llegando hasta los reductos más reticentes a cualquier apertura, y el de las decisiones que se toman en torno al enfermo era uno de ellos. A veces cuesta percatarse de esta realidad: que algo ha cambiado radicalmente después de tantos siglos de estabilidad en la isla cerrada en que se movía la relación médico-enfermo.

Desde que se tiene memoria histórica, la actuación sobre el enfermo ha ido dirigida a un solo objetivo: el de conseguir la máxima eficacia contra la enfermedad. Todo lo que lo favoreciera se aceptaba. Por ejemplo, este objetivo legitimaba por sí mismo la imposición del tratamiento en contra de la voluntad del afectado. Por el solo hecho de estar enfermo, cualquiera era considerado desvalido, sin voz para defender una opinión con criterio válido: mientras estuviera enfermo *(in-firmus,* es decir, poco firme física y moralmente) se lo consideraba desmoralizado. Las de-

116

cisiones competían a los demás, tal como ocurre con un niño: se haría cualquier cosa por su bien, pero sin preguntarle su parecer. No hubiera tenido ningún sentido hacerlo, desde aquel punto de vista. Se trataba, pues, de una relación totalmente paternalista, en la que el buen enfermo debía ser sumiso y obediente. La sociedad lo quería así: el bien que se perseguía para él venía definido por una autoridad externa, más sana y más preparada técnica o moralmente: la de los profesionales por un lado y la de la familia por el otro.

Hay que decir que las posibilidades de actuación médica eran a su vez más bien escasas; aunque se procurara, como se decía, «hacer todo lo posible». La mayoría de las veces lo posible era muy poco. Pero cuando la medicina se hizo más «científica» y la capacidad de actuación aumentó tanto, no solamente continuó, sino que se consolidó esta imposición. La nueva eficacia «cargaba de razón» a quien podía actuar sobre quien no era más que mero portador de un trastorno que ahora sí se conocía mejor y era más factible corregir; algo que había que corregir, por tanto, lo quisiera el pobre enfermo o no. De esta manera, se le ingresaba, radiografiaba y operaba sin pedirle permiso. Es así como el enfermo quedaba cada vez más «cosificado» por el solo hecho de ser etiquetado como tal; sobre todo si su situación era grave. De hecho, veía cómo se le expropiaba de más decisiones y más trascendentales, y de su control. Y cuando la muerte se aproximaba, por ejemplo, se decidía por él que todavía no era el momento, que no podía «dejar de hacerse» esto o aquello si todavía podía hacerse algo para apartarla, y cada día había más cosas para poder hacerlo. Quien no cumpliera este deber frente a la «sacralidad de la vida» sería culpable de negligencia o de denegación de auxilio, por decirlo en términos jurídicos.

Hasta ahora esto ha sido así sin demasiados problemas. La imposición era un deber, y no sólo para el profesional médico: toda la sociedad colaboraba en ella. También la familia sentía el mismo deber: «No le haga caso, doctor, haga lo que tenga que hacer». Si el enfermo iniciaba una tímida protesta ante una actuación, el familiar responsable intervenía con un argumento de autoridad: «Pepe, lo ha dicho el doctor; tú limítate a hacer de enfermo.» «Hacer de enfermo» implicaba callar y acatar lo que se le indicara, aunque hasta entonces hubiera sido el *pater familias* más autoritario del mundo.

De hecho, no se trataba más que de la adaptación a la clínica de la relación de hegemonía que regía en todas las demás: entre padres e hijos, marido y mujer, profesor y alumno, rey y súbdito, iglesia y fieles... En todas ellas había una necesidad de supeditación en aras a un «bien». La uniformidad moral era bastante sólida y establecía pautas conocidas a seguir –religiosas, sociales o corporativas– que no eran discutibles.

Pero ahora las cosas han cambiado. La sociedad democrática ha asumido otros valores. Podríamos decir que los Derechos Humanos se han traducido en «derechos de los humanos enfermos». Se considera que la enfermedad ya no es un paréntesis en el ejercicio de los derechos. Después de haber transformado las estructuras políticas, familiares y educativas, estos valores han llegado al hospital, al ambulatorio y a la cabecera del enfermo.

El objetivo que ahora la sociedad pide ya no es el de la máxima eficacia contra la enfermedad, sino el de la máxima ayuda a un ciudadano enfermo. Es una distinción crucial. Porque aunque a menudo ambos objetivos coincidan, alguna vez, no; y cerca de la muerte pueden divergir y entrar en conflicto. Cuando nos acercamos a ella, el esfuerzo, que hasta entonces se realizaba contra la enfermedad, debe cambiar de dirección y perseguir la máxima calidad de vida con la que el enfermo viva su final. En todo caso, se presupone que debe ser el enfermo, como persona, el eje de cualquier actuación. Ya no se puede pasar por alto su voluntad. Ahora cada ciudadano tiene que poder ser agente, y no sólo paciente, de la decisión que le afecta..., aunque esté enfermo y esté en estado grave. El objetivo debe poder redefinirlo cuando quiera.

Se trata de un cambio radical después de siglos de continuismo. Es lógico que cree desconcierto, sobre todo porque hoy la complejidad es mayor y los problemas morales son más habituales y más difíciles de resolver. La crisis de valores no se produce porque se hayan perdido los que había, sino porque ahora hay muchos más y pueden entrar en conflicto entre sí. Precisamente, las leyes recientes se hacen eco de esta situación.

LOS DERECHOS DE LOS ENFERMOS

El nuevo milenio se abrió con unas leyes conocidas en nuestro país como leyes «de la autonomía del enfermo» que actualizaban sus derechos. Todos los ciudadanos deberíamos conocer el marco que la sociedad establece: qué posibilidades abre, qué límites marca y qué requisitos reclama para aceptar o rechazar ciertas conductas o inhibiciones. Tanto si somos profesionales de la salud como si no, estamos obligados a interesarnos por todo ello; porque, por ejemplo, las decisiones que hay que tomar al final de la vida quedan afectadas por estas leyes.

No pasemos por alto un hecho esencial: surgieron de un diálogo profundo en los ámbitos de la bioética y, después de ser modificadas y enriquecidas con la aportación de muchas y muy variadas instancias, las aprobaron finalmente todos los representantes de todos (¡!) los grupos parlamentarios.* Por tanto, muestran un sentir ampliamente compartido en la sociedad, ponderado con sosiego, y vienen a completar lo que ya inició la Ley General de Sanidad de 1986.

Este marco legal acaba explicitando el derecho de todo ciudadano enfermo a recibir una buena asistencia sin discriminación, a que pueda conocer lo que se sabe sobre él, a preservar su intimidad y la confidencialidad de lo desvelado, y a que pueda consentir o rechazar lo que se le pueda proponer, incluso dejando constancia fehaciente de ello en una previsión anticipada. Más que limitarnos a un recuerdo pormenorizado de la ley, siempre tedioso, resumiremos algunos rasgos básicos para entender su largo y complejo alcance en la práctica y, sobre todo, los deberes a que nos obliga.

Derecho a recibir asistencia de calidad

Todo ciudadano, por el solo hecho de estar enfermo, tiene derecho a acceder a una ayuda efectiva, a la más efectiva que se conozca, sobre su mal. Buscando su fundamento básico –nunca desdeñable– podríamos llegar a bucear hasta la compasión solidaria que nos merecemos los unos para con los otros; constataríamos que, de hecho, se

* Siguiendo la estela del Convenio del Consejo de Europa Relativo a los Derechos Humanos y la Biomedicina de 1997, surgió una iniciativa en el Comité Consultivo de Bioética de Cataluña, a raíz de una pregunta parlamentaria, que se plasmó en la Ley 21/2000 de su Parlament y que se extendió hasta la promulgación definitiva de una ley básica, la 41/2002, para todo el Estado.

sigue la tradición milenaria de la asistencia médica, ahora sanitaria y actualizada.

Conviene insistir en que el derecho que se tiene es a una ayuda de calidad; y por tanto a la que se base en el conocimiento mejor probado, en unas habilidades bien adquiridas, en una práctica bien hecha y en una organización que la facilite. Y no presupone, en cambio, el acceso a cualquier prestación que se desee, sino solamente a la indicada, es decir, a aquella que, de forma razonable –y, por lo tanto, asumida colectivamente–, se considere adecuada para esa situación. No debe asimilarse la buena asistencia a una medicina «a la carta», al acceso a toda innovación costosa, como a menudo se hace. Por ejemplo, no es sensato que, viendo el hospital como la mayor concentración de alta tecnología, se desee ingresar en él para tratar cualquier trastorno; y, menos aún, cerca de la muerte.

La calidad a la que todo ciudadano tiene derecho debe apoyarse en la solidez del conocimiento contrastado y no limitarse a seguir una simple opinión. Lo que diga la ciencia y aconsejen los protocolos prácticos no se puede obviar: siempre hay que partir de su consideración. Ahora bien, además de estar fundamentada en el conocimiento de las probabilidades, cualquier decisión honesta debe tener en cuenta el posible beneficio para esa persona en concreto, lo cual obliga a una calibración personalizada y puntual de la balanza entre riesgos y beneficios. Hay que recordar que el conocimiento racional en ciencias naturales es sólo probabilístico, y con él no puede llegar a tener una certeza firme de lo que pasará: las decisiones hay que tomarlas siempre en condiciones de incertidumbre. Por lo tanto, los protocolos son útiles para orientar en general, pero no para ser seguidos de forma rígida e irreflexiva en el caso concreto. Estos procederes fueron establecidos para evitar la variabilidad de las propuestas profesionales, pero no para impedir la personalización al enfermo; es decir, deben permitir la adaptación clínica a la variabilidad presente. Este esfuerzo de individualización debe recordarnos aquello de que «todo lo posible» no es sinónimo de «conveniente».

No estamos defendiendo el subjetivismo. Por suerte, se ha ido desvalorizando el «ojo clínico» como súmmum de excelencia profesional. Con él se pretendía utilizar la escasa experiencia de cada uno para legitimar su modo de proceder. Como fuente de conocimiento resulta insuficiente, aunque pueda seguirse aceptando como sinónimo de buena orientación entre el clásico binomio de «ciencia y arte», como habilidad para calibrar aplicaciones puntuales y como brújula para personalizar. Pero hay que acabar dando razones que fundamenten la decisión. Son ellas, siempre discutibles, las que van afinando la brújula; y buscarlas es un buen hábito.

Un ejemplo de abuso de la subjetividad sería proponer una «medicina alternativa» a un enfermo terminal si no se le informa antes de la falta de pruebas sobre su eficacia. Todo ciudadano tiene derecho a conocer lo que hasta entonces se ha consensuado como lo mejor para él. Y este deber obliga tanto a los profesionales que lo atienden, sean médicos o enfermeras, como a aquellos que estén cerca del enfermo y tengan influencia sobre él. Todos debemos respetar los límites razonables y no pedir, ofrecer o aceptar actuaciones con expectativas ilusorias. Ya hemos visto, hablando de la esperanza, que no se puede proponer ni aceptar lo que no conviene, ya sea porque es inútil (fútil: ya hablaremos de este concepto tan importante más adelante) o porque es desproporcionado, arriesgado o demasiado gravoso para la persona o para la comunidad.

Son frecuentes las propuestas que conducen a actuaciones excesivas y poco beneficiosas para el enfermo, con el único objetivo de conseguir la sensación –de enfermos, de familiares o de los mismos profesionales– de que se hace algo: viajes inoportunos, traslados de última hora, cambios de médico. Otra vez, la sensata queja de Shervin Nuland, hablando de su hermano, nos resulta ejemplar: «La familia se aferra al hilo de la esperanza que se le ofrece con una estadística; ahora bien, lo que se le presenta como realidad clínica objetiva no es a menudo más que la subjetividad de un ferviente adepto a aquella filosofía que ve la muerte como el enemigo implacable. Para guerreros como éstos, una pequeña victoria temporal justifica la devastación del campo en el que el moribundo cultivaba su vida.»[4]

Es evidente que debemos saber parar. Y conviene que los familiares también estén atentos a esta posibilidad, tanto en el momento de calibrar las propuestas que se les ofrecen, a veces excesivas, como a la hora de plantear sus propias demandas.

Derecho a no ser discriminado

Evitar la discriminación ha sido un anhelo justo y noble que ha ido conquistando laboriosamente algunos ámbitos. En el de la salud culminó con la proclamación entre nosotros de que todo el mundo merece la misma consideración cuando está enfermo: que merece, en circunstancias similares, una ayuda similar. Y añadimos que si en algún momento se hace necesario algún tipo de discriminación, debe ser en favor del más vulnerable, del más necesitado, del más frágil; y el moribundo está dentro de esta categoría. Desde los años setenta hemos avanzado mucho. Vimos desaparecer desequilibrios injustos entre territorios o entre clases sociales y poder adquisitivo. Se moría más fácilmente de hernia estrangulada en un valle del Pirineo que en Barcelona; o tenía más posibilidades de ser mejor atendido de cáncer de páncreas un empresario que un indigente: son cosas que se corrigieron con un servicio sanitario universal. Es cierto que perviven diferencias en él –acceso más rápido en la medicina privada para dolencias leves, enfermedades más atractivas que otras, amiguismo, etcétera–, pero quedaron pocas, menores y menos toleradas. Si conseguimos contar con un equipo sanitario próximo, estemos en el Valle de Arán o en Girona, es porque entre todos nos tomamos en serio este principio de equidad.

Al menos hasta ahora ha sido así. Pero la aplicación de la equidad tiene sus dificultades, con un abordaje sobre todo colectivo y un control no siempre transparente. En primer lugar, el concepto mismo es discutido en algunos ámbitos (en Estados Unidos, por ejemplo) cuando se parte en ellos de una concepción individualista e insolidaria de la salud, según la cual el hecho de estar enfermo no debería obligar a los demás a implicarse en ello automáticamente. «¿Qué culpa tengo yo de que mi vecino sea diabético?» (no hablemos ya de si lo es por comer demasiado y estar obeso). Entre nosotros también hay fuertes presiones para minimizar la defensa de este valor con argumentos de sostenibilidad financiera, y habrá que estar al quite de las reordenaciones que, con esta excusa, se nos obligue a padecer, porque pueden socavar la protección de la salud como derecho social para recolocarla al albur del azar y del mercado.*

* Traduciendo al castellano este capítulo de derechos, en 2012 (dos años después de haberlo escrito), me doy cuenta del retroceso en este campo, y me pregunto si aún es vigente lo que exponía o ha quedado ya obsoleto al pasar de la realidad en la que estaba a la utopía otra vez.

En segundo lugar, aunque asumamos este valor como esencial, conviene saber que la organización de la sanidad pública es compleja y que puede adoptar muchas formas, niveles y limitaciones, y que, por tanto, siempre cabe una discusión sobre el modelo que más nos conviene. Pero, sea cual sea éste, apuntamos parcial y telegráficamente algunos rasgos inherentes a toda organización sanitaria equitativa y justa, positivos unos y negativos otros, que interesa tener en cuenta en nuestro tema.

Por ejemplo, es un hecho trascendental que otras profesiones se han hecho tan importantes para el cuidado del enfermo como lo era la médica, o más importantes que ella para la situación de gravedad terminal. Enfermería es el caso más claro: el enfermo busca al médico pero en el camino encuentra la cálida y eficaz ayuda de enfermería, y resulta una conquista imprescindible para él. O también es el caso del equipo integrado, con la organización de una asistencia continuada (turnos, guardias) y la autorregulación de la calidad que comporta el trabajo en común. Da seguridad y homogeneidad al cuidado.

Otros rasgos organizativos no resultan tan agradables. También se ha impuesto la gestión como visión imprescindible de racionalidad, y no tan sólo del gasto, lo que implica normas reglamentarias no siempre bien aceptadas. Se ha burocratizado gran parte de la atención, con inconvenientes obvios, sobre todo en ámbitos muy tecnificados como son los hospitalarios. Se hace natural entonces el temor a cierta despersonalización, el miedo a verse inmerso en un sistema bien lubricado pero que comporta intereses ajenos a los del enfermo concreto, como pueden ser la eficiencia y el economicismo, que tanto interesan en cambio al conjunto de la sociedad. El ciudadano puede preguntarse: «¿Hasta qué punto el profesional no es un "agente doble"? ¿Será mi abogado cuando esté enfermo, o defenderá el sistema por encima de todo?»

Incluso la misma universalidad entraña ambivalencias que conviene reconocer. A veces dificulta el contacto personal. El enfermo ya no es sólo una persona necesitada que pide ayuda, sino también el ciudadano que reclama un servicio y que exige una calidad; y, en una sociedad tan consumista como ésta, tan poco tolerante con el mal resultado, se vive entonces la muerte como un fracaso más que como algo natural. Así, vemos a menudo confundir el derecho constitucional «a la protección de la salud» con un «derecho a la salud» ilusorio que, dicho así, como *lapsus*, es muy sintomático. Es un problema que tiene mucho que ver con el crecimiento vertiginoso de la tecnología, su oferta generalizada y su presentación acrítica e irresponsable en los medios de comunicación. Todo lo cual crea esperanzas excesivas en la sociedad que, como hemos visto, no ayudan mucho a morir bien.

Lo importante en la práctica clínica con el enfermo moribundo es que la equidad nos obliga a recordar que siempre debemos preguntarnos si es o no aceptable lo que vamos a hacer, y si lo haríamos también en otro caso similar o si en éste estamos haciendo una excepción, positiva o negativa. Por ejemplo, tenemos el deber de preguntarnos si la decisión de desconectar el respirador que mantiene con vida a esa enferma sin familia, la aconsejaríamos en circunstancias similares en el caso de un alto ejecutivo o de un familiar nuestro. Una pregunta siempre pertinente.

Ya hemos dicho que el objetivo de la sanidad es prestar la mejor ayuda a un ciudadano enfermo. Y que ahora, en principio, este último puede determinar y definir en parte la ayuda que espera; legitimar la que va a recibir, y poner límite a la que no quiere. Puede decir lo que es o no es conveniente para él dentro de lo posible, o sea, de lo que científica, técnica, organizativa y financieramente sea posible. Y tiene derecho al respeto de esta decisión. Éste es el principio que más ha revolucionado la práctica.

El respeto marca tanto la dirección que hay que seguir como los límites ante los que hay que detenerse para no dañar ni ofender a nadie; además, garantiza que el enfermo pueda elegir. El derecho a la integridad y el derecho a la libertad resultan definitivos. Son el fundamento del resto de derechos positivos que se han promulgado entre nosotros: a ser bien tratado sin discriminación, a ser informado sobre lo que hay y puede hacerse, a poder decidir entre disyuntivas y a poner límites.

Cómo dice Ronald Dworkin, hemos acordado que «un ciudadano adulto, con competencia normal, tiene derecho a tomar por sí mismo decisiones importantes y definitorias de su vida»; incluso a hacer «malas inversiones» si conoce las consecuencias. Y preferimos, dice él, esta libertad general a la de «interferir en la vida de los individuos cada vez que creemos que cometen un error», porque estamos convencidos de que «la autorrealización permite a cada uno de nosotros hacernos responsables para configurar nuestras vidas de acuerdo con nuestra personalidad, coherente o no, pero, en cualquier caso, distintiva».[5]

Por lo tanto, la indicación que los demás nos hagan sobre lo que nos conviene, sea médica o no (un tratamiento o un estilo de vida), no puede ya ser más que una propuesta. La imposición de un pretendido bien ahora resulta ser un mal, una falta de respeto.

Es más, para el enfermo no se trata tan sólo de poder elegir entre opciones, sino sobre todo de participar en su calibración. Y para los demás no sólo se trata tan sólo de respetar la decisión ya tomada sino de ayudar a cada persona a tomarla lealmente, según su parecer, según sus propios valores. Éste es el verdadero sentido del respeto a la autonomía: ayudar a mantenerla y a aumentarla. Y resulta particularmente importante en la situación de mayor vulnerabilidad, como ocurre en la proximidad de la muerte.

Surge entonces un concepto clave con el que la sociedad ha querido asegurar mínimamente este derecho antes de cualquier actuación sanitaria: es lo que se ha convenido en llamar *consentimiento informado*. Con este anglicismo discutible designamos esta nueva cultura clínica según la cual toda persona tiene que poder aceptar o rechazar el procedimiento diagnóstico o terapéutico que le propongan. Se trata de establecer una ocasión formal para que exprese su voluntad y para que se le respete. Y se explicita de esta forma contundente: no se permite actuar sin su consentimiento, aunque se pretenda conseguir la curación, salvar la vida o aumentar la felicidad de alguien. Actuar contra su voluntad se considera ahora un atentado a su dignidad.

La ley nos dice incluso que, antes de tomar algunas decisiones peligrosas o difíciles, tendría que constar fehacientemente y por escrito esta oportunidad. Algunos enfermos y familiares ven la firma de un documento como un trámite molesto; y puede serlo. Pero tendrían que verlo como lo que es: una garantía de que no se les impondrá ninguna rutina irrespetuosa sin que lo sepan.

Pero el consentimiento debe ser siempre oral, y a menudo sólo oral. Siempre, incluso cuando sea prescriptivo el escrito, debe ser fruto de un diálogo previo. De hecho, en las situaciones de gravedad, no debe molestarse al enfermo con escritos, que, en principio, deben obviarse. Conviene denunciar aquí muchas firmas o explicaciones excesivamente exhaustivas o brutales que están motivadas por una «práctica defensiva», aquella que busca una seguridad ilusoria del profesional y que a menudo acaba siendo un peligro para la tranquilidad del enfermo.

El derecho a negarse a una actuación

Lo importante es que esta ocasión permita al afectado poder decir que *no* si no le interesa la propuesta. Toda formalización, toda información previa, que no permita que quien acabaría diciendo que no pueda llegar a decirlo realmente, estará viciada. Comprenderlo es la piedra de toque del «consentimiento informado» bien entendido.

Es algo crucial para orientarnos en cómo poder ayudar a morir en la actualidad. Por ejemplo, podemos partir de esta premisa: nadie puede obligar a nadie a continuar viviendo contra su voluntad. Ya no podemos empezar una actuación sobre alguien sin su consentimiento; y, si lo retirara, la actuación tendría que detenerse. Esta potestad de limitar lo que se puede hacer es un derecho importantísimo para una persona que está cerca de la muerte, y que, precisamente por ello, puede verse sometida a continuas actuaciones.

Ya hablaremos más adelante de los requisitos de la aplicación de este derecho: de la carencia de coacción externa que se exige y de la competencia personal necesaria

129

para tomar una decisión como ésa en ese momento. También trataremos de la extensión de la voluntad para anticiparse al momento en que ya no podamos manifestarla, por ejemplo con un documento especial a modo de lo que se llamaba «testamento vital».

Pero, hablando de derechos, conviene insistir también en el de la información. Porque, sin él, los demás se vacían de contenido. Es cierto que hay necesidades distintas y cambiantes de recibir más o menos información, y ya lo hemos visto en el segundo capítulo. También es cierto que, como asimismo contempla la ley, debe respetarse el derecho a no ser informado siempre que la decisión sea del titular de la información, es decir del propio enfermo; pero no puede perderse de vista que la información es un derecho básico que, en principio, nadie, ni profesionales ni familiares, pueden vetar.

Lo mismo ocurre con la intimidad: también la debe poder gestionar el propio enfermo. En principio, con ella se pretende limitar un mundo reservado, *intimus* (el que está más adentro), al cual se impide entrar a cualquiera sin permiso. Es un derecho muy ligado a la sociedad plural, y viene a ser un efecto del respeto a la autonomía de las personas. El respeto protege el ámbito íntimo y deja que cada cual lo delimite y lo amplíe o restrinja según su desarrollo interior y su capacidad para autodeterminarse. Precisamente, los problemas de salud, y sobre todo los que rodean a la muerte, forman parte del núcleo de la máxima intimidad. Y esto nos trae a una paradoja ineludible y conocida: para la ayuda que ésta requiere debe penetrarse en ese sanctasanctórum que la persona no habría mostrado si no fuera por la situación de dependencia y de necesidad en la que se encuentra; y por eso la ley insiste, como lo hacía el juramento hipocrático, en un deber estricto de con-

130

fidencialidad a los profesionales; pero también, por lo mismo, a todo aquel que haya tenido acceso a él. Se considera que todo ciudadano da el permiso de intromisión (cualquier «anamnesis» o recogida de datos de la enfermedad y del enfermo lo es), pero se presupone que es por su bien, que se limitará a lo necesario para su ayuda y que se preservará como lo que antes se conocía con el término de «secreto profesional». Ahora es difícil denominarlo así, cuando tanta gente tiene acceso a los datos en una práctica tan colectiva (otros profesionales, turnos, sesión clínica, historia informática); o cuando, incluso en el domicilio, interviene gente poco conocida.

Hablando de este tema, conviene denunciar además que nuestra sociedad mediterránea es poco sensible a este valor de la intimidad, y que la falta de confidencialidad es una lacra entre nosotros. Hablamos de las enfermedades de los demás y de su pronóstico sin ningún pudor. Cuando yo estaba en el hospital, no pasaba un mes sin recibir alguna llamada de teléfono para «interesarse» por la evolución de alguna persona ingresada. Era, por parte de quien lo hacía, una señal de amistad, de espaldarazo a la familia. Se suponía que yo iría a preguntar a su médico, o a consultar su historia clínica directamente, indagar qué ocurría e informar después a quien me había llamado («Mire, tiene un cáncer muy avanzado; le queda poco tiempo»). Si hubiera dicho que se me pedía una intromisión a la que ni yo ni ellos estábamos autorizados me habrían considerado arisco y poco amable. Hace ya tiempo que me di cuenta de que era mejor ir a ver al enfermo, informarle de la llamada y después contestar a quien me había llamado: «He informado de su interés, y sepa que está bien tratado y, para más información, se lo podrían preguntar a él directamente.»

Evidentemente, es difícil dar normas estrictas sobre estos asuntos. Pero hay que estar más alerta a una línea (quizá móvil pero siempre presente) que cada cual ha marcado con un letrero de «No pasar» *(«No trespassing»),* como el colgado en la valla de acceso que nos muestra la primera toma de la película *Ciudadano Kane,* y con el que ya se nos anuncia el infructuoso esfuerzo que se hará a lo largo de la historia por descubrir qué había en el reducto más íntimo de ese personaje y qué insinuó herméticamente *(Rosebud)* en el momento de morir.

Precisamente, este respeto a la intimidad tiene que ser máximo en el caso de personas «de interés público», en relación con las cuales hay una avidez insana de chismorreo disfrazada de derecho general a la información. La polémica sobre el derecho a la confidencialidad y la sorpresa por la muerte de Mitterrand fue muy ilustrativa. De hecho, todo el mundo arrastra cierta carga simbólica para los demás de un alcance más o menos grande, y todo el mundo puede ser víctima de ella. Esta faceta «utilitaria» que cada cual tiene para alguien no tendría por qué comportar supuestos derechos al conocimiento de ese reducto, que puede ser privado incluso para los que más quiere, incluso para los que más le cuidan. Por esta razón se ha regulado también el acceso a la historia clínica y a sus datos incluso después de la muerte.

Pero lo más urgente, cuando hablamos de intimidad, debería ser la denuncia de la situación en la que se muere en nuestras instituciones, en las cuales este valor queda sumergido y es pisoteado escandalosamente por prácticas muy poco respetuosas. Puede ser que alguna se base en la eficacia organizativa, pero la mayor parte solamente la explica una peligrosa insensibilidad. Viene a ser un paradigma de muerte indeseable agonizar en una habitación compartida de cualquiera de nuestros hospitales con demasiado ruido y ajetreo alrededor, en medio de entradas y salidas de gente extraña, sin la propia familia y con médicos a los que se acaba de conocer. Todo ello hace difícil morir dignamente. El objetivo de cuidar mejor el ambiente que rodea la muerte debería ser prioritario a otras muchas cosas. El enfermo en situación terminal tendría que poder controlar mínimamente su intimidad, y este derecho obliga a procurarle entre todos un entorno más respetuoso; casi podríamos decir sagrado.

Es importante conocer y tener en cuenta los derechos que hemos alcanzado, y el cambio que suponen con respecto a lo que teníamos. Los hemos mostrado someramente evitando la exhaustividad y literalidad. Al mismo tiempo, queremos mostrar el interés por el análisis de los deberes que de ellos se derivan y de la difícil aplicación en cada situación. Es un análisis que no podremos obviar en ningún momento. La ley obliga a todo el mundo, pero no por ello hay que aplicarla de forma automática sin pensar, sin ningún miramiento. Y este examen incumbe a todos, no sólo a los especialistas. Cada persona es sujeto moral para pensar qué hacer una vez conoce el marco de actuación. Para la ética, para la bioética, la deliberación que esto supone es fundamental.

El derecho no nos dice cómo actuar en un caso determinado, ni lo pretende a pesar de que marque una dirección con el espíritu que lo informa y de que señale unos límites literales. Como pasa en un partido de fútbol, el reglamento no nos dice cómo marcar un gol ni cómo hacer una buena jugada, a pesar de que inspire en qué consiste el juego y de que determine lo que no se puede hacer.

Siempre hace falta un esfuerzo suplementario para actuar con prudencia, que recordamos que etimológicamente quiere decir «adaptarse a lo que tenemos delante». Lo veremos en los capítulos siguientes, explicando y matizando algunos puntos conflictivos de la práctica en la ayuda a la persona que finaliza su vida.

El análisis ético que con ello se reclama, aparte de la utilidad que pueda tener para su aplicación en cada caso concreto, también debe constituir un ejercicio constante ante el derecho, ha de ser anterior y posterior a él. *Ex ante*, ya de antemano, para estimularlo a incorporar valores que aún no contempla. Así, detectando algunos y abogando por ellos cuando ve que son legítimos y se comparten, los protege desde el ámbito público, si realmente se hace necesario.

Pero el análisis crítico también debe ser *ex post*, una vez ya se ha legislado, para cuidar de que cualquier norma se mantenga fiel a la máxima democrática de proteger al individuo y su autonomía personal, interfiriendo en ella solamente cuando haya peligro de vulneración de los derechos de los demás. Después, para señalar al mismo tiempo errores no previstos en su aplicación, vacíos por llenar o formas de interpretación más razonables que convendría incorporar a la jurisprudencia o a futuras normativas.

Finalmente, hay que intentar expurgar del derecho aquellas limitaciones innecesarias que contenga, aquellos residuos ideológicos que hayan podido quedar incrustados en él con más o menos adherencia y que ahora vemos que dificultan nuestra vida.

Podemos resumir diciendo que hay tres mundos a tener siempre en cuenta, y los tres están estrechamente enlazados. De abajo arriba: uno de intimidad estricta; después otro privado, pero compartido con más o menos allegados, un mundo familiar; y, finalmente, otro que lo envuelve todo, el del ámbito público. En cada uno hay que actuar bien para favorecer una buena muerte. En el primero, hemos visto que el esfuerzo es personal, interno. En el segundo, de relación interpersonal, la compañía empática mostrada por los de alrededor acaba siendo básica. Y en el tercero lo es sobre todo la competencia profesional y la organización sanitaria, pero también una aplicación responsable de la Ley.

Desde los dos primeros no se puede desconocer la sociedad en la que se vive, con sus pautas y sus prácticas. Pero desde esta atalaya conviene recordar que su razón de ser, en última instancia, es la de preservar, proteger y estimular la autodeterminación de las personas que la componen y evitar su daño.

NOTAS

1. B. Spinoza. *Ética demostrada según el orden geométrico*. Parte III, proposición 9, escolio. Trotta. Madrid, 2000. Pág. 134.

2. M. Artola. *Los derechos del hombre*. Alianza. Madrid, 1986. Pág. 104.

3. K. Popper. «Tolerancia y responsabilidad intelectual.» En *Sociedad abierta, universo abierto*. Tecnos. Barcelona, 1988. Pág. 143.

4. S. Nuland. *Cómo morimos*. Alianza. Madrid, 1995. Pág. 247.

5. R. Dworkin. *El dominio de la vida*. Ariel. Barcelona, 1994. Págs. 290-292.

5. LUCES Y SOMBRAS DEL MUNDO PROFESIONAL

Hemos visto que los enfermos disfrutan ahora de una capacidad de decisión que las generaciones precedentes no podían ni siquiera imaginar. Cuentan ahora con un respeto que ya no sólo depende de la buena disposición de cada profesional sino que lo garantiza en principio el deber. Los ciudadanos ya no son considerados menores de edad por el solo hecho de estar enfermos o de acercarse a la muerte, sino ciudadanos de pleno derecho a pesar de encontrarse en estas situaciones. Se podría decir que los principios de la Ilustración han llegado finalmente a la cabecera del enfermo. Y esta conquista fundamental se añade, además, a otras que ya consideramos obvias: un conocimiento científico más sólido, unas posibilidades técnicas muchísimo más eficaces y la generalización de la asistencia sanitaria para todos. Y los profesionales, sea cual sea su forma de ejercicio, son los máximos representantes de este servicio público, de una medicina o de una enfermería ya socialmente regulada.

De todos modos, aceptando este progreso indudable, muchas personas temen encontrarse ante cierta frialdad: temen una mirada demasiado técnica del médico, una apli-

137

cación demasiado reglamentaria de sus derechos y una administración excesivamente burocratizada. El ciudadano puede inquietarse por si verá relegado el mundo privado que trae consigo y que querría mantener hasta el final: «Sé que me cuidarán correctamente, pero quizá seré un número más», se suele decir. Y esto puede llevarle a formularse algunas preguntas: «¿Encontraré un profesional lo bastante sensible como para que ajuste las posibilidades técnicas a mis necesidades personales? ¿Entenderá que necesito que me haga de traductor y de abogado en estos ámbitos de la ciencia, el derecho y la administración, para él familiares pero para mí tan desconcertantes? ¿Podrá hacer de puente entre el mundo público que representa y el privado que aporto yo? ¿O tendré que dejar a este último fuera?» Todas estas preocupaciones pueden ocupar un lugar preeminente cuando se tiene un sentimiento de vulnerabilidad a causa de una enfermedad importante.

Hemos dicho que cuando uno se acerca a la muerte nadie puede suplir la compañía de los familiares; pero añadamos enseguida que tampoco la ayuda de los profesionales puede suplirse. La expectativa que se tiene sobre lo que éstos pueden aportar es hoy muy alta, se espera mucho de ellos. En cambio, parece que su papel ante el final de la vida se haya desdibujado algo y que su ayuda resulte más imprevisible que la que proporcionaba el viejo médico de cabecera. Quizá porque, con el esfuerzo que ahora se hace para centrarse en la enfermedad y posponer la muerte, la muerte ha acabado siendo mal tolerada. A pesar de lo sorprendente que pueda resultar, es sentida como algo extraño para la mayoría de los profesionales.

Y precisamente los ciudadanos esperan lo contrario: ven la familiarización del profesional con la muerte como algo inherente a su condición. John Berger lo expresa así:

«Cuando llamamos al médico, le pedimos que nos cure o que nos aligere el sufrimiento; pero, si no puede, también le pedimos que sea testigo de nuestra muerte. El valor de testigo le viene de haber visto morir a otros. Es el intermediario viviente entre nosotros y los innumerables muertos. Está con nosotros y estuvo con ellos; y el consuelo difícil, pero real, que los otros muertos nos ofrecen a través suyo, es el de la fraternidad.»[1] Algo similar venía a decir un viejo proverbio de la medicina francesa, que el objetivo era *«guerir quelque fois, soulager souvent et consoler toujours»* («curar a veces, aliviar a menudo y consolar siempre»).

Se puede decir lo mismo de muchas maneras, pero todo el mundo coincidiría en que se quiere que el profesional sea algo más que un entendido y habilidoso científico dedicado a dilucidar el problema de las enfermedades; que sea, a la vez, alguien capaz de recibirlo cerca de la muerte con la hospitalidad que debería ofrecer quien conoce «la casa»; y que esta familiaridad le ayudara a encontrarse menos perdido, a entrar en ella con más consuelo, más acompañado. Todo el mundo querría que, ante la muerte, el profesional no diera ningún paso atrás sino, incluso, algún paso adelante, guiado por los valores que apuntábamos en el segundo capítulo: de compasión, coraje y lealtad. Es decir, todo el mundo querría que la ayuda fuera más cálida y personal.

Y es que para mejorar estos aspectos debemos admitir una vieja dificultad: que el esfuerzo ancestral que en el mundo profesional se ha invertido para conocer y tratar la enfermedad, y que tanta eficacia ha traído consigo, no se ha correspondido con el que se ha hecho para conocer y tratar las necesidades de la persona enferma y de su entorno.

Hasta hace poco esta deficiencia era bien tolerada, aunque fuera con resignación. Pero ahora, debido a la nueva conciencia de la gente sobre sus derechos, lo es mucho menos. Y el profesional vive esta nueva situación como una paradoja: «¿Cómo puede ser», se pregunta perplejo, «que en una sanidad generalizada, masificada incluso, con un conocimiento por fin basado en la objetividad, con una práctica muy protocolizada y con muchas más posibilidades técnicas a mano, se pida a la vez un trato más personalizado que antes?» Le cuesta hacerse cargo de que el progreso implique para él más deberes, más complejidad. La mayoría de las quejas provienen de esta incomprensión.

«No me siento bien tratado», se me quejaba hace poco alguien muy cercano, contento del tratamiento que se le proporcionaba para su enfermedad, pero descontento del trato que estaba recibiendo él mismo. Y con esta queja resumía perfectamente la polisemia, tan actual, entre las dos acepciones que usamos cuando hablamos de «tratar». Y ponía de manifiesto ante mí una deficiencia que sorprende que no preocupe más a menudo a los profesionales (y a la administración), estando como está en el núcleo de la función que de ellos se espera.

PROFESIONALIDAD Y COMPRENSIÓN DE LOS CAMBIOS

Precisamente, «profesionalidad» implica, además de tener aptitudes, es decir, conocimientos adquiridos y habilidades comprobadas para resolver determinados problemas, haber prometido también cierta actitud para acercarse a ellos. En esto, la sociedad distingue una profesión de un simple oficio: el profesional promete –se compromete a– perseguir un objetivo de servicio y hacerlo siguiendo unos valores que favorezcan esta meta. Los profesionales tratan con personas, con aspectos importantes de las mismas; y los que se dedican a los oficios, con cosas. De todos se espera que sean educados, y mejor si son amables; pero del profesional se espera, además, una mirada atenta a los intereses intangibles de los demás. Éste es el verdadero sentido del concepto de vocación que se le presupone: que sienta «la voz» interna de los valores que hemos venido señalando y que los incorpore por delante de otras motivaciones personales o de grupo, ya sean éstas curriculares u honoríficas, de estatus social o económico, laborales o incluso científicas.

Los profesionales necesitamos en primer lugar, por tanto, tener claros cuáles son nuestros objetivos. Asumiendo, de entrada, que no los podemos determinar nosotros mismos, ni nuestras corporaciones exclusivamente, a pesar de su larga historia; ni hay que dejar, por supuesto, que los secuestren intereses de terceros (como son los comerciales o los políticos). Nuestros objetivos vienen determinados, en definitiva, por las demandas de la sociedad, de la misma sociedad de la que provienen los enfermos. Son sus demandas las que determinan los objetivos que hay que perseguir.

De hecho, ha sido siempre así, aunque no se viera. Lo que ocurre es que los objetivos han cambiado tanto, que la actuación ya no puede ser, en este aspecto, espontánea o rutinaria como lo era hasta hace poco. Ahora necesita un plus de lucidez. Se trata, como dice Aranguren, de pasar de una «moral vivida» a una «moral pensada»;[2] de abandonar viejos hábitos adoptados por simple ósmosis de la costumbre, y de adoptar, en cambio, la de una reflexión crítica dirigida precisamente a analizar la actualidad.

Tendremos que estar de acuerdo con Adela Cortina en que si se deja de reflexionar sobre los objetivos de una profesión, se la transforma en ideología.[3] Y conviene recordar que incluso las ideologías basadas en las mejores ideas para disminuir el sufrimiento general, pueden hacer aumentar el de los individuos concretos; y que esto ha pasado en medicina. Hemos visto imponer ciertas ideas sobre lo que era ser un buen enfermo o sobre la sacralidad de la vida; y, con estas ideas, hemos impedido a algún enfermo saber la verdad o le hemos impuesto algo que él no quería.

Está claro que antes se aceptaba así y que todo el mundo sabía que al enfermo se le diría una mentira cuando estuviera cerca de la muerte y que se le obligaría a quedar enchufado a una máquina si los demás creían que así debía hacerse. La mirada del médico debía centrarse en el «problema» que le correspondía, pasando por encima de la persona sin detenerse. No tenía que perder tiempo atendiendo a otra cosa, ni turbarse si percibía algún eco emocional. Proust observa y describe muy bien cómo se aplicaba la beneficencia sanitaria en la práctica: «He tenido la ocasión de ver, en el transcurso de mi vida, en conventos por ejemplo, que las encarnaciones verdaderamente santas de la caridad activa tenían generalmente el aire alegre, positivo, indiferente y brusco de un cirujano apresurado; esa cara donde no se lee ninguna conmiseración, ningún enternecimiento ante el sufrimiento humano, y que es la cara sin dulzura, la cara antipática pero sublime de la verdadera bondad.»[4] Es cierto que, siguiendo este hábito, se respetaba el enfermo «como caso» a tratar, y que, añadiendo una dosis de cortesía –más habitual que ahora, por otra parte–, la confianza conseguida era grande. Pero no incluía respeto alguno a las opiniones, prioridades o negativas de la persona enferma.

Incluso los que dicen echar de menos ese estado de cosas –desde un lado de la mesa de consulta o desde el otro, que de todo hay– tienen que admitir que había mucho de teatralidad, de impostación, como ya hemos visto que descubrió Montserrat Roig cerca de su final. El médico interpretaba su docto papel desde el pedestal inaccesible y sublime que nos retrata Proust, y actuaba «según su recto entender», tal como mandaba el juramento hipocrático. Es este «entender» suyo (aunque sea recto, faltaría más) lo que ahora nos resulta claramente insuficiente.

Ahora se necesita un giro moral para estar a la altura de las demandas. La ley señala el camino, pero falta cambiar algunos hábitos en esta dirección. Y el camino de «desaprendizaje» de errores anclados en la ideología o la costumbre siempre está lleno de dificultades. Por ejemplo, cuesta deshacerse de la idea de que el deber del médico sea aplicar un bien que sólo él conoce, guste o no guste lo que haga.

Es comprensible que cueste aceptar un cambio tan brusco. Ejemplificaría su alcance esquemáticamente así: antes, cuando un paciente entraba en la consulta, el profesional le decía: «Cuidado, está entrando usted en un mundo que no conoce y al que tendrá que adaptarse (un mundo de pautas, de ritos, de rutinas). Ahora siéntese, explíqueme qué le pasa y le diré lo que haremos.» Era un plural mayestático, porque por supuesto decidiría él, con mayor o menor acuerdo familiar. Ahora, por el contrario, es el enfermo el que, más o menos, le diría cuando abre la puerta: «Cuidado, está entrando en su consulta un mundo que usted no conoce y que tendrá que respetar (un mundo de esperanzas, de miedos y preferencias). Ahora me sentaré, le explicaré lo que me pasa y la ayuda que espero de usted, y supongo que lo tendrá en cuenta.» Quizá el cambio no sea en la vida real tan evidente como lo he descrito, claro está; pero sí que lo es el hecho de que el ciudadano enfermo quiere ahora poder ser agente, y no sólo paciente, cuando lo crea oportuno.

Y esto no solamente es aplicable a las grandes decisiones, también lo es con respecto a los detalles. Un ejemplo sobre el que desgraciadamente cada vez es más urgente alertar: el tuteo a las personas de cierta edad a las que gusta que se les hable de usted si no ha existido una confianza previa suficiente. Muchos profesionales, de entrada, les imponen el «tú» pensando que así facilitan su aproximación. Pero esta iniciativa se siente a menudo como una ofensa despersonalizadora, como la imposición de una fórmula general y actual y, por lo tanto, como una desconsideración poco amistosa hacia su mundo particular. Habría que indagar previamente si el enfermo prefiere un «tratamiento» u otro, y adaptarse a su preferencia. Porque –y aquí está el problema– lo que ha cambiado es quién debe decidir una cosa como ésta: ya no corresponde al profesional sino al enfermo.

LA TENTACIÓN DEL CIENTIFICISMO

No puede extrañar, pues, la perplejidad que ha provocado entre los profesionales un cambio tan radical. Es cierto que la perplejidad no es negativa en sí misma si nos lleva a la reflexión. Ya Aristóteles decía que lo que lleva a los hombres a reflexionar –a filosofar, decía él– es precisamente la perplejidad que sienten ante el cambio de las cosas. Y la verdad es que a ello nos ha llevado: a la bioética y a sus comités, por ejemplo, que quieren profundizar en esta reflexión crítica sobre las decisiones que tomamos y las actitudes que adoptamos. Las leyes sobre la autonomía del cambio de siglo serían otros ejemplos positivos. Como lo es que la mayoría de los profesionales hayan iniciado una adaptación a la nueva situación, a los nuevos deberes y a la nueva complejidad.

Debe aceptarse que el crecimiento y la extensión de la profesión de enfermería ha ayudado mucho a reivindicar un modelo de cuidado más gratificante para las personas. Su asiduidad con el enfermo la ha hecho más sensible a lo que éste pide. Así que el enfermo encuentra en la enfermera una ayuda que a menudo no había imaginado. Muchas resistencias a abandonar un centro se deben a no querer renunciar a esta aportación después de haberla descubierto.

Por otro lado, la aparición de profesionales dedicados a los cuidados paliativos ha establecido un paradigma de medicina integral para ayudar al final de la vida. Es el modelo que hay que seguir e incorporar en todos los ámbitos. Los equipos de PADES (Programa de Atención Domiciliaria y Equipos de Soporte), tan atentos, expertos y eficaces, han dejado una amplia gratitud en todos los domicilios donde han actuado y de los que he tenido noticia.

Pero sería un peligro creer que, por ejemplo, ante la demanda social creciente, nos podamos limitar a especializar esta atención. Alguien puede pensar con cierta tranquilidad: «Al menos así podremos acceder a un tratamiento correcto.» Y es cierto en gran parte. Pero la excesiva confianza en esta solución tiene algún aspecto inquietante que no se puede obviar. Primero, porque difícilmente será generalizable absolutamente. Y también porque, con esta salida, la mayoría de los profesionales quedarían al margen y continuarían haciendo demasiado para posponer la muerte y demasiado poco y demasiado tarde para ayudar a que llegue mejor. Les continuaría costando detener lo que saben

145

y «les toca» hacer, y reconocer la oportunidad de instaurar medidas paliativas para su enfermo. Y, una vez vista antes o después esta necesidad, es posible que quieran evitar la turbación que les provocará la propia impericia en el manejo de las medidas necesarias y las etiquetarán de materia de esta nueva especialidad. El enfermo deberá entonces sufrir la molestia de tener que romper una continuidad, abandonando la confianza que había establecido y edificar otra nueva. Y le parecerá, con razón, que se parcela un poco demasiado su atención: al cirujano, la intervención y el posoperatorio; al oncólogo, la quimioterapia; los problemas de valores que surjan alrededor, al «bioeticista»; y ahora, para la cura paliativa, al «paliativista». Y quizá, para la angustia de verse morir, al psicólogo.

La buena solución pasa por procurar que todos los profesionales que trabajan en clínica estén preparados, con conocimientos, habilidades y actitudes adecuadas, para ayudar a su paciente cuando va a morir, y que puedan implicarse en ello con más seguridad en sí mismos, con más profesionalidad; que lo vean como cosa suya y lo incorporen a su práctica. Sólo de este modo, sea cual sea el ámbito de ejercicio en el que estén, podrán detectar las necesidades, adecuar las actuaciones y personalizar las opciones paliativas en el momento y en el grado que haga falta. Resulta evidente que el médico —sea cirujano, de familia u oncólogo— que ha llevado el caso, que ha informado de las malas noticias, luchado contra las complicaciones, seguido la evolución y establecido una relación estable hasta ese día, sería el más indicado para ayudar también a morir. Debería ser un objetivo asumible para él, aunque haya que pedir ayuda para los casos más difíciles a aquellos compañeros con más experiencia. Ésta fue la recomendación básica de nuestro comité.[5]

Es cierto que todos podemos beneficiarnos de especialistas que profundicen y aporten formas de tratamiento mejoradas. Pero la carencia de especialización sobre ello no puede ser excusa para dejar de tratar aspectos tan habituales y fundamentales para la persona como son los que rodean el final de su vida. A veces se considera abusivamente que la especialización es la única manera de practicar un buen tratamiento; pero para muchas actuaciones no es del todo cierto, y las del final de la vida son un ejemplo paradigmático de ello. Otras veces se dice lo contrario, también equivocadamente: que la especialización, con la parcelación del conocimiento que impone, es la causa de las deficiencias en el trato, de la deshumanización de la medicina. Creo que es simplificador pensar que la mera reducción del campo de conocimiento sea la causa de tratar a la persona enferma como mera «portadora» de una entidad a estudiar, radiografiar y extirpar. Lo que es grave es que la mirada del profesional, sea de la especialidad que sea, enfoque sólo el problema del diagnóstico y tratamiento de la enfermedad, y que crea que es éste el único problema «médico» que le corresponde, desenfocando entonces a la persona que lo sufre. Es esta visión biologista, fija, y que conlleva esta miopía por todo lo que no es el órgano afectado, la que resulta molesta para el enfermo y la que lo deshumaniza al intentar cosificarlo excesivamente. Y esto, al final de la vida, resulta determinante.

UNA NUEVA MIRADA

Cuando el profesional, sea o no especialista –o lo sea poco o mucho–, consigue corregir esta visión, accede a un mundo mucho más rico: «Descubre que su compartimento no tiene límites artificiales más que por los lados –si es que los tiene–, pero que por debajo arranca del núcleo básico de la vida humana.»[6] Y este núcleo de la vivencia humana del sufrimiento se debe tener en cuenta siempre, sin separarlo demasiado del problema que lo ha generado.

Lo que se necesita es considerar seriamente que la práctica clínica comporta siempre una relación «con otro», y que esta consideración tiene que ser previa a la actuación «sobre» el otro. Es cierto que esto requiere un esfuerzo, pero es un esfuerzo enriquecedor y gratificante, aparte de que sea ya imprescindible. Es más: si la curiosidad es la madre del conocimiento, extenderla más aporta más conocimiento sobre la realidad. Citando el *Nomos* hipocrático: «Esto necesita el que se aplique al arte de la medicina [...] se marche a recorrer las ciudades y quiera ser considerado médico no sólo de nombre [...] Sin esto, tendrá una pobre despensa, que no le dará alegría ni felicidad, y que es nodriza de la cobardía y la temeridad: cobardía que denota incompetencia, y temeridad que denota inexperiencia. Porque [acaba diciendo el texto griego] dos cosas distintas son el conocimiento y la opinión...»[7] Es decir, con esta apertura de miras que propugnamos se puede, ahora sí, ser más «científico», en el sentido de aprehender mejor la complejidad de lo que se tiene entre manos y poder hacer sobre ello un análisis más clarividente. Buscar esta visión más amplia es ya un nuevo imperativo moral, como lo es diagnosticar u operar bien.

Cuando nos referimos al moribundo, y a pesar de que no sea un objetivo de este libro rememorar el camino que nos ha traído hasta donde estamos ahora, quizá sea pertinente recordar un escenario, si bien no desaparecido, poco presente hoy en día. Me refiero a la intervención que la Iglesia prodigaba a todo el mundo, fuera o no creyente, y que lógicamente ha dejado de ser el ritual generalizado y necesario de lo que se entendía por «buena muerte». En aquel escenario, médico y sacerdote tenían un rol complementario y sucesivo; en cierta forma, antagónico: uno seguía al otro como la noche al día; uno llegaba cuando el otro acababa. Uno cuidaba del cuerpo al máximo, con una esperanza muy terrenal de curación, y el otro preparaba el alma con otro tipo de esperanza cuando la primera ya se desvanecía. Es posible que esta dicotomía viniera a reforzar en parte la dedicación puramente biologista del médico que ahora sufrimos.

Estas dos funciones están muy bien representadas en el cuadro de Picasso *Ciencia y caridad*. Cada una, la del médico y la de la monja, se representan en él separadas, una y la otra a cada lado de la cama, sin mezclarse. En esta famosa pintura el médico fija la mirada en el reloj, con un esfuerzo por objetivar un dato preciso (el pulso, en este caso). Podríamos decir que ambas figuras representan el dualismo (cuerpo y alma) de la ideología entonces imperante.

No se trata evidentemente de que el profesional sustituya ahora por su cuenta un auxilio espiritual que no le corresponde. Pero tampoco debe estar sordo ante cualquier conexión con la trascendencia que el enfermo pueda tener, y que puede ser muy variada.[8] Dado que representa una ayuda tan poderosa para tantos enfermos, el profesional debe intentar detectarla, respetarla y favorecerla cuando perciba que forma parte del mundo íntimo de la persona a la que asiste.

No ayudará, en cambio, si continúa manteniendo la mirada únicamente centrada en «sus cosas», en el solo esfuerzo de prevenir y eliminar las causas de la muerte, que considera un fenómeno que hay que posponer mientras «se pueda». Tendría que levantar los ojos hacia los del enfermo de vez en cuando para orientarse convenientemente sobre lo que es más conveniente, sobre lo que más conviene hacer para ayudarle.

En esta misma línea, ya no puede admitirse que la formación del clínico se limite todavía al problema biológico. Porque esta limitación de hecho lo acaba deformando intelectual y moralmente. Por ejemplo, se observa que la predisposición a la empatía con el enfermo que tiene cualquier estudiante, y que formaría parte de su vocación primaria, la pierde en poco tiempo cuando constata que se le pide –en todas las «materias»– focalizar la atención en el objeto y pasar por encima del sujeto; y cuando ve, sobre todo, que será juzgado por su habilidad para esta objetivación. Después, ya médico novel, cuando tenga que «recorrer las ciudades» y sea el enfermo quien le juzgue, quizá ya no comprenderá por qué concita más descontento que gratitud; y la tentación será, frente a ello, «endurecerse» y preferir el distanciamiento a la implicación. Adoptará entonces una actitud que, desgraciadamente, no es rara: evitará la mirada del enfermo (el ordenador puede ayudarle a hacerlo), intentando tratar solamente aquello que «le toca mirar», escuchar lo mínimo imprescindible y hablar sin dejar lugar al silencio, a la duda o a la emoción.

Habrá empezado así, evitando ver el sufrimiento del otro y la inseguridad que le provoca, la triste «crónica de un *burnout* anunciado». Y este proceso se acelerará, además, si entra en una institución «desalmada», o animada sólo por la eficiencia de los números; y que exige, además, y como supuesta virtud del profesional, lo que no podrá serlo nunca: la obediencia y la docilidad. Curioso y contradictorio destino el de acabar «quemado» en una institución demasiado fría.

Querríamos ilustrar la situación de desconcierto con un curioso episodio de un viejo mito, el de la búsqueda del grial en el primer Perceval.

La leyenda se puede resumir así: un joven se prepara en la corte del rey Arturo para ser caballero y conquistar la aventura suprema, el santo grial, la copa que contuvo la sangre de Cristo. Vestido de blanco, llega a un castillo en el que se le espera y donde se le entrega la espada de caballero. Pero en uno de sus aposentos encuentra a un viejo tullido y enfermo que le ofrece hospitalidad. Junto a él reconoce la lanza de la que siempre mana sangre y el grial resplandeciente. Se le da a entender que todo aquello que tanto buscaba puede ser suyo. Y allí come y duerme calladamente. Pero, al despertar, todo ha desaparecido: castillo, viejo, lanza, grial..., y se encuentra en un bosque. Ante su perplejidad, se le explica más tarde que todo aquello desapareció porque «no supo hacer la pregunta». Hasta aquí el enigmático capítulo de la *nouvelle* de Chrétien de Troyes del siglo XI.[9]

De esta leyenda se puede sacar alguna paráfrasis (quizá atrevida) para lo que estamos tratando aquí: el médico ha sido preparado para la aventura, para conocer la causa del dolor (la lanza viene a ser la enfermedad que lo inflige) y conquistar aquello que pueda contenerlo (el grial). En el castillo profesional –la facultad– se le dará la espada (o el bisturí, o el fonendoscopio), signo de poder, para que, vestido de blanco, pueda actuar. Pero pronto se encontrará con un enfermo de carne y hueso que es portador de lo que anhelaba y que reconoce enseguida gracias a los conocimientos que adquirió. Salvo que, para conseguirlo, tiene que hacer la pregunta que de él se espera: «¿Quién es usted?» «¿Qué le pasa?» «¿Cómo puedo ayudarle?» No puede limitarse a una mirada que sólo vea los objetos: la enfermedad, el órgano enfermo, la palidez de la anemia o el pulmón afectado. Para tratar enfermedades, tiene que tratar enfermos. Para tomar el objeto, debe comprender su contexto. Si no, se quedará sin nada. Únicamente, si todavía es noble (como lo es Perceval, como lo es nuestro joven médico), le quedará la perplejidad, y de ella quizá pueda salir finalmente una reflexión que aumente su capacidad para formularse y formular las preguntas.

Esquemáticamente, esto es lo que ocurre a menudo: la persona (o su familia) suele verbalizar el descontento diciendo que esperaban una actitud distinta. Y es que, a pesar de que el clínico, sorprendido, cree haberlo hecho bien, puede que no haya sabido formular la pregunta esperada, que no haya sabido dirigir certeramente la mirada. Si lo hubiera hecho, habría visto que aumentaba su eficacia, que la calidad percibida por los demás mejoraba y que su trabajo se volvía mucho más gratificante. Habría constatado, como recuerda Goethe, que «gris es el libro de la teoría y verde en cambio el árbol de la vida».[10]

NUEVAS HABILIDADES

Ahora bien, para que el árbol de la vida no le resulte espinoso, el futuro clínico necesita, además de buena voluntad para comunicarse, conocimientos y habilidades para hacerlo bien. La actitud debe incluir forzosamente el gusto para profundizar en algunos conceptos centrales: en la ponderación de los valores, en los derechos generales de los ciudadanos y en el análisis de la complejidad práctica para aprender a gestionarla.

No se trata con esto de formar médicos pensadores. Pero sí médicos más «pensativos»,[11] más reflexivos. Es decir, que piensen sobre lo que sienten y que no tengan miedo a sentir ni a reconocerlo. Por ejemplo, un cirujano tiene que ver el miedo y el dolor que provoca, el sufrimiento que genera cuando hace esperar o la culpa que acumula con sus errores. Porque si no tolera verlo, acabará volviéndose insensible al dolor, al miedo y al sufrimiento del otro, y demasiado impermeable a la culpabilidad. Y entonces perderá parte de su alma profesional y el ánimo para reencontrarla: se desanimará. Y quizá, para que esto no se vea, se tendrá que revestir de esa impostación afectada que hemos visto que denunciaba Montserrat Roig.

Evidentemente, el profesional no debe quedar tampoco succionado por el remolino de los sentimientos. Tiene que ser valiente, íntegro para acercarse sin miedo, es cierto; pero también tiene que quedar íntegro después (entero, en este caso), cuando haya salido de la experiencia. Tiene que mantener la propia estabilidad con cierta defensa que le permita no tambalearse; siempre, claro está, que no sea demasiado hermética: «El buen médico mantiene la mente poco rígida para acceder a lo que es oportuno.»[12]

Como cabe esperar, la gestión de este asunto no es fácil, y hay que ver con indulgencia los intentos por mantener algunas barreras que podríamos calificar de «higiénicas», como lo son los guantes del cirujano para evitar la contaminación. Pero, en esencia, el miedo a la turbulencia emocional no puede ser excusa para adoptar una impasibilidad excesiva: como pasa también con el guante quirúrgico, que tampoco debe impedir la flexibilidad de los dedos. La ecuanimidad olímpica, tan valorada antes, y que hemos visto en cierta medida alabada por Proust unas páginas más arriba, no puede adoptarse ahora de forma perenne y blindada. Sólo recordando el objetivo de ayuda al enfermo se podrá encontrar el término medio, esa distancia razonable que permita ayudar allí donde se le necesita y poder continuar haciéndolo después en otros sitios en buenas condiciones.

La clave intelectual y moral que abre la puerta a la práctica que defendemos es admitir abiertamente que la compasión ha sido, es y debe ser el motor de nuestra actividad, y que sin ella pierde sentido. Ya hemos hablado en el segundo capítulo de esta necesidad. Si la actuación profesional solamente adopta una visión general de lucha contra la Enfermedad y la Naturaleza hostil, y dice defender a la Humanidad o la contribución a la Ciencia, se quedará corta. Sólo la actitud compasiva (o empática si se prefiere el eufemismo) acaba completándola al final, porque sólo ella permite ver lo que siente el enfermo concreto que hay delante e inferir lo que se puede hacer y lo que se tiene que hacer por él. Y, después de hacerlo con coraje, se podrá sentir además la satisfacción de que se ha podido ayudar a alguien. Porque la compasión permite compartir penas pero también alegrías. Permite alegrarse también del bien que se produce a las personas, y no sólo del trabajo bien hecho y del buen resultado técnico.

Con este objetivo, conviene reivindicar aquellos viejos aforismos: el de que «además de qué enfermedad tiene un enfermo, tenemos que preguntarnos qué enfermo tiene esa enfermedad», y el de que «el mejor utensilio en clínica es la silla». Con la primera pregunta y una silla, el profesional puede iniciar una buena anamnesis, entendida como descubrimiento a partir de la «rememoración» del enfermo; una anamnesis que está dirigida no sólo a conocer la patología «del caso», sino también el mundo personal que ahora se tiene delante, que lo ha consultado y que él deberá consultar a partir de entonces. La historia que indaga no puede ser sólo *history* de lo que había o hay;

también es *story*, la narración de una persona. Y la narración siempre expresa una forma de ser; una manera de ser que quiere llegar a convertirse en el centro de referencia para las decisiones que se tomen.

Una hospitalidad así permite construir una relación clínica adaptable a las necesidades. Porque no pretende ser igual para todos. La equidad bien entendida no es la de extender un modelo universal de relación igual para todo el mundo, sino la de extender una adaptación individual a cada cual. Es decir, no puede aplicarse una idea sistemática que dispense de la consideración valorativa de cada caso. Y precisamente es oportuno denunciar esta grave tentación de simplificación general.

UNA NUEVA RELACIÓN

Muchos profesionales, añorando en el fondo la sólida relación anterior y la seguridad y la impunidad que comportaba, querrían encontrar un nuevo modelo que la sustituyera pero que también fuera generalizable y que permitiera, como lo hacía aquélla, continuar evitando la proximidad turbadora del sufrimiento. Y algunos la buscan en un contrato de servicios. El malentendido empieza al pensar que el respeto por el otro es sinónimo de injerencia en su vida privada y al considerar, por lo tanto, que atender a los sentimientos es impropio de su función. Sin ver que, confundiendo respeto con indiferencia, se acaba asimilando eficacia con no implicación afectiva y profesionalidad con frialdad aséptica o simplemente correcta. La empatía quedaría relegada como algo ya obsoleto, inherente al paternalismo superado.

Según esta visión simplista, la alternativa al paternalismo sería el mero contrato. Y es cierto que con él puede ejercerse una medicina de calidad en muchos casos, sobre todo en los más rutinarios y leves: se puede hacer un buen trabajo sobre la enfermedad manteniendo un respeto mínimo y una cortesía suficiente. Pero conviene tener presente que es un modelo parcial y que es peligroso creer que se trata de la relación óptima, que debería aceptar todo «buen enfermo»; porque algunas necesidades de ayuda legítimas pueden quedar fuera, sobre todo cuando las cosas van mal, las situaciones son peligrosas o el dolor y el miedo son muy importantes;[13] especialmente, cuando se acerca la muerte. Entonces, las personas esperan más, y fácilmente se sentirán defraudadas si no lo reciben o, sobre todo, si viene a decírseles que no pueden ni pedirlo. A menudo surge entonces la desconfianza entre una familia etiquetada de «difícil» y un médico etiquetado de «insensible», conflicto que convendría evitar.[14]

Y es que el enfermo pretendía, cuando lo necesitó, que el profesional fuera capaz de ir más allá, de trascender su conocimiento científico, su habilidad técnica, incluso su deber legal y contractual, y que se le acercara más. Quería pasar a ser considerado, como se dice en el alemán de *La flauta mágica,* de *Man* a *Mensch:* de hombre a humano; de ser respetado como enfermo a serlo como persona que está enferma; un matiz que para él es muy importante. Y quizá esta pretensión no encontró respuesta en la «despensa» empobrecida del profesional. En parte porque es posible que confunda algunos conceptos, como ocurre a menudo con derechos y necesidades, los derechos de todo paciente y las necesidades de aquel en concreto. O porque, simplificando, piense que respetando los primeros ya se satisfarán las segundas; y no es así. Hay deberes profesionales más allá del de respetar los derechos de los pacientes. Se ha dicho que no podemos abandonar a los pacientes sólo a sus derechos Nuestra indiferencia es ya una ofensa.

Si nos tomamos en serio la ayuda al enfermo, tenemos que empezar por sus demandas de personalización; y éstas, a veces, pueden ser grandes. Cerca de la muerte y ante el miedo al sufrimiento, el enfermo puede reclamar un vínculo más cálido y cercano, una relación quizá amistosa; al menos, más amigable. Intuye que con ella podría aunar mejor el ámbito público y el privado, uniendo al derecho que tiene como enfermo la posibilidad de satisfacer su deseo de una mayor intimidad. Piensa que con ello podría eludir mejor la medicina defensiva, la impaciencia del cuidador, la frialdad de las máquinas y de las rutinas y también algunos rigores implícitos a la equidad. Aspira –y más aún como latino o mediterráneo– a una relación que sea refugio contra la intemperie y que permita la construcción de una «sociedad limitada» a su alrededor mejor amueblada, más civilizada y habitable. Y cree que, además, esto es posible, porque se «trata de él», de un caso único; y porque se ve capaz de seducir al profesional apelando a su excelencia.

Por otro lado, este último no debería despreciar sin más este tipo de demanda diciéndose que es excesiva o que no forma parte de su función. Porque desdibujaría con ello su objetivo profesional. Debe reconocer que la demanda de esa persona es legítima porque corresponde a una necesidad típica de cualquier enfermo en sus condiciones y que, por tanto, está en su terreno. Además, debería ver que le brinda una ocasión para transformar su tarea en algo más completo y más seguro si aprovecha el plus de entrega y de confianza que el enfermo le ofrece. Después, debería ver que puede ser enriquecedora para los dos, aunque, como muchas relaciones amistosas, o amigables cuando menos, sea circunstancial y haya nacido del interés mutuo.*[15] El hecho de que no pueda ser obligatoria, que a menudo no sea necesaria o que a veces no sea ni tan sólo posible, no impide que resulte la fórmula más humanizadora del enfermo, porque es la que menos lo cosifica, y la que más gratifica al médico al conseguir dignificar más su ejercicio. Por ello, siempre debería mantenerse en el horizonte esta posibilidad de una relación más hospitalaria, más entregada. El médico, teniéndola presente y mostrando una disposición hacia ella lo más abierta posible; y el enfermo (o el familiar), favoreciéndola, demostrando confianza, deseo y agradecimiento. De hecho, viéndola como posibilidad, ya tendría efectos esperanzadores para los dos. Profundizar en la relación clínica es lo que resuelve con más eficacia la paradoja que veíamos al comienzo del capítulo: la que más sólidamente reunifica lo privado y lo público, el trato y el tratamiento.

Las normativas no pueden explicitar y exigir algunos de los valores que precisamente hemos visto como centrales para dar una buena ayuda a la persona en estado grave. ¿Cómo podrían no serlo para los profesionales, es decir, para aquellos que precisamente han elegido dedicarse a ayudar a las personas enfermas?

De todas formas, deben reconocerse las dificultades del clínico. Se le pide mucho con los nuevos retos que plantean unas expectativas cada vez mayores. Tiene que gestionar una constelación de necesidades que, aunque cada persona tiene derecho a presentarlas, modifican y complican su actuación. No es fácil establecer una rela-

---

* Epicuro nos dice, por ejemplo, que «toda amistad es deseable en sí misma, pero tiene su origen en la utilidad» (otros lo traducen por «en la necesidad»).

ción clínica que, por un lado, sea lo bastante estable como para trabajar día a día con buen ritmo y, por el otro, lo bastante variable como para ser también personalizada. Se puede comprender que busque cierta neutralidad de experto compatible con el respeto a los derechos de los ciudadanos, aunque acabe siendo rutinaria la mayor parte de las veces; eso es algo evidente. Pero también se espera que, a la vez, sepa pasar con flexibilidad a otra más compleja, como la que hemos señalado más arriba, cuando las circunstancias se lo pidan, aunque esto implique una mayor atención y más dedicación por su parte. Y, para tener o adquirir esta capacidad y esta agilidad, es cierto que existe una gran diversidad individual. Es posible que algunos disfruten ya de una predisposición moral para hacerlo bien, quizá de base constitucional. De hecho, no es raro encontrarla en muchísimos profesionales. Sienten que se lo deben a los enfermos y que se lo deben a sí mismos, lo sienten como voz interior, como «vocación».

UNA NUEVA FORMACIÓN

El problema está en saber cómo generalizar esta voz, cómo inducirla, cómo encontrar un altavoz que la difunda más allá. No puede esperarse que esto lo logre una legislación más rígida, que a buen seguro sería contraproducente. La sociedad ya ha llegado a la promulgación de unos derechos lo bastante amplios y claros, de unos mínimos para los que no confía sólo en la virtud desigual de sus profesionales y para los que ya exige un respeto general. Es una conquista indiscutible. Pero la persona vulnerable quiere más; no quiere sólo no ser vulnerada. También quiere ser mirada y acogida, amparada y ayudada en su desconcierto;

159

y esto ya es materia más difícil de regular. Tampoco puede esperarse demasiado de un moralismo dirigido a los individuos, porque siempre resulta insuficiente y parcial.

El paso adelante debe venir de la mano de un análisis ético colectivo y racional que impregne toda la sociedad, que explique las necesidades reales de los ciudadanos y las esperanzas que tienen depositadas en los profesionales; y que todo ello lo transmita por medio de la formación que a éstos se les dé y se les exija.

Es cierto que formar actitudes es difícil. Ya sería mucho que no se indujeran algunas negativas. Pero creo firmemente que podrían favorecerse otras positivas si se mostraran claramente los objetivos básicos de la práctica clínica a quien todavía está ávido para profesar y abierto a comprender. En este contexto, es cierto aquello que decía Sócrates de que «virtud es conocimiento», en el sentido de que un mayor conocimiento favorece y consolida las virtudes.

Para actuar bien, para utilizar los medios adecuadamente, hay que comprender bien los fines que se persiguen. En concreto, en este caso, para ayudar a las personas se debe adoptar una mirada hacia ellas de mayor «miramiento» hacia su sufrimiento. Es imprescindible inculcar esta obviedad. Y debería ser posible hacerlo mostrando desde el comienzo, con rigor (con disciplina, como se dice de las asignaturas), las necesidades reales que tiene la persona enferma, ayudándose para ello de explicaciones teóricas y de la observación clínica. Finalmente hace falta que los maestros, con su ejemplo, demuestren seriamente que consideran que esto forma parte irrenunciable de la profesión, incluso por encima del muy sano orgullo de saber.

Una película de Akira Kurosawa, *Barbarroja*, nos muestra esta enseñanza práctica por parte de un viejo profesor que educa a un joven licenciado en medicina demasiado impaciente por el conocimiento científico y por llegar a ser una autoridad. Poco a poco va comprendiendo el objetivo básico, la necesaria sensibilidad y aquella responsabilidad que no se puede eludir ante las expectativas de los enfermos. La película viene a ser un canto a la mirada integral de la medicina. Una lección impactante es la que consiste en hacer compañía a un moribundo. Viendo cómo el joven acompaña hasta la muerte su larga agonía (siempre resulta larga), entendemos que sea una experiencia que transfigure a cualquiera y que le ayude a reconstruir una escala de valores como es debido.

Y puede ser ésta una lección imitable. No sólo sería docente su sola vivencia, sino también el análisis a que pueda dar lugar después. Por ejemplo, haría patente la necesidad de aprender a estar (como dice Enrique de la Lama, sin imponerse ni abandonar) y a controlar el propio miedo, de formarse en habilidades comunicativas, en el manejo de técnicas contra el sufrimiento y en formas de deliberación sobre las decisiones al final de la vida.

En cambio, como ya hemos dicho, nuestros estudiantes pueden perder parte de su empatía a medida que se adentran en el universo mitificado de la técnica y aprenden a distanciarse del mundo de la persona. Y los residentes de hospital pierden lo que les quedaba de ella, con la fatiga y el aislamiento en las unidades de urgencias o de cuidados intensivos en que se han convertido los hospitales modernos. En este sentido, creo que el ejemplo que nos da el doctor House en la famosa serie de televisión es negativo. En ella parece que la eficacia justifique una forma desconsiderada e impositiva de relación. Su éxito es inquietante por lo que pueda representar de nostalgia y reivindicación del paternalismo como forma rápida de actuación «profesional». Parece que quiera contradecir la evidencia, de la que ya hemos hablado en el capítulo segundo, de que la carencia de compasión y de sentimiento ni aumenta la racionalidad ni la refuerza: más bien la enturbia. De todas formas, es justo decir que no se trata de un problema nuevo. Recordemos que Balzac ya le hace decir a un estudiante que cuida al viejo *père* Goriot: «Los médicos que ejercen miran sólo la enfermedad; no sufras, yo todavía miro al enfermo también.»[16]

Una muestra ilustrativa de cómo el sentimiento puede quedar excluido de la práctica es la que nos relata Spiro:[17] un grupo de residentes pasa visita en una unidad de intensivos, y, hablando entre ellos, exploran a un enfermo inconsciente, sedado e intubado. Su gravedad no impide que se hagan bromas. Pero cuando se disponen a salir de la habitación, enmudecen al encontrarse con un dibujo infantil colgado de la pared con esta inscripción: «Abuelo, por favor, ponte bien. Te esperamos.» Su turbación proviene de haber contactado con un mundo real que no habían visto, que no existía para ellos. Y es que el sentimiento puede penetrar aprovechando muchas rendijas a pesar de la corteza.

Las conversaciones acerca de experiencias con pacientes y sus historias personales, un ocio mejor aprovechado (con lecturas, teatro y buen cine) y la frecuentación de las humanidades pueden ayudar a los médicos a encontrar un gusto por la compasión y la forma de que no les dé tanto miedo. «Los médicos necesitan esto tanto como el conocimiento, y necesitan historias tanto como revistas médicas si quieren ser más empáticos que sus ordenadores», acaba diciendo sarcásticamente Spiro.

La formación humanista puede ser de gran ayuda. Ponerse en contacto con lo mejor de la cultura es acceder a una mayor comprensión de las pasiones y de los sentimientos, y a las mejores reflexiones que han suscitado hasta ahora. Además, este tipo de formación aporta tranquilidad personal, un lenguaje más amplio, precisión en los conceptos y la posibilidad de más referencias y de asociaciones mentales. Sobre todo, amplía enormemente la experiencia individual y abre un campo inacabable para el enriquecimiento personal, del que los enfermos a buen seguro se van a beneficiar.

Dicho esto, está claro también que el humanismo que se persigue no puede limitarse a un conocimiento amplio más o menos culto sobre la naturaleza humana y la admiración que suscitan las obras de nuestros ancestros, sin aplicarlo a lo que uno se trae entre manos profesionalmente. No puede quedar separado de la vida; tiene que servir para una reflexión sobre ella. No se trata sólo de aumentar el interés por la humanidad en abstracto o por la cultura en general, sumándolo al interés que el profesional tiene por la ciencia. Todos hemos visto médicos que se llamaban «humanistas» y aprovechaban la exhibición de estas «humanidades» para aumentar su distancia olímpica con los que les rodeaban y no eran de su condición. Esta actitud no los humanizaba en nada. Podríamos repetir aquello que dijo George Steiner después del nazismo: que «las humanidades no humanizan» necesariamente.[18] No se trata de conmoverse escuchando a Beethoven, como hacía Goebbels –poniendo un caso muy extremo–, si después no te conmueven los semejantes. El humanista no tiene que serlo tampoco «sólo de nombre». No es cuestión de estar suscrito a una colección de clásicos y de ir a la ópera a menudo.

La amplitud de miras que se adquiere con las humanidades tiene que servir para aumentar la comprensión de uno mismo y de los humanos que están alrededor. Así, el profesional de la salud, cuanto más leído sea, más sensible al sufrimiento se le debe suponer, más preocupado por mejorar las condiciones de sus enfermos. Su mirada debería poder detenerse en ellos con más sabiduría.

José Pérez del Río, un verdadero *maître à penser* para mí, me decía siempre que el médico «debe poseer sabiduría, bondad y alegría». Sabiduría, no tan sólo erudición, conocimiento y habilidad. Bondad, no tan sólo amabilidad y benevolencia. En cuanto a la alegría, se trata de algo más difícil de explicar. Se refería a que no hace falta adoptar una postura excesivamente grave, oscura y trascendente, a pesar de la evidente trascendencia y gravedad de la situación de que se trata. La alegría que se necesita es la que proviene de la tranquilidad de hacer a gusto lo que se debe hacer a ese enfermo en ese momento, con una disposición empática y valiente. Se consigue así dar confianza al enfermo, a las familias y a los compañeros.

Nada que ver esta alegría sutil, claro está, con las muestras de humor chistoso o jocosidad inoportuna, que más bien provocan malestar por la indiferencia al sufrimiento que puedan significar. Cuando Hamlet queda escandalizado porque el sepulturero cava la tumba cantando, se le contesta: «La fuerza de la costumbre lo ha hecho indiferente a su oficio.»[19] Y es cierto que la rutina tiende a embotar la sensibilidad. Del mismo modo, a la vez que es lógico, y sano, que médicos o enfermeras se distiendan, conviene evitar que enfermos y familias accedan a las expansiones de su mundo privado; porque, como al príncipe Hamlet, les puede resultar muy desagradable. Se debe preservar esa seriedad, incluso cierta solemnidad, acorde con lo que está pasando, es decir, con el sufrimiento presente y «reinante». Pero este respeto radical es compatible con la animosidad para saber estar y ayudar, sin impaciencia y sin agobio, a la que se refería el viejo y estimado profesor.

164

Es una sensación que no hay que querer transmitir con palabras sino mostrando una actitud lo bastante serena.

Todas estas cosas, y otras más, se podrían enseñar y cultivar mejor. Porque, respecto a la virtud –es decir, a ese gusto y hábito por incorporar valores positivos–, es cierto que depende mucho de la disposición natural y que difiere mucho de una persona a otra. Pero creo que en buena parte se puede adquirir si se comprende lo necesaria que es para una buena práctica. Mi experiencia me hace ser moderadamente optimista sobre la posibilidad y sobre el resultado de la formación de los profesionales, si la sociedad se decide verdaderamente a mejorarla. Lo apunta muy acertadamente, otra vez, el *Nomos* hipocrático: «La capacidad natural es imprescindible, puesto que todo es en vano si la naturaleza se opone; en cambio, si lo favorece, se puede aprender mucho con reflexión y dedicación. El aprendizaje se podría comparar al cultivo de las plantas: la disposición natural es el terreno, bueno o malo; los preceptos de los maestros son como las semillas; el entorno es importante, como lo es también para la planta; y el trabajo constante lo es tanto como el cultivo de la tierra. Finalmente, tan sólo el tiempo puede madurar los frutos.»[20]

Es razonable esperar frutos si hay una compresión suficiente de cuál es la formación necesaria para adquirir una profesionalidad mínimamente cálida que se pueda ejercer después con la máxima excelencia. Entonces veremos extenderse al buen médico; a aquel que, sea cual fuere su amplia o pequeña especialidad, sepa reflexionar y hacerse preguntas pertinentes sobre cómo tratar a la vez los síntomas con seguridad y a la persona que los sufre con amabilidad, calidez y coraje.

1. J. Berger. Citado en Iona Heath, *Ayudar a morir.* Katz. Madrid, 2008. Pág. 21.

2. J. L. Aranguren. *Ética.* Biblioteca Nueva. Barcelona, 1997. Pág. 10.

3. A. Cortina. *Ética mínima.* Tecnos. Madrid, 1989, Pág. 93.

4. M. Proust. *À la recherche du temps perdu.* Gallimard, Bibliothèque La Pléiade. Tomo I. Pág. 82. Traducción propia.

5. Comité de Bioética de Cataluña. Recomendaciones a los profesionales sanitarios para la atención a los enfermos al final de la vida. Fundació Víctor Grífols i Lucas. Barcelona, 2010. http://comitebioetica.files.wordpress.com/2012/02/cbcfividaes.pdf.

6. M. Sacristán. «Studium Generale para todos los días de la semana». En *Panfletos y Materiales,* III. Icaria. Barcelona, 1985. Pág. 34.

7. Hipócrates. *Nomos. Tratados hipocráticos* I. Gredos. Madrid, 1983. Pág. 94.

8. R. M. Nogués. *Cervell i transcendència.* Fragmenta. Barcelona, 2011.

9. Chrétien de Troyes. *El cuento del Grial.* Traducción de Martí de Riquer. Siruela. Madrid, 1989. Versos 2496-3425. Págs. 59-71.

10. J. W. Goethe. *Fausto.* En *Obras.* Vergara. Barcelona, 1963. Pág. 116.

11. C. Gurméndez. *Teoría de los sentimientos morales.* FCE. México, 1979.

12. R. Armengol. «La relación médico-enfermo, Factores inconscientes». *Quadern CAPS.* 1993, n.º 19. Págs. 31-34.

13. M. A. Broggi. «Gestión de valores "ocultos" en la práctica clínica». *Medicina Clínica (Barcelona).* 2003, n.º 121. Págs. 705-709.

14. R. Epstein y F. Borrell. «Pudor, honor and autoridad: the evolving patient-physician relationship in Spain». *Patient Education & Counseling.* 2001, n.º 45. Págs. 51-57.

15. C. García Gual. *Epicuro*. Alianza. Madrid, 1981. Pág. 212.

16. H. de Balzac. *Père Goriot*. Nelson. París, 1928. Pág. 149. Traducción propia.

17. H. Spiro. «What is empathy and can it be taught?». *Annals of Internal Medicine*. 1992, n.º 116. Págs. 843-846.

18. M. Vargas Llosa. «Los benévolos». *El País*. 3 de diciembre de 2006. Pág. 17.

19. W. Shakespeare. *Hamlet, príncipe de Dinamarca*. Escena 1, acto V. Trad. L. Astrana. Aguilar. Madrid, 1961. Pág. 1385.

20. Hipócrates. *Nomos*. *Tratados hipocráticos* I. Gredos. Madrid, 1983. Pág. 93.

6. AYUDAR A DECIDIR (EL DIFÍCIL EJERCICIO DE LA AUTONOMÍA PERSONAL)

Sabemos que es primordial respetar la voluntad de cada persona, pero también debe aceptarse que no resulta nada fácil conocerla en una situación tan extrema como es la del final de la vida. No es realista pensar que ante cada problema que se presente vayamos a poder obtener su respuesta pronta y una decisión lúcida; ni siquiera de la familia. Porque el enfermo, por un lado, puede no saber lo que realmente quiere en ese momento; y sus allegados, por el otro, pueden pensar que ya era bastante triste ver morir a quien tanto querían como para que ahora, además, tengan que decidir cuestiones tan complejas como su desconexión y el momento oportuno de practicarla. No es de extrañar que esperen de los profesionales una orientación franca, y éstos deben recordar por tanto que su responsabilidad no puede limitarse sólo a informar y a esperar, sino que también debe abarcar una ayuda para tomar decisiones en muchas de estas ocasiones.

Pero, para hacerlo bien, conviene no confundir algunas nociones. Por ejemplo, sería un error equiparar la dificultad para decidir que pueda tener una persona en estado preagónico, sobre todo si es de edad avanzada, o una fa-

169

milia conmocionada en aquel momento, con la imposibilidad absoluta de hacerlo. El hecho de que se tenga una percepción disminuida o una capacidad de comprensión más lenta no significa que no tengamos que hacer un esfuerzo razonable para intentar que pueda compartir las decisiones hasta donde le sea posible. Al menos, tiene que poder mostrar su desacuerdo, si es que lo hay.

Tampoco es cierto lo contrario: que del mero derecho a saber pueda inferirse una obligación automática de informar a todos de todo sin tener en cuenta las distintas necesidades de cada cual. Una cosa son los derechos y otra las necesidades. Obligar a saber, o a decidir, a quien preferiría no saber o no tener que decidir en ese momento, denota una insensibilidad peligrosa. De la misma manera, hay que comprender que hay gente que duda y que necesita un tiempo para asumir la situación en la que se encuentra, calibrar las posibilidades y decidir sus preferencias.

Establecer estas distinciones es imprescindible, y no resulta nada fácil en la práctica. Requiere un tacto que sólo puede ser fruto de una curiosidad hacia el otro y de una decidida voluntad de ayudarle. El profesional no puede limitarse a decir: «Ya le he explicado lo que se puede hacer y las ventajas de cada opción: ahora, decida usted», porque seguramente se le contestará: «Pero ¿usted qué haría?»; y ante esto no vale un escueto: «Deben decidirlo ustedes», porque sería una mala interpretación de lo que es el derecho a la autonomía. Una demanda como ésta expresa el miedo a equivocarse, tan común y tan explicable ante la complejidad, pero no equivale a un abandono del derecho personal a decidir. Ante este tipo de demanda no parece honesto plantear la disyuntiva simplista entre competencia plena o incapacidad absoluta para el ejercicio de la autonomía. De hecho, se está pidiendo ayuda para llegar hasta él.

Y es que no conviene tener una idea demasiado abstracta y rígida de lo que es la autonomía para después aplicarla a todos por igual. Ni siquiera el concepto es unívoco. Es cierto que puede definirse como la capacidad de elegir sin interferencias externas según valores individuales, y así la expresaría seguramente un anglosajón. Pero también puede verse como la defensa de un mundo propio de valores que, construido a lo largo de la vida, se aporta en ese momento para que ejerza su peso en las decisiones. Y este mundo propio se comparte a menudo con familiares, o amigos, con los que quizá se mantengan fuertes vínculos de solidaridad y de participación y, sobre todo, de los que se espera compañía. Conviene desde fuera respetar este mundo tal como es y quiere continuar siendo, con su tejido de influencias y dependencias.

Desde esta segunda acepción, cierta delegación puede considerarse en algún caso una decisión autónoma, y por tanto respetable, si la persona la toma sin coacción y si es consciente de sus pros y sus contras. Un ejemplo cotidiano: en nuestro medio es corriente que el paciente venga acompañado a la consulta. Este hábito, que en algún momento puede parecer una muestra de debilidad (de una imposición paternalista del entorno), a menudo es algo más complejo: es una forma de responsabilizar al acompañante, mostrándole de primera mano las opciones que se le presentan e implicándole así en la información, en la decisión futura y en el cuidado que seguirá ya hasta el final. Además, mostrando esa compañía, el enfermo viene a decirnos: «Podéis ver que quien me acompaña forma parte de mi mundo y, dejándole compartir la información, estoy presentándolo como un interlocutor válido y mi sustituto si se le necesita.» Querer preservar el mundo que uno aprecia apoyándose en los vínculos con los que se está familiarizado es una forma de autodefinirse y una buena manera de vivir los momentos de tribulación.

Lo importante es que el respeto a «la autonomía» se base en un verdadero respeto a cada persona, con la consideración de que su futuro le pertenece y que debe poder acabar la vida a su manera, sin ser juzgada ni clasificada. La persona no puede quedar inscrita en un grupo determinado, el de «los que no quieren saber», o de «los que querrán una sedación», por ejemplo. Las enfermedades deben estar clasificadas, pero las personas y sus actitudes no: las personas deben aceptarse tal como son y ser ayudadas para que continúen siéndolo. Ésta es la idea central, e incluye no poner en entredicho su capacidad de decisión sin un motivo que lo justifique.

En definitiva: no se debe enseñar a ser autónomo, sino ayudar a serlo, y a serlo al máximo. La autonomía sería un proceso siempre pendiente de completar del todo.

Que conste que gran parte de lo que decimos desde la experiencia profesional es aplicable a los demás profesionales y también a los familiares. La prudencia y el tacto que reclamamos los precisa todo aquel que esté cerca del enfermo. Todos deben colaborar en un ejercicio de investigación sobre lo que éste quiere saber y lo que no, y si quiere decidir sobre algún aspecto o no, y deben estar dispuestos a adaptarse después a lo que haya expresado, dejado entrever o a lo que se haya descubierto.

LA PERSUASIÓN

Debe admitirse, claro está, que la gente tenga dudas sobre lo que quiere en realidad, sobre todo en situaciones nuevas y tan difíciles. Es importante recordar que el proceso de diálogo comporta siempre información en los dos sentidos de la interlocución, y que ambos acabarán complementándose. El enfermo, o quien lo representa, recibe información sobre la situación clínica y las posibilidades que hay; y al mismo tiempo él informa sobre las preferencias que tiene y los límites a los que no querría llegar. Ambas informaciones son esenciales para que, con la interpretación que cada interlocutor haga y la deliberación consecuente entre ellos, puedan llegar a decisiones conjuntas.

Está claro que la interpretación puede ser equivocada, y éste es un escollo que hay que prever. Los que están con una persona en estado grave, profesionales o no, suelen tener que interpretar lo que tan sólo se les muestra veladamente. Es lógico y útil que interpreten lo que ven y al hacerlo demuestran, de hecho, un interés que se agradece: «Me parece que entiendo lo que quiere.» Pero la interpretación, por sí sola, puede conducir a un paternalismo disfrazado porque fácilmente la podemos teñir de nuestros propios valores. Para llegar a una actuación honesta, tenemos que verificar que no nos equivocamos. Por poner un ejemplo, podemos interpretar el frecuente «Ayudadme, estoy cansado» que una persona dice cerca de la agonía como la demanda de una sedación definitiva, y puede serlo; pero hay que asegurarse. La interpretación debe servir para preguntárnoslo y para preguntarlo; no para creer que sabemos lo que sólo adivinamos. Es bueno dudar de ello y querer saber más; así podemos descubrir, por ejemplo, que es verdad lo que dice, pero que, antes que nada, quiere esperar la llegada de su hija.

La persona enferma también puede interpretar de forma sesgada la información que recibe, leyéndola a la luz de esperanzas o deseos más o menos realistas. De ahí que sea prudente preguntarse qué es lo que ha entendido. Este

173

deber de investigación puede ayudar a mirar qué hay detrás de una toma de postura que nos resulta sorprendente. Hay que saber buscar entonces algún malentendido o algún valor o interés oculto que pueda explicarla.

Esta búsqueda del «valor oculto» es esencial si nos tomamos la autonomía en serio. A menudo está oculto no porque el paciente lo quiera esconder, sino porque no lo conoce aún, porque no se ha puesto todavía en contacto con él. La indagación nos puede ayudar a encontrar puntos de contacto y posibilidades de pacto que parecían difíciles en un primer momento. Querer ingresar en un hospital puede ser debido al miedo a no poder controlar el dolor en casa o al miedo a ser una carga para la familia; y saber cuál de estos dos motivos es el real y está detrás de la demanda nos permite diferenciar los argumentos y reconducir el análisis y el diálogo con más sosiego. ¿Por qué defiende esta postura? Si entendemos la autonomía personal como la participación de un mundo, no sólo tendremos que respetar la parte que se ha manifestado de él, la que es visible del iceberg, sino que también debemos tener curiosidad y respeto por aquello que queda sumergido pero que también existe y puede explicar muchas cosas. Deberemos estar dispuestos entonces a profundizar y sumergirnos para aumentar nuestra comprensión, facilitar el trabajo de deliberación y ayudar a corregir malentendidos.

Por otro lado, hay que recordar que a menudo las personas revisan sus preferencias. De hecho, poder cambiarlas es inherente a la libertad. Por tanto, en algún momento debemos brindar esta oportunidad, lo que implica un manejo cuidadoso y honesto del lenguaje, sabiendo que, aunque a veces sea confuso, es el medio que nos permite intercambiar ideas, e incluso el que mejor facilita el pensar. Sin verbalización suficiente, una persona puede quedar prisionera de una idea equívoca que mantiene sin saber demasiado por qué; quizá la adoptó miméticamente del entorno, o es fruto de un capricho irreflexivo, de una percepción errónea o de un tabú poco analizado; es decir, puede constituir una opinión poco sólida. Por lo tanto, la insistencia en revisar los aspectos racionales y los irracionales es muy aconsejable para no cometer errores. Porque lo sería hacer caso de lo que se dijo pero no era lo que se quería decir.

Un ejemplo entre muchos: una mujer de ochenta y seis años presentaba una oclusión intestinal alta y completa de tres días de evolución; por lo tanto, grave. La anamnesis, la exploración física y radiológica hacían pensar en una oclusión por brida; por lo tanto, benigna. Ante la evolución y el estado de deterioro de la enferma, se le indicó una intervención quirúrgica de urgencia. Pero la mujer se negó a ella alegando que, a su edad, consideraba que una «operación» era una actuación desmesurada y que aceptaba que hubiera llegado «su hora». Siempre que algún conocido de su misma edad era intervenido quirúrgicamente, por cualquier causa, proclamaba que era absurdo dejarse operar a una edad tan avanzada; y se reafirmó en esta idea a pesar del intento de mostrarle que la propuesta era vital, de poco riesgo y seguramente eficaz. Hasta que, al fin, aceptó el siguiente planteamiento: «Déjeme mirar qué le ocurre y arreglarlo si lo puedo hacer con poco esfuerzo, pues así lo creo; salvo que, para mirar y poder actuar, tengo que hacerle un corte; y, para que no le duela, deben anestesiarla un rato.» Contestó: «Bien, si es sólo eso, de acuerdo.» La enferma sólo estuvo dispuesta a salir de su enroque cuando vio el esfuerzo por cambiar el lenguaje hacia un terreno que le resultara aceptable: no hablar de «operación» y no tener que desdecirse de lo que había defendido en los últi-

175

mos tiempos. El lenguaje también es importante. Podemos preguntarnos: ¿habría sido más respetuoso aceptar sin más lo que decía de entrada?, ¿deberíamos rechazar la segunda propuesta porque, a ciencia cierta, viene a plantear lo mismo?, ¿no resultó más razonable explorar si había algún puente de entendimiento? Creí entonces y creo ahora que no haberlo intentado habría sido una dimisión de lo que se espera de todo aquel que quiere ayudar a un enfermo en una situación comprometida.

Ejemplos como éste, en los que la persuasión resulta efectiva, no son raros. El enfermo puede agradecer el esfuerzo para ir algo más allá de lo que se ha formulado hasta entonces, y para «perder tiempo» en modular mejor el diálogo. Y debemos recordar que algún argumento sobreañadido puede tener a veces un peso decisivo y difícil de sospechar de antemano. Por lo tanto, profesionales y familiares tenemos que estar dispuestos en casos difíciles a llegar más al fondo, siempre que se nos permita hacerlo, y aplazar entonces el pacto y la decisión.

LOS REQUISITOS DE LA VOLUNTAD

Está claro que finalmente, tras haber intentado persuadir con nuestras razones, debemos estar dispuestos a aceptar la voluntad del enfermo (o de su representante) cuando vemos que es genuina y sólida. Si lo es, debe ser respetada si la persona es lo bastante libre, capaz para tomar en ese momento esa decisión y ha sido informada para hacerlo. Éstos son los tres requisitos del consentimiento informado. Son los que, por ejemplo, permiten tener que respetar la negativa de un enfermo a una actuación clínica vital. Los analizaremos ahora someramente sin obviar su dificultad práctica.

El primer requisito es el de la libertad. La persona tiene que ser libre para decidir; esto es, no debe estar coaccionada ni manipulada para ello. No es fácil: el miedo ya es, por sí mismo, coactivo, como lo es el dolor, como lo es el espanto ante la muerte. Una persona con dolor puede aceptar cualquier cosa. Por tanto, en primer lugar, deberemos disminuir estos obstáculos si queremos aumentar su libertad de decisión.

También resulta difícil evitar toda influencia hegemónica, como puede ser la de los profesionales o de los familiares del entorno, a la sombra de la cual puede parecer que se acepta libremente lo que los demás inducen a aceptar. Hay que recordar la presión latente, quizá no consciente, de los cuidadores. Porque contradecir a un hijo o a su médico puede hacer incurrir al enfermo en un riesgo para él importante, el de perder su aprecio, algo que no quiere nadie. Tenemos que ser pues cuidadosos ante esta realidad. De hecho, es legítima, como hemos visto, y a veces obligada, cierta persuasión, sobre todo cuando se cree que la persona no escoge, a nuestro criterio, lo que es mejor para ella. Pero debemos desconfiar cuando alguien acaba aceptando lo que primero no quería –la anciana de antes–, o cuando delega la información o la decisión: «¿Seguro que lo acepta? Piénselo bien otra vez, volveré dentro de un rato», «Sepa que puede decidir, que puede negarse a lo que no quiera, y que le cuidaremos igual».

Antes hemos visto que el mundo de vínculos afectivos es útil, y que la confianza en ellos da seguridad. La otra cara de la moneda es que la influencia a través de estos vínculos es más fácil, para bien y para mal. Una cosa es la persuasión razonable y asumir una delegación realmente voluntaria, y otra distinta es utilizar la influencia indebidamente sobre una persona vulnerable, aprovechando su miedo, ocultando unas alternativas o exagerando otros inconvenientes. El límite es legalmente borroso pero éticamente debería ser suficientemente claro.

Se tiene, pues, que querer detectar y minimizar la influencia excesiva del entorno aunque se alegue desde él la protección del enfermo. La profesional o institucional («Mire, lo siento pero "debemos" hacer esto o aquello por su bien»). O la de la familia, más paternalista que los profesionales la mayoría de las veces. Y pueden existir otras: por ejemplo, la de una religión o una comunidad que obliga a rechazar o a soportar un tratamiento, coaccionando con una estigmatización a quien no siga lo establecido. Pensemos que las comunidades (en principio, todas) pueden utilizar a la persona como instrumento para defender una idea general: por ejemplo, la de que «la desconexión o la sedación es un egoísmo intolerable»; o, a la inversa, la de que «vivir de ese modo no debería permitirse». Muchos moribundos son víctimas de las ideas de otros sobre cómo se debe morir.

En caso de que la situación ofrezca dudas de una influencia excesiva, se hace necesaria una entrevista a solas, confidencial, con suficiente tiempo y sosiego, para darle una opción al enfermo a que pueda decidir con más libertad.

La única forma de mitigar el poder que se ejerce –y todo el mundo puede tener mucho en algún momento– es ser consciente de que se tiene y no perder nunca de vista que se trata de conocer y tener en cuenta la voluntad del enfermo como límite que no se puede traspasar y como orientación para actuar.

Competencia o capacidad de hecho*

Está claro que para poder respetar la decisión de una persona, ésta tiene que ser capaz de tomarla. Este segundo requisito implica comprender su situación y la información que se tiene sobre ella, calibrar las consecuencias de lo que se decide, poder hacerlo según los propios valores, llegar a una preferencia y explicarla mínimamente.

Una dificultad evidente es la de adecuar el nivel que se pide en cada momento a la complejidad de la decisión que hay que tomar. Si sabemos que lo que se propone es muy eficaz, no exigiremos una gran competencia, o capacidad de hecho, para aceptarla, y en cambio sí mucha para rechazarla. Y, al contrario, se necesita demostrar una mayor competencia para aceptar una actuación de alto riesgo, poco conocida o de beneficio dudoso, o una que implica una información previa abundante y muy técnica. Con esta constatación de relatividad, James Drane describió una «escala móvil» para calibrar la que se precisa según la complejidad de la situación.[1] El concepto hizo fortuna, a pesar de que continúa siendo una asignatura pendiente la de establecer buenos criterios y estándares validados que nos ayuden a hacer frente a esta cuestión cuando surgen dudas, y a confeccionar protocolos adaptados a contextos distintos.

Hay que resaltar que cierta incompetencia, cierta incapacidad de hecho, para tomar una decisión en concreto

* Competencia es lo mismo que capacidad de hecho: es la capacidad intelectual y emocional de aquella persona en aquel momento para tomar aquella decisión en concreto. El Comité de Bioética de Cataluña decidió optar por el término «competencia» para referirse a esta situación clínica, y dejar el de «capacidad» sin más para la situación legal en que se puede ejercer. Incluso aceptó este matiz la Ley 21/2000 del Parlament, conocida como «ley de la autonomía del enfermo».

no quiere decir que sea así para todas ellas, ni para siempre. Un incapacitado legal puede tener un grado suficiente de competencia para muchas decisiones médicas que le incumben cuando está enfermo; y entonces puede ser considerado maduro y respetable en este supuesto y no en otros (mercantiles, patrimoniales, etcétera). Hay que huir, por tanto, de prejuicios y debemos esforzarnos en hacer un análisis personalizado y actualizado.

En principio, si no hay razones sólidas en contra, debe presuponerse que toda persona mayor de dieciséis años es competente para aceptar o rechazar una actuación clínica, tal como señala la ley actual. De dieciséis a dieciocho años, si la situación es grave, se deberá informar a los padres o tutores también, a pesar de que la decisión deba tomarla el propio enfermo.

El médico responsable es el único al que incumbe el diagnóstico de incompetencia o incapacidad de hecho. No así a los familiares, aunque a veces intenten hacerlo para evitar la información al enfermo o impedir su decisión incómoda (y aunque sea cierto que su opinión pueda ser una señal de alarma a tener en cuenta). El juicio sobre la competencia suele ser fácil la mayoría de las veces: hay situaciones claras para todos, tanto en un sentido como en otro. Pero algún caso puede ser más difícil y discutible; y cuando conlleva malentendidos, hay que extremar la prudencia. Se deben tener buenas razones antes de ir en contra de la voluntad de un paciente y, en principio, deberíamos comunicarle nuestro diagnóstico de incompetencia, de que no lo vemos en condiciones adecuadas para asumir esa decisión, y prevenirle de que la tomaremos con su representante.

Está claro que no conviene molestar a las personas que se hallan cerca de la muerte con exámenes de este y de ningún otro tipo. Por lo tanto, tendremos que reservar la evaluación de la capacidad a aquellas situaciones «en las que precisamente la muerte quedaría todavía lejos si no fuera por la decisión que está tomando el enfermo»: así es como lo aconseja prudentemente nuestro Comité de Bioética.[2] En estos casos, en los que la decisión traería una muerte prematura y evitable, sí conviene analizarlo para su seguridad. En concreto, sería recomendable proceder al análisis preciso cuando el enfermo rechaza un tratamiento vital que se sabe eficaz y no se entienden honestamente las razones de su rechazo, cuando pide una actuación demasiado arriesgada, cuando existe una enfermedad neurológica o psiquiátrica de base peligrosa en este aspecto, o cuando presenta un cambio repentino de su estado mental o de los valores que defendía.

Cuando se duda del diagnóstico de competencia, se recomienda una segunda opinión. La de enfermería acostumbra a ser de mucha utilidad en esta valoración; quizá la del psiquiatra en algún caso; y siempre es aconsejable también el aval de una instancia pluridisciplinaria con metodología racional y autoridad moral para hacerlo, como es el de un comité de ética.

Pero, además de la prudencia necesaria, hay que ayudar a aumentar la competencia cuando creemos que no es suficiente o cuando se va perdiendo. Es algo que puede hacerse cuidando y equilibrando la información, dando tiempo suficiente, evitando el malestar y el sufrimiento y haciendo más confortable el entorno; de manera que quien está ofuscado pueda llegar a sentirse más libre y mejor comprendido, incluso en su irracionalidad. Una persona deprimida puede ser incompetente en ese momento; lo mismo pasa si está demasiado turbada por el miedo, el dolor o la angustia; o si se encuentra bajo los efectos de una medicación, por ejemplo. Son todas ellas causas tratables en que la ayuda externa puede contribuir mucho a que la situación mejore.

Información adecuada

Finalmente, el tercer requisito para que una decisión sea válida es contar con información suficiente. Sin éste, los demás quedan vacíos de contenido. La persona tiene que estar bien informada para ser capaz de una mayor autodeterminación: para disponer de más competencia para calibrar lo que prefiere y de más fuerza para oponerse a las influencias del entorno.

Está claro también que, excediendo el límite de información que se desea o que se precisa para tomar la decisión –utilizando defensivamente la ley; de hecho, interpretándola mal–, podemos aumentar la angustia y el desconcierto innecesariamente, sobre todo al final de la vida. Podemos causar daño.

Lo importante, como resumen, es que la cantidad de información y la forma de darla se acomoden, en primer lugar, al talante y a las necesidades de cada cual; y después, a cada situación: por ejemplo, es distinto cuando se ofrece una actuación o cuando no existe este imperativo. Ya hemos hablado de este derecho en capítulos anteriores, del deber que de él se deriva y de algunos matices que hay que tener en cuenta.

Si los tres requisitos se cumplen, debemos considerar que la persona puede dar su consentimiento y, por tanto, también puede rechazar lo que se le propone.

182

EL DERECHO A RECHAZAR ACTUACIONES

El rechazo del enfermo a una actuación médica es un derecho reconocido, aun cuando la actuación pueda ser vital o importante para lo que se entiende como su calidad de vida. No se puede actuar sobre nadie sin su consentimiento previo, y así lo dice la ley actual. No respetar esto, alegando que la situación es demasiado grave, sería precisamente dejar gravemente en entredicho la libertad de la persona y relegar el consentimiento informado a los casos banales y postergables.

De hecho, se trata de un derecho fundamental de quien va a morir; y debería conocerse mucho mejor, porque es una garantía para evitar situaciones que no se desean o, si ésta es la voluntad, detener las que se hayan iniciado.

Cualquier situación no es mejor que la muerte; y hay que respetar esta ponderación, distinta de una a otra persona, aunque no la compartamos. Con ello se pone realmente a prueba el respeto a la autonomía de las personas y queda al descubierto la escala de valores del familiar, del cuidador o del profesional.

Enseguida aparece la tentación de considerar que la persona que rechaza lo que es común no es competente, y de suponer que la decisión que toma es irracional. Pero es preciso aceptar que tomar una decisión comprometida y para nosotros equivocada no es un signo inequívoco de incompetencia, aunque tengamos que investigarlo si nos resulta demasiado sorprendente. La racionalidad de una decisión no puede calibrarse solamente por su resultado, sino por la manera de llegar a él. Así, puede resultar poco razonable para los demás que alguien no admita un tratamiento concreto que le salvaría o aliviaría, pero puede ser «racional» su rechazo si lo basa en creencias, valores o costumbres que estima, si la decisión es coherente con lo que ha sido y es importante en su vida, y si la toma después de ponderar las consecuencias reales que tiene ante sí.

Es cierto que resulta a veces difícil admitir discrepancias tan hondas entre médico y enfermo, enfermo y familia o familia y médico. Resulta doloroso no coincidir en las decisiones que hay que tomar, o a veces ni tan siquiera en la forma de tomarlas.[3] Pero estas dificultades no pueden impedir que una persona adulta, libre y competente pueda decir «no» cuando la propuesta que se le hace no le interesa. No es un problema de conciencia de los demás el respetárselo o no, es un deber éticamente definido y que la ley, por su cuenta, nos impone ya. No se puede recurrir a una pretendida «objeción de conciencia» del profesional, ni de los familiares, para imponer una actuación a quien no la quiera, aunque sea para alargarle la vida, o incluso salvársela. La «objeción de conciencia» se refiere a no verse obligado a actuar sobre una persona cuando la actuación que pide se cree maleficente, contraindicada; pero no a la inversa: no permite actuar sobre alguien cuando creemos que se equivoca. La distinción debe quedar clara.*

En caso de la negativa de un ciudadano a una actuación sobre él, no hay ningún deber de actuación ni tampoco ningún derecho a hacerla. No se puede alegar un «estado de necesidad» para actuar, porque es la persona necesitada la que en principio define su necesidad; ni puede alegarse una «obligación de auxilio», porque el auxilio que se pro-

* Con la discusión de los proyectos de ley sobre «muerte digna» se ha constatado un intento de introducir la posibilidad de «objeción de conciencia» del profesional cuando el enfermo rechaza según qué actuación. Se trata de una postura ideológica que pone en peligro el derecho a la libertad y la autonomía conseguidos estos últimos tiempos por los ciudadanos ante la enfermedad.

pone se le ha brindado y no ha sido aceptado. Al mismo tiempo, tampoco existe un derecho a hacerlo, porque precisamente con ello vulneraríamos derechos fundamentales del ciudadano, como son los de la libertad de movimientos, de elección, la integridad física y moral y no sufrir ningún trato degradante. Por todo esto, la actuación, en caso de negativa, no es aceptable ni ética ni legalmente. Y por el mismo razonamiento ético y legal, este respeto no puede considerarse un «auxilio al suicidio», porque nuestra abstención no es más que la obligación de respeto, de no vulnerar la integridad y la libertad de elección de alguien que, de hecho, permite que la muerte llegue a él sin ponerle obstáculos.

Los actuales derechos han venido a cambiar muchas cosas. Por ejemplo, la aplicación correcta del consentimiento informado, con las consecuencias que estamos viendo, ha venido a desterrar el viejo concepto «de eutanasia pasiva», del que hace poco se hablaba cuando la persona rechazaba una actuación, y ya no se habla de «eutanasia» más que para la activa y directa. Es algo que veremos en el capítulo final más detenidamente.

La misma consideración tiene la suspensión de un tratamiento no querido. Con la petición de detenerlo no se pide nada más que no continuar una actuación sobre uno mismo porque ya no se tolera más. Hay que respetar la voluntad de no aceptar por más tiempo la ayuda recibida, porque a partir de entonces se convertiría en una imposición, en una invasión. Y conviene recordar aquí que la alimentación, la hidratación y la respiración artificiales son actuaciones que pueden rechazarse por este mismo derecho.

Es cierto que parece más difícil detener una actuación que iniciarla, pero se trata de una dificultad de cariz psicológico que, si bien debe ser reconocida, conviene poner en su lugar. Este tema se ha desarrollado en el trabajo *Recomendaciones del Comité de Bioética de Cataluña ante el rechazo de los enfermos al tratamiento*[4] en el que se nos recuerda que:

> Se entiende que, en la retirada de tratamientos vitales, la muerte que sigue es debida a la enfermedad de base que a partir de entonces actuará sin traba; y que con la actuación de retirada sólo se permite que la muerte llegue. Se tiene que distinguir claramente de la eutanasia que provoca la muerte por una acción directa y con este objetivo [...] Ahora bien, el hecho de que la retirada de tratamientos de apoyo vital requiera una actuación profesional, a veces puede dar lugar a grandes escrúpulos, sobre todo cuando se sabe que la muerte seguirá a la acción de forma inmediata, tal como pasa con la retirada del respirador mecánico. Este escrúpulo mayor, de cariz psicológico, ante la retirada de tratamiento puede ser explicable en algún caso límite. Pero no puede generalizarse a todo rechazo del enfermo a un tratamiento cuando la enfermedad le llevaría a la muerte sin la ayuda del apoyo que él ya no quiere y que el profesional, por lo tanto, debe retirar. Una pretendida «objeción de conciencia» en contra de toda retirada de tratamientos vitales no aceptados nos llevaría a la vulneración del espíritu y la letra del consentimiento informado, base del respeto a los ciudadanos enfermos que van a morir.

Y añade el mismo texto: «El escrúpulo de los profesionales nunca puede implicar el abandono de estos enfermos ni que se deje de cumplir su legítima demanda de interrumpir el tratamiento que no se quiere; por lo tanto, el profesional reticente debe buscar otros compañeros dispuestos para respetar finalmente esa opción.»

Es decir, es comprensible la reticencia personal frente a lo que podría considerarse aparentemente una actuación sobre el enfermo. Puede ser respetada en algún caso, siempre que esta reticencia no implique la continuación de lo que se rechaza, pues ello sí constituiría entonces una actuación real sobre un ciudadano en contra de su voluntad. Por ejemplo, en el caso de la señora Echevarría, de Granada, que el año 2008 quiso interrumpir la respiración asistida que la mantenía, se tuvo que cumplir su voluntad a pesar de que el centro en que ella estaba manifestó escrúpulos para que se hiciera. En aquel caso quedó claro que retirar el respirador era precisamente dejar de hacer una actuación sobre la enferma que ella había rechazado claramente.

En resumen, la voluntad de la persona es un límite nítido a nuestras actuaciones y a nuestras buenas intenciones. No podemos pasar por encima de ella. No podemos actuar sin preguntar cuál es su voluntad ni, menos todavía, actuar en su contra sin razones muy fuertes. Y estas razones sólo pueden venir de que exista constancia de la falta de alguno de los requisitos que sustentan la autonomía: libertad suficiente, competencia o información. No pueden venir, en cambio, de la gravedad de la situación, de la bondad de nuestra intención, ni de nuestros escrúpulos de conciencia.

LA DEMANDA DE ACTUACIÓN

Otra cosa ocurre cuando una persona pide realmente someterse a una actuación. Hay que diferenciar su demanda de su respuesta a una indicación nuestra.

La demanda de actuación debe escucharse y analizarse, y puede comprenderse, aunque no siempre puede seguirse del todo. Ya hemos dicho que la teoría del consentimiento informado no permite que impongamos actuaciones, pero no implica tampoco una «medicina a la carta». Esto requiere alguna matización.

Evidentemente, la expresión de una enfermedad, de un malestar, de un síntoma cualquiera, por ejemplo de dolor, ya conlleva en sí misma una demanda de ayuda para que actuemos, algo que no es necesario explicitar mucho más y que, en principio, hay que atender. Por lo tanto, es legítima la demanda, y obligatoria nuestra respuesta, para atenderla frente a enfermedades, déficits, dependencias o trastornos reconocidos. Pero no es lo mismo cuando la demanda no se corresponde con los criterios de indicación, de equidad y de posibilidades del entorno. Digamos que hay que hacer lo que se pide si está indicado; y que, en cambio, no se puede hacer lo que está contraindicado en ese caso. Y debe quedar claro que estos ámbitos, de lo indicado y de lo que no lo está, vienen definidos por criterios profesionales o sociales que no son arbitrarios.

Es decir, una demanda de actuación obliga a actuar si así está previsto en un caso como ése, y no permite actuar cuando está establecido que produciríamos un daño con la actuación que se pide.

Pero hay que admitir enseguida que hay un abanico bastante amplio de demandas intermedias, que no están claramente contraindicadas pero que tampoco responden a una práctica lo bastante consensuada como para imponerse por sí mismas. Estas demandas se pueden satisfacer aunque no haya un deber tajante de hacerlo. Depende de la ponderación que haga quien tenga que actuar, de que sopese si la actuación sería o no razonable en ese caso para el bien del enfermo. Y se necesitará finalmente el acuerdo de las partes: por un lado, del enfermo que la pide, y por el otro, de quien deba hacerla, del profesional cuando se trate de una actuación médica, o del acompañante si la petición se dirige a él. Por ejemplo, el enfermo puede pedir un tratamiento innovador y arriesgado, y puede que el médico acceda a correr ese riesgo con él o no. Del mismo modo puede pedir quedarse en casa bajo el cuidado de los hijos, a pesar de necesitar oxígeno y un tratamiento endovenoso. Es legítimo formular estas peticiones, y puede ser razonable atenderlas; pero también puede ser difícil hacerlo, por lo que tenemos que admitir la necesidad de un pacto. Cerca de la muerte no son raras situaciones como éstas, y por tanto conviene establecer buenas relaciones en las que se puedan tomar decisiones compartidas a veces comprometidas.

LA PLANIFICACIÓN DEL FUTURO

Si se está dispuesto a respetar a la persona en los últimos tramos de su vida y se pretende ayudarla a que pueda apropiarse de ellos, a hacerlos suyos, nada mejor que intentar planificar con ella las decisiones que es posible que deban tomarse.

«El objetivo es ponerse de acuerdo sobre actuaciones (indicaciones terapéuticas, sedación, traslados, ubicación) y sobre límites. Esto supone una deliberación sobre las posibilidades y, a la vez, sobre los deseos, preferencias y valores de la persona enferma. De hecho, este tipo de planificación pactada es indispensable para llegar a una formalización correcta de cualquier consentimiento informado o documento de voluntades anticipadas.»

Es lo que se conoce como «plan anticipado de cuidados (PAC)»,[5] muy utilizado por los profesionales que deben habitualmente tratar estos enfermos. Conviene cono-

189

cer también a las personas de su alrededor, puesto que ellas pueden inducir y ayudar a llevar a buen término este tipo de diálogo tan útil para la previsión.

No puede esperarse con él llegar a acuerdos acabados y perfectos, y menos en poco tiempo. Dada la complejidad de estos asuntos –no tan sólo debido a la evolución de la enfermedad, sino también a la variabilidad del estado emocional de las personas–, a pesar de que desde fuera puedan verse los acuerdos como precarios, no quiere decir que no sean útiles para quienes han participado en su diseño y para quienes los aplicarán.

Con una deliberación de este tipo se pretende, en primer lugar, que cada cual conozca lo que no sabe: posibilidades, límites, disponibilidad, orientaciones. Y, por otro lado, que la persona que está cerca de la muerte acepte poco a poco que tarde o temprano puede perder la lucidez, su capacidad de gestionar los asuntos, y quedar, por lo tanto, a merced de los demás. La ayuda pasa por evocarle esta posibilidad y suscitar en ella su deseo de influir mientras todavía le sea factible.

La ley contempla que cuando se presente esta situación tan común, las decisiones concretas se tomen «por representación», es decir, por alguien que represente los intereses del enfermo. Si no ha dicho nada, los familiares deberán ser quienes lo hagan, empezando por los más cercanos. Pero, ante todo, se tendrán en cuenta las voluntades del enfermo si las expresó con anterioridad y en previsión. Como dice el Convenio del Consejo de Europa «Relativo a los Derechos Humanos y la Biomedicina», vigente desde el 1 de enero del 2000 en nuestro país, «se tendrán en cuenta los deseos expresados anteriormente respecto a una intervención médica por una persona que, en el momento de la intervención, no esté en situación de expresar su voluntad»;[6] donde «intervención» se refiere a toda actuación que debería llevarse a cabo para el cuidado de su salud, no solamente la quirúrgica o la prescrita por un médico. Y este derecho, tan ligado al de la libertad personal para dirigir la propia vida, es el fundamento de toda previsión autónoma, sea verbal o escrita.

El plan anticipado de curas (PAC) que apuntábamos es un buen comienzo para hacerla y ayudar así a las personas en situaciones terminales. En principio, intenta favorecer su capacidad para decidir. Por lo tanto, la información tendría que ser la adecuada a la situación de su enfermedad y de su futura evolución. Si el enfermo no tiene una idea ajustada de la realidad, verá muy comprometida su capacidad de análisis y, por tanto, de decisión. Por ejemplo: aun sabiendo el diagnóstico inicial de enfermedad oncológica quizá no sepa que se encuentra ya en su fase más avanzada, y en este caso puede ser difícil que valore adecuadamente la propuesta de una sedación.

Vale la pena que en la deliberación para planificar actuaciones futuras se contemplen en algún momento los pasos siguientes:

1. Considerar las posibilidades terapéuticas: lo que nos dice el conocimiento sobre lo que se puede y estaría indicado hacer en una situación así; y, por el contrario, lo que estaría contraindicado; valorar la futilidad de algunas actuaciones para no proponerlas, o para prever y predecir su limitación futura; y consensuar los niveles de intensidad en el tratamiento y su posible variación.

2. Valorar aspectos de calidad de vida: tener en cuenta el estado funcional y la percepción subjetiva que de sí mismo tiene el enfermo, manifestada o, si no es posible, interpretada con suficientes garantías. Explorar los límites que señala el enfermo.

3. Valorar el grado de competencia del enfermo para tomar la decisión en curso. Para decir que no tiene competencia hay que poder argumentar que no hay capacidad de comprensión, de elección o de expresión. Entonces deberá sustituirlo el representante o la familia, que conviene tener identificados y que participen al máximo en el proceso. Conviene también sopesar la voluntariedad, detectando posibles influencias inadecuadas e intentar minimizarlas.

4. Si este último punto no presenta problemas, hay que ver cómo conjuntar el primero con el segundo; es decir, lo posible con lo deseado, lo que se ofrece con lo que se pide.

5. Deben conocerse los límites legales y los posibles problemas de equidad en su aplicación. Una posible consulta a un comité de ética puede ser útil.

6. Finalmente, conviene hacer un registro documental —en la historia clínica, por ejemplo— del proceso seguido con las conclusiones a las que se haya llegado y con la identificación de las personas que hayan participado en él. Y hay que pensar en continuarlo con el seguimiento de las previsiones hechas, las variaciones acaecidas y las cuestiones técnicas o éticas que se planteen.

En algún caso, cuando algún límite o demanda expresados por el enfermo puedan suponer actuaciones discutibles, cuando haya discrepancias familiares o, simplemente, cuando la persona vaya a quedar más tranquila con una expresión más clara y personal de su voluntad, puede resultar oportuno pensar en elaborar un documento de «voluntades anticipadas» o «instrucciones previas», tal como lo permite la legislación actual. Pero esta posibilidad no debería llevarnos al extremo de creer que ésta es la única posibilidad de respetar una voluntad manifestada con anterioridad. Si se cumplen las premisas esperadas, es decir, si la relación clínica es satisfactoria y la familia es mínimamente cohesionada y cercana, la «voluntad anticipada» puede manifestarse oralmente en el proceso de deliberación previo, en un «plan anticipado de cuidados» más o menos formal. Y no es raro que se haga así. De hecho, los médicos y las familias lo han hecho toda la vida. «Doctor, no me lleven al hospital en caso de que me vuelva a pasar esto»; y le hemos contestado: «No se preocupe, ya lo sé; y sus hijos lo saben también.» Y se ha cumplido.

Debe entenderse que, cuando sobreviene la pérdida de la conciencia, la decisión autónoma expresada anteriormente se prolonga «en la vida después de la razón».[7] Precisamente, así lo entendió el Tribunal Supremo de Justicia para Nancy Cruzan,[8] como veremos; y así lo entiende el excelente Appleton International Conference cuando recuerda que el médico tiene el deber de respetar la voluntad oral del enfermo si la conoce.[9] Conviene no caer en la obsesión legalista y defensiva de pensar que un documento escrito será más claro que un diálogo mantenido con el paciente o que para actuar respetuosamente se necesite un documento formalizado. Insistiremos en esto en el capítulo siguiente.

De una manera u otra, pensar y hablar sobre el futuro y sobre la evolución hacia la muerte resulta, en principio, positivo. No todo el mundo lo puede hacer (y está claro que no se debe imponer), pero es una ayuda que hay que considerar.

En primer lugar, es positivo para el enfermo. Le da sosiego haberse expresado y haber sido escuchado. Le aumenta la sensación de seguridad de que se le respetará mejor. Pero además de esta esperanza realista que tan útil es para el proceso de preparación, lo pone en contacto con una capacidad autónoma, que quizá descubra entonces y que puede resultarle emancipadora. Como veíamos en el capítulo tercero, es posible que pueda así ligar mejor lo que es y ha sido con lo que quiere continuar siendo hasta el final, pues le ayuda a apropiarse mejor del proceso que está viviendo, a controlarlo más.

En segundo lugar, para los familiares y los profesionales que quieren ser respetuosos con esa persona, es de gran ayuda este tipo de deliberación, porque les da un conocimiento real (no tan sólo más o menos bien interpretado) de cuál es la voluntad y los límites que hay que respetar. Además, aporta razones de peso para actuar de una determinada forma y poder responder después de lo que se ha hecho. Les da seguridad.

En resumen, la ayuda que el enfermo necesita al final de su vida incluye la de poder conservar su capacidad de autorrealización y su influencia en el entorno. Así debe entenderse el respeto a la vida humana, no por el simple latido biológico que hay en ella, sino con el miramiento que merece la empresa individual que se ha ido forjando y que quiere ser respetada hasta el final. Hay que ver esta última como un esfuerzo que sigue tozudamente un proyecto que quiere continuar siendo; «que, en tanto que es, quiere perseverar en su ser», como diría Spinoza,[10] para completarse a su manera. Y esto implica que los demás pongamos las condiciones para que esta potencialidad, que cada cual tiene en mayor o menor grado, pueda desarrollarse al máximo, sobre todo ante las dificultades.

No se trata, por lo tanto, de esperar a que se manifieste claramente una autonomía ideal para que ésta deba ser respetada, sino de ayudar al enfermo en su trabajo personal para completarla y para que pueda definirla y así la humanice al máximo. Se trata de ayudarle en este verdadero «proceso de autonomización».[11] Y la ayuda pasa por prever con él lo que va a venir con cierta complicidad. Es un esfuerzo que nos va a humanizar a nosotros también.

Para conseguir esta sintonía, el mejor oído es el que resulta de una relación amistosa. La amistad debería presidir los mejores momentos de la vida, y es importante (es útil) en estos momentos finales. Cuando repasemos las muertes a las que creemos que se ha ayudado de una manera más apropiada, siempre encontraremos presente este rico ingrediente. Sobre todo, claro está, por parte de los allegados. No reclamo de los profesionales que entablen una amistad íntima con el enfermo; sería absurdo. Pero pueden contribuir a la calidez que éste necesita si dan un paso decidido hacia esa relación amable, cordial y amigable, que veíamos en el capítulo anterior y que comporta una mirada humanitaria que vaya más allá de la que sería estrictamente rutinaria y técnica; si adoptan, en suma, una actitud hospitalaria.

NOTAS

1. J. Drane. «Las múltiples caras de la competencia.» En Azucena Couceiro (ed.), *Ética para clínicos*. Triacastela. Madrid, 1999. Págs. 163-176.

2. Comité de Bioética de Cataluña. *Recomendaciones a los profesionales sanitarios para la atención a los enfermos al final de la vida.* Fundació Víctor Grífols i Lucas. Barcelona, 2010. http://comitebioetica.files.wordpress.com/2012/02/cbcfividaes.pdf.

3. A. Coulter. «Patients' views of a good doctor». *British Medical Journal,* 2002, n.º 325. Págs. 668-669.

4. *Recomendaciones del Comité de Bioética de Cataluña ante el rechazo del enfermo al tratamiento.* Barcelona, 2010. http://cbccat.files.wordpress.com/2012/10/rechazo_tratamiento1.pdf.

5. Comité de Bioética de Cataluña. *Recomendaciones a los profesionales sanitarios para la atención a los enfermos al final de la vida.* Fundació Víctor Grífols i Lucas. Barcelona, 2010. http://comitebioetica.files.wordpress.com/2012/02/cbcfividaes.pdf. Capítulo 5.1.

6. Consejo de Europa. Convenio relativo a la protección de los Derechos Humanos y la dignidad del ser humano con respecto a la biología y la medicina. Asociación de Bioética Fundamental y Clínica. Madrid, 1976.

7. R. Dworkin. *El dominio de la vida.* Ariel. Barcelona, 1994. Pág. 285.

8. F. Abel. «Estado vegetativo persistente. Nancy Cruzan y las cautelas en el pronóstico». *Labor Hospitalaria.* 1991, n.º 221. Págs. 212-251.

9. J. M. Stanley. Appelton International Conference. «Developing guidelines for decisions to forgo life-prolonging treatment». *Journal of Medical Ethics.* 1992, n.º 18 (supl.). Págs. 1-23.

10. B. Spinoza. *Ética demostrada según el orden matemático.* Parte III, proposición 6. Trotta. Madrid, 2000. Pág. 132.

11. A. Comte-Sponville. *Diccionario filosófico.* «Autonomía». Paidós. Barcelona, 2003. Pág. 74.

7. EL DOCUMENTO DE VOLUNTADES E INSTRUCCIONES, O TESTAMENTO VITAL

Poder confiar en que se respetará nuestra voluntad es importantísimo para acercarse al final con más tranquilidad. Posibilita un cuidado personalizado y permite evitar una de las preocupaciones de hoy en día: las actuaciones no deseadas. Pero el problema se plantea cuando la capacidad para expresar la voluntad ya se ha perdido a causa de la evolución de la enfermedad. Es una situación frecuente que conviene prever, porque entonces uno queda a merced de las decisiones de los demás, del médico o de los familiares, con el peligro de que los propios deseos queden relegados. Por eso es tan importante darlos a conocer de antemano. En este capítulo tratamos de la ayuda que proporciona para ello un documento de voluntades anticipadas, como se le conoce en Cataluña, o de instrucciones previas que es como se le llamó después en la ley estatal.

DECIDIRSE POR UN DOCUMENTO

Es cierto que sin ningún documento también debe esperarse que se respeten las preferencias personales. De he-

197

cho, la sociedad continúa valorando la confianza entre el enfermo y su médico y, al mismo tiempo, confía en el papel de la familia, más flexible y adaptable a las situaciones imprevistas que cualquier documento («Ellos sabrán qué hacer»). Quizá esta confianza en el entorno, junto a la propia dificultad para anticipar situaciones y saber lo que realmente se quiere, es lo que explica la gran diferencia entre el pequeño número de los que acaban redactando un documento y la gran mayoría de los que no lo hacen a pesar de defender teóricamente su pertinencia. Hay que tener en cuenta, además, la reticencia a hablar de estos asuntos y a ponerse en contacto con algo en lo que no se quiere ni pensar, como es la propia muerte. A algunos incluso puede parecerles que se la llama o convoca al imaginar un documento de estas características.

A pesar de todo, otros pueden sentirse más seguros redactándolo, y su número va en aumento. Primero, porque quizá tengan miedo, dada la formación de los profesionales y su hábito de «luchar hasta el final», a que se utilicen las posibilidades portentosas de que disponen para mantener vidas biológicas más allá de lo que conviene. Es decir, hay gente que no quiere que, aun cuando se haya perdido la conciencia, el único límite que se atienda sea el puramente técnico, el de «no poder hacer nada más»; porque para algunos eso quedaría demasiado lejos. Pueden considerar, además, que las condiciones futuras pueden no ser tan buenas como sería deseable: pueden encontrarse con un profesional desconocido y con los familiares ausentes, por ejemplo; con lo cual puede suceder que nadie del entorno tenga suficiente conocimiento sobre su manera de ver estas cosas.

También hay quien considera que la familia no siempre es una garantía. Es verdad que, en principio, la familia conoce a la persona y acostumbra a defenderla. Pero a veces puede verse influenciada por sus propios sentimientos de angustia, inseguridad o pena, y, debido a ellos, aceptar, cuando llega la hora, esfuerzos rutinarios para tranquilizar la conciencia al hacer «todo lo posible». No se puede pasar por alto el hecho tan corriente, ya apuntado, de que a muchos familiares les resulte sumamente penoso tomar la decisión de no empezar o de interrumpir un tratamiento por miedo a la culpa que pueden llegar a sentir o a la opinión de los demás.

No es raro tampoco que la misma persona afectada sea víctima de lo que ella misma representa para los demás. Así, a unos familiares puede pesarles tanto la desaparición del anciano y, con él, de los lazos de unión que aglutinaba, que se vean tentados a mantenerlo con vida más allá de lo razonable. Es algo que hemos visto en el caso de «personas públicas», víctimas del símbolo que encarnaban.

Sea por una razón u otra, si no hay documento, a los miembros del entorno les puede resultar más cómodo —sean familiares o profesionales— continuar haciendo lo que es común y no plantearse la posibilidad de parar. Recordemos que en nuestra cultura occidental la actuación está mejor considerada, en principio, que la pasividad; y en el mundo sanitario esto constituye un axioma general: se tiende a hacer si no hay argumentos sólidos para no hacer. Pues bien, el documento puede llegar a ser este argumento sólido que nos salve: que facilite considerar el caso desde una perspectiva ajena a la rutina, que obligue a una reflexión y que descargue a los familiares de tener que ser ellos los que tomen estas decisiones tan delicadas.

Por ejemplo, si se tiene una instrucción muy clara *in mente* —y con más motivo si sale de lo habitual— es mejor darla a conocer; porque, cuanto más se conozca, más fácil será que se la respete. De hecho, algunas personas las tienen claras con mucha antelación. Un Testigo de Jehová, por ejemplo, tiene claro que nunca querrá recibir sangre, y prefiere que esto conste así. Incluso cuando confía en que alguien va a defender su opción debidamente, parece que el documento refuerce la obligación de respetarla, y lo que sí es seguro es que proporciona más tranquilidad a quien lo haga. La British Medical Association lo resume diciendo que las voluntades documentadas deben considerarse más estables y de mayor repercusión pública que la voluntad verbalmente expresada con anterioridad.[1]

Por todo ello, es recomendable redactar un documento donde se deje constancia de lo que se quiere, sobre todo en dos circunstancias clave: cuando se quiere influir en decisiones previsibles que son propias de un proceso patológico en el que se está inmerso y es conocido por el interesado, o bien cuando lo que se conoce es sólo una voluntad concreta, normalmente de limitación, válida para cualquier eventualidad aunque se vea lejos. En ambas circunstancias se pretende que la voz de ahora pueda estar presente en la deliberación futura y que pueda resultar en ella determinante.

MARCO LEGAL DEL DOCUMENTO

Con esta idea, en el año 1991 se promulgó en los Estados Unidos la Patients Self-Determination Act, a partir de la repercusión que tuvo el famoso caso de Nancy Cruzan, en cuyo juicio se había apuntado la conveniencia de contar con «una prueba clara y convincente» de la voluntad de la enferma en coma, antes de que, como pedía la familia, se la desconectase de una nutrición parenteral que

200

la mantenía con vida desde hacía años. Aquella ley instó, entre otras cosas, a que los centros sanitarios proporcionaran información escrita a sus usuarios sobre el derecho que éstos tenían a tomar decisiones, incluida la de no dar su consentimiento a las actuaciones indicadas, y a redactar, a tal efecto, un documento de «testamento vital».[2]

Con este precedente y el del Convenio del Consejo de Europa,[3] que también lo contemplaba, se reconoció entre nosotros la validez legal de un documento que diera la oportunidad de dejar este tipo de previsión por escrito. En la ley catalana del año 2000 se le dio el nombre de Documento de Voluntades Anticipadas (DVA), pero la posterior ley básica 41/2002, de «autonomía del paciente», prefirió renombrarlo como Documento de Instrucciones Previas (de ahora en adelante, DIP). Reproducimos textualmente el artículo 11 de esta última, que dice así:

Artículo 11. Instrucciones previas.

1. Por el documento de instrucciones previas, una persona mayor de edad, capaz y libre, manifiesta anticipadamente su voluntad, con objeto de que ésta se cumpla en el momento en que llegue a situaciones en cuyas circunstancias no sea capaz de expresarlos personalmente, sobre los cuidados y el tratamiento de su salud o, una vez llegado el fallecimiento, sobre el destino de su cuerpo o de los órganos del mismo. El otorgante del documento puede designar, además, un representante para que, llegado el caso, sirva como interlocutor suyo con el médico o el equipo sanitario para procurar el cumplimiento de las instrucciones previas.

2. Cada servicio de salud regulará el procedimiento adecuado para que, llegado el caso, se garantice el cumplimiento de las instrucciones previas de cada persona, que deberán constar siempre por escrito.

3. No serán aplicadas las instrucciones previas contrarias al ordenamiento jurídico, a la *lex artis,* ni las que no se correspondan con el supuesto de hecho que el interesado haya previsto en el momento de manifestarlas. En la historia clínica del paciente quedará constancia razonada de las anotaciones relacionadas con estas previsiones.

4. Las instrucciones previas podrán revocarse libremente en cualquier momento dejando constancia por escrito.

5. Con el fin de asegurar la eficacia en todo el territorio nacional de las instrucciones previas manifestadas por los pacientes y formalizadas de acuerdo con lo dispuesto en la legislación de las respectivas Comunidades Autónomas, se creará en el Ministerio de Sanidad y Consumo el Registro nacional de instrucciones previas que se regirá por las normas que reglamentariamente se determinen, previo acuerdo del Consejo Interterritorial del Sistema Nacional de Salud.[4]

En definitiva, se trata del documento que una persona aporta para poder influir con él en las decisiones que le afecten en el futuro, cuando ya no pueda hacerse cargo personalmente de ellas; certificando que en el momento en que lo redacta es adulta, no tiene coacción externa y todavía sabe lo que se hace. Está dirigido, en principio, al médico responsable, aunque interesa también a los que han de tomar parte en las decisiones sobre su salud.

Clásicamente, pueden contemplarse dos tipos de indicación anticipada. Por un lado, está la de hacer constar deseos o limitaciones personales: es lo que se conocía propiamente como «testamento vital» o, en inglés, *living will.* Por otro, la de nombrar o dar poderes a un representante para estos asuntos, con un *health care power of attorney.* Nuestro ordenamiento permite unir ambas posibilidades, tal como acabó haciéndose también en Estados Unidos con las *health care directives*.

Vemos que el apartado segundo del artículo de la ley básica que hemos reproducido remite a cada comunidad autónoma la regulación del procedimiento para validarlo. En Cataluña se había optado ya por estas dos opciones: a) ante notario; y en este supuesto, no hace falta la presencia de ningún testigos; o b) ante tres testigos mayores de edad de los cuales dos, como mínimo, no tienen que tener relación de parentesco hasta el segundo grado ni estar vinculados por relación patrimonial con el otorgante.[5]

PASOS PREVIOS

La finalidad que persigue el documento es que la voluntad quede expresada claramente. Por lo tanto, este objetivo tendría que pasar siempre por delante de cualquier formalismo: cuanto más claro sea lo que en él se dice, más eficaz será. Da lo mismo que utilice un lenguaje llano y personal; incluso puede ser mejor así. No debe buscarse un tono técnicamente «correcto». Hay personas que no acaban de redactarlo porque les frena pensar que tendrían que seguir una estructura precisa y desconocida o que deben emplear tecnicismos que les son ajenos. A otros les agobian los trámites. Y los hay a los que les parece que no tienen suficientemente claro lo que quieren. Saben, por ejemplo, que no desean morir como acaba de morir su madre y que hay situaciones a las que no quieren llegar, pero no se atreven a pensarlo en concreto o temen expresarlo mal. En resumen, son muchos los que creen que carecen de suficiente información: sobre el contenido que deben exponer, la forma que debería dársele y los pasos a seguir.

Sobre el contenido, es aconsejable hablar con un médico o algún otro profesional de la salud que sea de su confianza y que comprenda las razones y el alcance de lo que se pide. Hablar con él de los motivos del documento y de lo que se quiere reflejar en él tendría que ayudar a ajustar su redacción. Cuando menos, una vez hecho el borrador, puede ser pertinente pedir su opinión para mejorarlo. Ésta es la realidad que nos ha movido a redactar este capítulo.

No hay que concebir, en principio, el documento como un instrumento de desconfianza, como un acto de afirmación autónoma en contra de la imposición rutinaria y autoritaria de los profesionales. Cada día hay menos motivos para ello. Hoy existe una mayor sensibilidad y la expresión del enfermo ya se ve como una orientación útil. Lo más razonable es contemplar dicho documento como una herramienta de participación en unas decisiones, sean cercanas o lejanas, en las que la ayuda para tomarlas debe ser mutua. Es algo que resulta claro para los profesionales ante un proceso patológico conocido en el que se ve llegar una decisión difícil al final, como puede ser en una enfermedad crónica evolutiva: un cáncer, una arterioesclerosis, una nefropatía, un sida, etcétera. En estos casos, ya hemos visto que el documento debería ser la culminación de un proceso compartido de anticipación de cuidados y el fruto de una buena comunicación anterior.

También conviene compartir el proyecto con la gente más cercana: familiares, amigos, quizá incluso compañeros de algún colectivo al que se pertenece y con quienes se comparta una postura sobre el asunto. Algunos grupos, como los de la Muerte Digna o los Testigos de Jehová, estimulan y ayudan a hacer estos documentos. Hay que recordar que las personas más cercanas son probablemente las que tendrán que vivir las decisiones que se tomarán a partir de tales documentos y que posiblemente tengan que participar en su interpretación. Por lo tanto, conviene escuchar su opinión y, por poco que se pueda, buscar su complicidad. Sobre todo la de aquella persona que deba ejercer como representante: es imprescindible dialogar con ella a fondo, discutir razones y convencerla de lo que se persigue para que dé su apoyo a un proyecto en el que se le está involucrando.

Puede haber ayudas más «técnicas», por decirlo de alguna manera. Las unidades de atención al usuario de los centros pueden serlo. Al menos en Cataluña, están cada vez más preparadas para ejercerla, lo mismo que los notarios. De todas formas, la mejor ayuda será la de quien o bien está familiarizado con la decisión a tomar, o bien lo está con los valores que se quieren defender; y tales son, respectivamente, los profesionales y las personas cercanas. Centros y notarías tendrían que recomendar que no se olvidara su asesoramiento prioritario.

Finalmente, tiene que quedar claro que la decisión de redactar el documento es personal; por encima, y quizá en contra si hace falta, de la opinión de los demás.

CONFECCIÓN DEL DOCUMENTO

Lo mismo podemos decir con respecto al contenido: es totalmente libre y depende esencialmente de la singularidad de cada persona. Para ser válido no hace falta que tenga ningún formato especial ni ninguna expresión estándar. A pesar de todo, es cierto que a menudo se requiere alguna ayuda para redactarlo; y, con esta idea, hay modelos preparados. La diversidad social, con la pluralidad de opciones de vida que comporta, ha hecho que determinados colectivos propongan algunos en los que se reflejan los valores y las opciones que representan. Los hay de la Asociación por la Muerte Digna, de la Conferencia Episcopal, de los Colegios de Médicos, y otros. Su ventaja es la facilidad, sobre todo para quien es de su comunión. El peligro para quien no lo sea es el de encontrarse hasta cierto punto prisionero de fórmulas prediseñadas que no acaban de adecuarse a su personalidad, enfermedad o situación particular.

Desde el respeto que merecen estas iniciativas, el Comité de Bioética de Cataluña consideró adecuado presentar, como ayuda a cualquier ciudadano, un modelo que sirviera para que cada cual lo adaptara a su medida. Se trata de un marco que señala unos apartados que conviene rellenar y cómo hacerlo: quitando, añadiendo o cambiando lo que se insinúa en ellos a modo de ejemplo y según sea la voluntad de quien lo redacta.

Lo que sigue en este capítulo es el resumen de esta guía, pensado en aquel que quiera hacer un documento personalizado. La mostramos aquí someramente antes de pasar a los dos siguientes y últimos capítulos en que definiremos las actuaciones básicas de ayuda que cualquier enfermo espera encontrar al final de su vida, aparte de la compañía y el respeto por parte del entorno que ya hemos visto.

Así pues, a los que quieran redactar un documento de voluntades anticipadas o instrucciones previas (que de una u otra manera puede enunciarse, según la comunidad), les recomendamos francamente este modelo orientativo al que pueden acceder en: http://comitebioetica.cat/documents/index-alfabetic-de-documents/ o bien en http://www.gencat.cat/salut/depsalut/pdf/voluntats2.pdf.

Partes del documento

Se recomiendan unos apartados separados que, siguiendo un itinerario, den coherencia al conjunto. Es evidente que no hay que ser rígido y que pueden usarse todos ellos o sólo los que más interesen. Son los siguientes:

1. *Expresión de valores personales.* Es oportuno por de pronto mostrar aquellos valores personales que tendrían que orientar cualquier decisión que vaya a tomarse sobre uno mismo en el ámbito sanitario. Aunque su expresión acostumbra a resultar poco específica, precisamente por esto puede servir de ayuda en muchas situaciones distintas e influir en la elección entre intervenciones o tratamientos médicos imprevisibles. Por ejemplo, puede decirse «lo más importante para mí es no sufrir dolor», o bien «no es digna para mí una vida sin conciencia de mi entorno» o «sin posibilidades de relación con los demás», o «que me obligue a depender de los demás para las actividades fisiológicas elementales». Y se puede añadir, por ejemplo, «lo dicho más arriba lo valoro más que la prolongación de mi vida»; y «por lo tanto, no admito tratamientos que me lleven o me puedan llevar a estas situaciones aunque prolonguen mi vida biológica», y que «si hay una duda razonable sobre esto, prefiero que se opte por no administrarme dichos tratamientos; y, si se demuestra que me conducen a ello una vez instaurados, exijo que se me retiren».

Expresiones como éstas no resultan superfluas a la hora de la verdad, puesto que muestran una personalidad y una escala de valores que se quiere que se tengan en cuenta. Tienen la ventaja además de que, siendo genéricas, permiten manifestarse con mucha antelación, aunque obliguen quizá a un esfuerzo complementario para adaptarlas a lo que sobrevenga más tarde.

2. *Instrucciones concretas*. Son las que se refieren a situaciones sanitarias ya más definidas y en las que se quiere que se sigan unas instrucciones de aceptación o de rechazo más concretas sobre determinadas actuaciones médicas.

Normalmente, es más sencillo expresar estas instrucciones cuando se tiene información sobre la probable evolución de cierta patología y un conocimiento de las consecuencias que derivarían de las alternativas. Por ejemplo, cuando uno se sabe víctima de un proceso neurológico degenerativo, de un cáncer digestivo avanzado, de una cirrosis hepática..., se pueden especificar mejor algunas directrices. Pero también hay personas que quieren especificarlo a pesar de no saber si sufrirán concretamente eso, porque les da miedo esa situación (quizá la han visto sufrir a alguien) y quieren asegurarse de algún límite frente a ella.

Conviene empezar identificando la situación y la evolución o las complicaciones que se temen. «Sabiendo que sufro una enfermedad que me tiene que llevar a la demencia, cuando llegue a no conocer a mi hijo y a mi mujer de forma repetida e irreversible, y aunque no se me vea sufrir, no quiero que se alargue mi vida más de la cuenta. Por lo tanto, quiero que para entonces se respete mi voluntad actual.» Éste podría ser un comienzo adecuado para unas instrucciones. Una conocida enferma de ELA (forma de parálisis progresiva) abrió un amplio debate en Canadá al explicitar su horizonte de tolerancia al tratamiento en el momento en el que ya no pudiera abrazar a su hijo pequeño.

Después, conviene señalar las instrucciones y los límites que hay que aplicar en esa situación prevista y descrita o en otras similares. Es decir, conviene precisar los procedimientos y tratamientos médicos que se rechazan o que se desean en caso de encontrarse en ella. Siguiendo el ejemplo anterior, continuaríamos diciendo:

Si esto me ocurre (lo dicho más arriba sobre la demencia), NO ACEPTO que se me apliquen:
- ni procedimientos de alta complejidad, como son para mí:
  - la recuperación de una parada cardiorrespiratoria;
  - el ingreso en una UVI o en un centro especializado;
  - la intubación endotraquial y la ventilación mecánica;
  - la diálisis;
  - la cirugía, por cualquier proceso evolutivo o agudo (oclusión, etcétera);
  - la transfusión de sangre en caso de sangrado o anemia;
- ni procedimientos considerados habituales en la práctica clínica, como son:
  - los antibióticos en caso de infección (respiratoria, urinaria u otras);
  - las radiografías o analíticas para diagnosticar patologías o desequilibrios;
  - la hidratación endovenosa o subcutánea;
  - la alimentación enteral o parenteral.

Si por una causa u otra se hubiera empezado alguna actuación de éstas a pesar de lo que he dicho, o alguna que se pueda inferir como similar, exijo que no se continúe con ella y que se me RETIRE, y con ella todo lo que permite aplicarla: sonda, vía, etcétera.

Aun así, PIDO que se mantengan las medidas de higiene, de confort y, sobre todo, el tratamiento contra el dolor. Tanto es así que, si por seguir alguna de las limitaciones que exijo se derivara una situación de sufrimiento o malestar para mí, segura o posible, pido que se las acompañe de la SEDACIÓN pertinente para evitarlo.

Éste sería un ejemplo de gradación: primero se especifican las situaciones y después se detallan instrucciones acerca de ellas. Pueden ser muy variadas. No tan sólo son útiles las de límite, rechazo o negativa, sino también las de petición de actuación; y, dentro de éstas, las más habituales acostumbran a ser las de tratamiento contra el dolor y de sedación, de las que hablaremos en el capítulo siguiente.

Se puede simplificar el documento ligando estas instrucciones a lo que se decía en el apartado 1, más genérico. Por ejemplo: una vez señaladas las ideas de rechazo en situaciones generales como aquella de «encontrar indigno no poder llevar una vida mínimamente autónoma y de relación», se puede ya pasar a concretar «por lo tanto, en caso de ictus cerebral, si una de estas situaciones que no deseo resulta ser muy probable, no quiero que se me reanime ni trate su causa, porque prefiero morir».

Ya veremos, de todas maneras, que estas referencias que no se basan en una previsión cercana y conocida, pueden precisar más tarde una interpretación sobre el momento y su alcance, sobre todo si generan dudas a la hora de aplicarlas. Por esto mismo, conviene añadir al documento un tercer apartado en el que se prevea esta interpretación con el nombramiento de alguna persona de confianza que evite al máximo los errores.

3. *Nombramiento de un representante.* Es aconsejable que cualquier instrucción acabe pidiendo explícitamente que se consulte al representante del enfermo para analizar su

aplicación en un momento dado. Lo mejor es, pues, elegir uno, o a más de uno, y nombrarlos en la misma ocasión.

Representante es aquella persona que tiene que actuar, según dice la ley, como «interlocutor válido y necesario con el médico o el equipo sanitario», cuando el otorgante no pueda expresar su voluntad por sí mismo. Se trata, pues, de lo que podría denominarse un «apoderamiento», es decir la cesión personal de poderes que, en este caso, sería para las decisiones sanitarias y a fin de dar el consentimiento informado cuando sea prescriptivo recabarlo «por sustitución».

Son tan útiles la facilidades deparadas por este apartado que, aunque sólo sea para esto, hace recomendable el documento. En muchos casos, este nombramiento incluso podría hacerse validando un documento mínimo y simplificándolo sólo para este uso.

Sería imprescindible hacerlo preventivamente cuando la persona que queremos que nos acompañe, que reciba la información y defienda nuestro interés no sea la misma que de forma habitual –por ley o por costumbre– asumiría esta representación. Normalmente correspondería al cónyuge, después a los hijos y luego a los padres. Pero las estructuras familiares se han complicado mucho y es posible, por ejemplo, que quien comparta la vida actualmente no sea la que legalmente consta como cónyuge, con lo que existe el peligro de confusión y de un malestar que conviene evitar.

Pero, además, uno puede confiar más en un amigo con quien se comparten las ideas sobre estos asuntos del final de la vida, que en los familiares (a quienes por otra parte se les quiere mucho). O en un hijo pero no en todos. El hecho de aclararlo es pertinente. Se puede nombrar a más de uno, incluso con un orden de priorización entre ellos, para que puedan sustituirse si fuera preciso.

El representante es importante por muchas cuestiones que volveremos a ver en el capítulo siguiente. En primer lugar, a través de él, pueden matizarse mejor los deseos y las limitaciones expresadas en las otras partes del documento y que, en principio, no deben contradecirse. Pero, en segundo lugar, el representante también deberá manifestarse en aquellos otros aspectos no especificados en dicho documento, cuando se necesite su consentimiento informado en circunstancias no previstas. Por lo tanto, es aconsejable subrayar en el documento que se quiere que el representante actúe también en estos casos como sustituto o apoderado. Recordamos una vez más que se necesita el consentimiento para cualquier actuación y que, cuando el enfermo no puede manifestarse, dice la ley que hay que obtenerlo por sustitución.

No es superfluo especificar todo esto: «Nombro a mi amigo X –o hijo, o primo– para decidir sobre la aplicación de mi voluntad e instrucciones, y para que me sustituya a todos los efectos en las decisiones sanitarias que se presenten cuando yo ya no esté consciente. Él sabe cómo pienso sobre estos problemas. En el supuesto de que él no pueda ejercer esta representación, nombro como sustituto suyo a...»

El documento puede ir más lejos incluso con respecto a la sustitución y extenderla a la delegación en situaciones del final de la vida en las que, aunque quizá el enfermo no esté del todo incompetente, quiera dimitir del derecho a la información, evitar la conciencia sobre lo que ocurre y la participación en la decisión. «Al llegar al final de la vida querría no ser demasiado consciente de ello y que mi sedación se decidiera sin mi participación en ese momento.» Es ésta una desazón que muestra alguna gente obsesionada por el miedo al sufrimiento, gente que teme que el respeto a la autonomía, que ve creciendo a su alrededor, la obligue a una situación que no desearía para él y que es la de verse requerido a tomar estas decisiones en momentos así. Valora el derecho a la autonomía, y precisamente se acoge a él para reclamar lo que ahora dice: que se le ahorre lo que en principio ve más como un estorbo que como una ocasión. Es decir, quiere que en el documento (de voluntades anticipadas o instrucciones previas) conste esta precisa delegación anticipadamente.

El representante tendría que conocer bien, claro está, cuál es la voluntad del otorgante y hacerla suya al máximo. Por esta razón, importa tanto el diálogo previo. Ponerse a hacer un documento tendría que servir además, ya lo hemos dicho, para limar diferencias y consensuar y matizar límites. Pensamos que cuanta más confianza se deposite en el representante, menos precisas se requiere que sean las instrucciones –excepto que el rechazo o la demanda que se haga sean muy poco corrientes–. En nuestra cultura es también aconsejable que la familia conozca que existe un documento y quién es el representante. Dada la importancia de las funciones de éste, conviene evitar conflictos de intereses y favorecer que las decisiones se tomen por el bien del paciente; y en este sentido se aconseja que no sea representante ninguno de los testigos que simplemente dan fe de la voluntad, ni los profesionales que después tengan que poner en práctica la decisión.

4. *Otras especificaciones.* En el DIP, o DVA, también pueden explicitarse otras consideraciones. Una podría ser la de señalar a las personas que el enfermo acepta o las que no quiere que accedan a la información sobre su salud o a su historial clínico. Otra puede ser la voluntad de no hacer donación de órganos (si no se dice nada, se es donante

en principio). También pueden expresarse deseos sobre el lugar preferente en el que ser atendido (domicilio, hospital, etcétera), sobre si se desea recibir asistencia religiosa o no, el rechazo a que se practique una autopsia clínica, la decisión de dar el cuerpo a la investigación científica, o decisiones relacionadas con el entierro o la incineración, entre otros. Debe quedar claro, no obstante, que es posible que la potestad sobre algunas de estas «otras consideraciones» no corresponda al «médico responsable» al que va dirigido en principio el documento, sino a otros profesionales no sanitarios, a la administración de centros o a los familiares.

No hay que seguir al pie de la letra estas recomendaciones del Comité de Cataluña para rellenar el documento, que puede ser amplio y detallado. Por el contrario, también se puede nombrar sólo a un representante como apoderado para cualquier situación; o incluso puede expresar sólo una instrucción muy concreta. Puede hacerse incluso a mano, como cualquier última voluntad. Todo es posible mientras sea inteligible. Ya hemos dicho que lo importante es que sea claro y pueda ser útil en el momento de la decisión, aunque no esté escrupulosamente validado.

VALIDACIÓN DEL DOCUMENTO

En una decisión de tanta trascendencia como ésta resulta lógico que la sociedad necesite algún tipo de certeza fehaciente de la identidad de la persona que hace el documento libremente. La ley básica deja que lo establezca cada comunidad autónoma, de modo que ciudadanos que viven en una comunidad autónoma pueden tener documentos válidos con diferentes formalizaciones porque provienen de otra, o de otro país.

En Cataluña ha primado la voluntad de burocratizar al mínimo el proceso. De hecho, en estos últimos tiempos se ha hecho un esfuerzo para convertirlo en un documento propio del ámbito clínico, que es el que le corresponde: en última instancia, porque es en el que deberá utilizarse al final. Se constató el hecho inquietante de que se habían hecho muchos miles de documentos en notarías y se habían depositado en el registro autonómico sin que, en cambio, constasen la inmensa mayoría de ellos en las historias clínicas ni fueran conocidos por ningún médico, ni por sus familias, ni, incluso, por los representantes que en ellos se habían nombrado. Esta práctica, a pesar de ser posible, no es nada recomendable.

Desde el inicio se decidió que había dos maneras de validar el documento: ante tres testigos o ante un notario.

Ante notario constituye un formulismo conocido y aceptado socialmente. Algunas personas, al hacer el testamento patrimonial clásico, aprovechan también para hacer un Documento de Voluntades Anticipadas (un DIP). Se puede hacer en la notaría, evidentemente, o bien en la cabecera de la cama si el notario se traslada hasta allí, como se ha hecho tradicionalmente cuando hacía falta. Los hospitales acostumbran a tener contactos con diferentes notarías a través de las unidades de atención al usuario.

Alguien con mucha previsión, que toma la decisión en solitario o que va al notario para otros asuntos, por poner un ejemplo, puede usar fácilmente esta vía. Es segura y rápida. Pero limitarse al notario como única forma, o pretender que fuera una garantía superior a otras formas, habría supuesto cerrar la puerta a que se pudieran beneficiar de la posibilidad que brinda el documento a muchas personas que por falta de tiempo, poca familiaridad con este ambiente, incomodidad de traslado, costes del trámite u otros motivos, preferirían una vía más sencilla. Y lo mismo ocurre, en otras comunidades, con trámites similares.

Siguiendo este pensamiento, la ley entendió que también era garantía suficiente la presencia de tres testigos, elegidos por la persona otorgante o no, mientras dos de ellos no tuvieran vinculación de parentesco ni patrimonial con ella. Es decir, uno puede que sea familiar, pero los otros dos no. Pueden en cambio serlo los amigos o vecinos, los profesionales no directamente implicados –enfermeras, médicos, celadores o secretarias–, el compañero de habitación, o alguien de la administración del centro en el que se está ingresado. Se trata sólo de que den fe de la identidad de la persona, de que es mayor de edad, de que su libertad y capacidad de obrar no están visiblemente alteradas en ese momento y de que, ante ellos, admite que ese texto que presenta (que no hace falta que ellos conozcan bien) se corresponde con su voluntad. Y, firmando en él como testigos, dan fe de esto y de nada más.

Es éste un trámite fácil. Pongamos algún ejemplo: una persona, en su casa, puede reunir a dos amigos y, con su mujer, hacer cada cual su Documento de Instrucciones Previas después de deliberar entre todos sobre la mejor forma de plasmar los valores básicos y los límites que no se quieren traspasar. Otro: poco antes de una intervención quirúrgica por un tumor cerebral, antes de entrar en el quirófano, el enfermo puede hacer uno con el testimonio de una enfermera, de un compañero de habitación y de alguien de la unidad de atención al usuario, para nombrar un amigo como representante a fin de que pueda tomar las decisiones en lugar de la familia si el resultado lo dejara incapacitado para tomarlas él mismo.

Cuanto más se sepa que hay un documento y cuál es su contenido, más posibilidades habrá de que se tenga en cuenta y se sigan sus instrucciones y más difícil será que pueda ser ignorado.

La persona otorgante tiene que hacerse lo más responsable posible. Como pasa con la libertad, el ejercicio de la autonomía debe trabajarse activamente también. No se puede contar pasivamente con el derecho que uno tiene, o con la Administración. Hay gente que ha hecho un testamento en solitario ante notario y se ha limitado a inscribirlo después en el registro y ha creído que así ya estaba todo hecho. Hay quien nombra un representante sin informarle del rol que se le pedirá. Quien haga un documento debe hablar al menos con aquellos a quienes en él implica y con quienes lo tengan que defender después, entregando copias a todo el mundo, a los familiares, amigos y personas cercanas.

No hay que exagerar la utilidad de los registros. Registrarlo es voluntario, y un documento es tan legal si está registrado como si no lo está. Aun así, muchas personas creen que todo aquello que burocratiza los papeles –trámites, sellos y firmas– aumenta su impacto. Ya hemos dicho que el esfuerzo tiene que ser el contrario: favorecer que la oportunidad de hacer el documento esté al alcance de quien más lo necesite y en el momento que lo necesite, a veces poco propicio para hacer gestiones.

Se dispone de un registro centralizado para toda Cataluña que facilita la custodia y el acceso, independientemente de donde se encuentre el titular. Puede registrarse desde los centros sanitarios, a través de sus unidades de atención al usuario, desde las notarías y desde algunas administraciones locales. Además, cada cual lo puede hacer directamente dirigiéndose al Departamento de Salud de la Generalitat, a través de su web: http://www.gencat.cat/salut/depsalut/pdf/d1752002.pdf o bien personándose en él.

Pero sobre todo, eso sí, debe llevarse al centro sanitario en que uno se visita, al médico de familia y a los que sucesivamente le tengan que tratar. No olvidemos que es un documento dirigido a ellos. Se inscribirá entonces convenientemente escaneado en la historia clínica (como manda la ley en nuestra comunidad autónoma); y en ella se verá, en un lugar visible, que contiene dicho documento, tal como han decidido ya la mayoría de los centros. Recordemos que la historia clínica es el documento sanitario principal, y que es consultado y trabajado por todos los profesionales que colaboran en el cuidado y seguimiento de una persona; con la perspectiva, hoy posible gracias a la informática, de que exista una historia clínica «única», todo esto será aún más fácil.

En caso de incapacidad del enfermo, tendrían que ser o su familia o la persona que él haya escogido como representante los que aportasen y diesen a conocer el documento si el propio interesado no lo hubiera hecho antes.

RENOVACIÓN DEL DOCUMENTO

Como voluntad ya manifestada que es, no tiene caducidad. La renovación, sin embargo, es muy aconsejable: tanto si se ha cambiado de parecer como para reafirmar una voluntad expresada hace tiempo, y también para ampliarla o adecuarla mejor a nuevas situaciones a medida que se van conociendo. Cualquier cambio o renovación debe hacerse con los requisitos de validez que la ley prevé para dar fe de la misma. Ante tres testigos o ante notario, en Cataluña; y en cada comunidad autónoma, según se haya regulado en ella.

La última decisión validada del otorgante será la que deberá tenerse en cuenta, sea cual fuere la forma de validez que haya adoptado. Se puede haber hecho un documento cuando se estaba sano, validado ante notario y registrado convenientemente; y después, ya ingresado con una enfermedad, ahora sí conocida, haberlo cambiado a mano ante tres testigos, registrándolo sólo esta vez en la historia clínica.

De hecho, es aconsejable actualizarlo para mostrar la estabilidad de las decisiones que en él se expresan, o cambiarlas si la situación lo recomienda. Una voluntad tiene más peso cuanta mayor estabilidad y coherencia demuestre. La renovación ayuda a enjugar cualquier duda a que pueda inducir una expresión de hace demasiado tiempo. Del mismo modo que la proximidad aumenta su fuerza, asimismo lo hace la muestra de conocimiento sobre la enfermedad, evolución y consecuencias de lo que se elige o se pide.

El documento puede también revocarse y dejarse sin efecto por la sola voluntad del otorgante, y se aconseja que también se haga por escrito fehacientemente. La persona que unas páginas atrás hemos visto que nombró un representante fuera de la familia el día de la intervención, por si ésta iba mal, puede revocar el nombramiento una vez comprobado que había ido bien, y mantener así la confidencialidad sobre la decisión.

LA UTILIZACIÓN DEL DOCUMENTO

La sola existencia de voluntades anticipadas comporta la obligación de tenerlas en cuenta en la toma de decisiones, lo cual obliga tanto a los profesionales como a los representantes del enfermo. En principio esto es así con respecto a todas las voluntades manifestadas anticipadamente, pero sobre todo si constan en un documento. Tenerlas en cuenta, sin embargo, no quiere decir hacer de ellas un seguimiento literal y acrítico. Precisamente, la ley ya lo sugiere al señalar tres limitaciones a su seguimiento.

La primera se da cuando lo que se pide implica una actuación en contra del ordenamiento jurídico. Quizá resulte superfluo que lo diga una ley, pero se quería recordar con esto que la eutanasia directa no estaba permitida. Aun así, hay que decir que una cosa es el contenido del documento y otra su incuestionabilidad. Las leyes pueden cambiar. Consecuentemente, un documento válido puede incluir deseos y peticiones no asumibles de momento, pero que son aceptables como expresión personal y que incluso orientan para conocer mejor quién es ese enfermo sobre el que se tiene que decidir. Así es que una demanda no aplicable no invalida todo el documento.

Tampoco puede seguirse una demanda que pretenda una acción médica o una prestación sanitaria que sean contrarias a las buenas prácticas establecidas. Es decir, no puede obligar a prestaciones contraindicadas, fútiles, que produzcan daño o que sean discriminatorias, poco conocidas o demasiado inseguras.

Es muy importante, sin embargo, recordar una distinción crucial que ya hemos indicado en los capítulos anteriores: la ley se refiere a que ni el consentimiento informado ni, en este caso, el documento de instrucciones previas son formas de medicina a la carta. Pero recordemos que la ley no permite tampoco conculcar el derecho al rechazo que el enfermo pueda hacer de palabra o haber hecho constar en un documento de voluntades anticipadas. No permite que se actúe nunca contra su voluntad. Impide actuar de cualquier manera, pero no permite imponer ninguna actuación. La limitación o la negativa al tratamiento por parte del enfermo es respetable a pesar de que la actuación propuesta, y que él rechaza, se base en la buena práctica clínica habitual y, por lo tanto, sea racional e incluso vital. Pretender imponerla sería precisamente salirse de la *lex artis* (es decir, de la buena práctica clínica), que ahora ya incluye el respeto como requisito. El ciudadano tiene derecho a rechazar, personalmente o a través de un documento, cualquier actuación sin que se pueda alegar en su contra ninguna objeción, ni de conciencia personal ni de pretendido deber de protección, como excusa para vulnerar este derecho básico a la integridad. Y esto implica a los familiares tanto como a los profesionales.

Si el consentimiento informado es una ocasión para decir que no, el documento al que nos referimos es, en este aspecto, una extensión suya: es una ocasión, la última, para poder evitar en el futuro actuaciones que no se aceptan. Ponemos un ejemplo. Una expresión como la de que «no admito la alimentación enteral o parenteral en un estado vegetativo crónico o persistente» obliga a no instaurarla o a suprimirla si se había instaurado. No cabría «objeción de conciencia» personal para continuar imponiéndola, a pesar de las consideraciones sobre si es un tratamiento o solamente es un cuidado: no se quiere ni en un caso ni en otro; y hay que aceptar esta realidad a pesar de las connotaciones culturales sobre la alimentación y la obligación de procurarla. Hay que poner en su lugar las creencias, las concepciones del mundo que uno asume y mantenerse alerta para no imponerlas en las actuaciones a otra persona.

Siguiendo el ejemplo de la alimentación, lo que la ley quiere decir cuando hace esta limitación es que un hipotético «quiero alimentación enteral o parenteral en una situación determinada» explicitado en un DVA o DIP podría no seguirse si se considera que, en esa actuación, eso iría en contra de las buenas prácticas porque sería fútil o peligroso. Por ejemplo: en un estado vegetativo crónico se podría aceptar la petición, a pesar de no ser obligatoria, si la familia también insistiera en ello; pero en el caso de muerte cerebral o de muerte inminente no sería aceptable seguirlo porque resultaría totalmente inútil. Es esta distinción la que se pretende remarcar, y lo volveremos a ver cuando hablemos de la futilidad.

El tercer límite que marca la ley se refiere a la situación que se presenta cuando no coincide con la prevista en el documento. Entonces sólo podrán adecuarse ambas con un trabajo interpretativo que permita inferir lo que querría el enfermo en ese caso por analogía razonable con lo que dice al referirse a otras situaciones.

De hecho, un documento de este tipo siempre requiere una lectura y análisis responsable y prudente que nos lleve a reflexionar sobre cuál es, o sería, la forma y el momento para respetar mejor la voluntad del paciente. Porque, precisamente, puede haber dudas sobre su alcance o su concreción, no tan sólo en el caso contemplado de situación no prevista. También puede pasar con un documento poco claro. Ante las dudas, no tenemos que olvidar que los comités de ética asistencial de los centros pueden asesorar, que ésta es una de sus funciones y que, además de los profesionales, los ciudadanos pueden acceder a ellos a través de las unidades de atención al usuario.

La utilización clínica del documento, en todo caso, debe ser transparente; de ahí que tenga que quedar razonado en la historia clínica el proceso que se ha seguido, tal como prescribe la ley.

Debe quedar claro que, actualmente, cualquier ciudadano tiene derecho a

– redactar un documento de instrucciones previas;
– validarlo;
– que lo acepte cualquier profesional que le trate y cualquier centro sanitario;
– que se lo incorpore en la historia clínica;
– registrarlo si quiere;
– que se tenga en cuenta su contenido en las decisiones a tomar cuando él ya no pueda participar personalmente en ellas;
– y a que se anote en la historia clínica razonadamente cómo se ha hecho esto.

De estos derechos promulgados se derivan unos deberes correspondientes que obligan a los profesionales y también a las instituciones, a los familiares y a los representantes nombrados. Además, a pesar de que la ley no los pueda recoger, hay más deberes derivados de la ayuda que merece toda persona y que no se pueden desatender.

Uno sería el de informar sobre la posibilidad de hacer un documento y recomendarlo cuando se ve que la persona podría beneficiarse de ello. Por ejemplo, ante algunas enfermedades de evolución especialmente compleja que requieren previsiblemente decisiones delicadas (ELA, Alzheimer, sida, cáncer, etcétera), o ante algunas situaciones familiares complicadas, o ante deseos fuera de lo común que se descubren en el curso del diálogo y en el proceso de previsión de cuidados.

Del mismo modo, debería ayudarse, a quien le interesara la confección de uno de estos documentos, a hacerlo de una manera que resultara leal con sus valores y no tanto con los propios, evitando así una influencia excesiva. Al mismo tiempo, esta ayuda, en el caso de documentos ya confeccionados, incluye una lectura crítica que asesore sobre sus lagunas, sus consecuencias y las posibles alternativas, y que aconseje renovarlo si se cree oportuno bien porque de otro modo quedaría mejor expuesto lo que se pretende, bien porque así queda más adaptado a la realidad de lo que ve que precisa. Una muestra de interés sería querer conocer al representante nombrado antes de que sea estrictamente necesario. Son deberes que no sólo tienen que sentir los profesionales, también lo son de todos aquellos que quieren y se relacionan con la persona que está previendo su futuro, un futuro que quizá tendrán que compartir en buena medida.

Actualmente existe todavía algo de desconcierto sobre el documento de voluntades anticipadas, quizá debido a su relativa novedad. He comprobado que mucha gente que querría hacerlo no acaba de decidirse; a menudo por dudas formales. Por eso he dado alguna información sobre su gestión, basándome en la experiencia adquirida al haber participado, en Estrasburgo y aquí, en su gestación (y en análisis posteriores y colectivos sobre su evolución en nuestro país).

Creo firmemente que conviene sacarlo del contexto administrativo y burocrático en el que está inmerso, y traerlo a la superficie de donde de verdad le corresponde, que es la de la clínica. Empezando por ver que éste es un ámbito de toma de decisiones inciertas en las que se puede influir; y esta influencia, con un documento así, puede continuar vigente a pesar de que nos falte la vigilia para participar conscientemente. Éste es el objetivo: aprovechar la última ocasión de ejercer este derecho.

Porque cuando en un momento dado perdemos la facultad de demostrar nuestra autonomía, no quiere decir que haya decaído nuestro derecho; simplemente quiere decir que no lo podremos ejercer como lo habíamos hecho siempre. Éste es su fundamento. Después, en el resto de pasos (para confeccionarlo, validarlo, guardarlo o utilizarlo), no debemos perder nunca de vista su fundamento ni dejar de perseguir su objetivo.

Si un día quedamos postrados sin conciencia ni memoria, todo aquello que dé testimonio de cómo éramos ante los demás o a través de su recuerdo tiene que servir. Es una manera de ayudarles en sus decisiones, no sólo de ayudarnos a nosotros mismos. Entendiéndolo así, el DIP, o Documento de Voluntades Anticipadas, es un documento que puede ser éticamente muy útil; de hecho, es una referencia objetiva de nuestros valores y que un día puede reflejar, quizá en solitario, quiénes éramos y, por tanto, quiénes somos todavía.

NOTAS

1. British Medical Association. *Statement on Advance Directives*. BMA. Londres, 1994.

2. J. Drane. *Clinical Bioethics*. Sheed & Ward. Kansas City, 1994. Cap. 8.

3. Consejo de Europa. *Convenio para la protección de los Derechos Humanos y la dignidad del ser humano con respecto a las aplicaciones de la Biología y la Medicina*. ABFC. Madrid, 1997. Art. 9.

4. Ley 41/2002, de 14 de noviembre, básica reguladora de la autonomía del paciente y de los derechos y obligaciones en materia de información y documentación clínica. BOE n.º 274, del 15 de noviembre de 2002.

5. Ley 21/2000 de 29 de diciembre, sobre derechos a la información y a la autonomía del paciente, y la documentación clínica. DOGC n.º 3303, del 11 de enero de 2001.

8. DOS ACTUACIONES BÁSICAS: EVITAR EL DOLOR Y LAS MEDIDAS INÚTILES

Existen unas pautas de actuación que todos deberían conocer, porque son las básicas para ayudar a una persona al final de su vida. Parten de decisiones que van a tomarse en aquellos momentos y que no dependen únicamente de los profesionales sino también de los familiares y de todos aquellos que rodean al enfermo. Cada cual lo deberá tener presente para aplicarlas, o colaborar en hacerlo, antes o después.

Nos referimos, por un lado, a la disposición de luchar contra el dolor y el sufrimiento, llegando a la sedación si fuera preciso, y por el otro, a la de evitar toda actuación inútil, llegando incluso a retirar la que empiece a serlo. Son los dos deberes básicos que forman parte de lo que entendemos por «buenas prácticas» y que hay que distinguir con nitidez de la eutanasia; porque, si no se tiene clara la diferencia, se tendrá miedo a decidir y no se podrá ayudar correctamente. No es raro que esta confusión lleve a provocar o a permitir un daño evitable al enfermo.

Precisamente, es conveniente que él sepa que la buena práctica es asumida desde el principio por los miembros de su entorno como deber fundamental, y que así pueda confiar en que, llegado el momento, se lleve a cabo. Estará

227

más tranquilo quien sepa que se ocupan de ello y vea que también puede influir en estas decisiones: reclamándolas, adelantando su momento o atrasándolo.

Ya hemos hablado de la obligación de respetar su voluntad: su negativa a la actuación debe conllevar siempre o bien no comenzarla, o bien detenerla, tanto si la negativa la expresa en ese momento como si la formuló anticipadamente, antes de perder la conciencia. Sólo una duda razonable sobre alguno de los requisitos señalados para que una decisión se considere autónoma (los de libertad, competencia e información) puede legitimar lo contrario. También debe recordarse que hay que considerar la voluntad del enfermo hasta donde sea posible, a pesar de que no pueda llegar a manifestarse contundentemente con un rechazo formal. Es conveniente conocerla para las actuaciones básicas a las que ahora nos referimos y adaptarse a ella con nuestra lealtad a su manera de ser.

EL PEOR DE LOS MALES*

El dolor es el peor de los males. Dice John Milton: «*Pain is perfect misery, the worst of evils, and, excessive, overturns all patience*» («El dolor es el infortunio absoluto, el peor de los males, y, si es excesivo, anula toda paciencia»).[1] Así que la lucha contra el dolor se erige como un deber nítido y prioritario ante todo enfermo.

Sabiendo, además, que esta lucha es tan eficaz con los medios actuales –por lo menos, en nuestro primer mundo

* Título del libro de Thomas Dormandy (*El peor de los males. La lucha contra el dolor a través de la historia*. Antonio Machado Libros. Madrid, 2010), tomado de estos versos del poema de John Milton.

se puede tratar bien en más del 90 % de los casos–, ya no puede admitirse ninguna tolerancia en descuidarla. «Hospital sin dolor» o «Tolerancia cero» son eslóganes ampliamente difundidos hoy en día. La gente no quiere sufrir, ni a causa de un simple dolor de muelas ni en el parto o si se ha sido víctima de un accidente en la autopista: lo primero que todo el mundo quiere es que se le evite o se le trate el dolor con la máxima urgencia y eficacia. El ciudadano piensa que tiene derecho a no sufrir* y que es un deber de todos ayudarle en esto. Es algo que se tiene claro cuando se está cerca de la muerte. Creo que hay unanimidad en afirmar que no tiene sentido tener que soportar el dolor.

Hasta hace poco, en cambio, era frecuente oír hablar del «sentido» del dolor, sobre todo en ambientes religiosos, aunque no exclusivamente en ellos. Cuando le decíamos a la monja de aquellos tiempos que administrase otro calmante, podía respondernos: «Esperemos un poco más; ¡no aguanta nada!» Soportar el dolor purificaba. Del mismo modo que se creía que el dolor del parto haría que la madre amase más a su hijo. En los dos casos, sufrir parecía tener «sentido». Todo un catedrático de cirugía aún hizo su discurso de ingreso en la Real Academia Nacional de Medicina, en los años setenta, con el título: «El sentido del dolor». En él decía: «El dolor del inocente, del justo, es la cuota personal de su contribución a la Redención [...] Pero esta carga de dolor que marca a todo hombre desde su nacimiento es algo más que punición y expiación de culpas. Tiene, a partir de Cristo, un carácter positivo de oblación y redención. El dolor que incide en la carne inocente es el de más alta cotización en moneda purifica-

* Éste es otro título básico: *El derecho a no sufrir* de Margarita Boladeras. Libros del Lince. Barcelona, 2009.

dora.»[2] Con esto no hacía otra cosa que seguir una larga tradición en la pretensión de explicar el dolor y, tratándose de quien era y del lugar en el que se le aplaudió, su postura resulta paradigmática.

Como se ha dicho en el primer capítulo, a pesar de admirar la muerte de Cristo como ejemplar en muchos aspectos, es preciso ser crítico, en cambio, con la apología del sufrimiento que solía hacerse en relación con ella. Es cierto que su súplica «aparta de mí este cáliz»[3] podría ser una muestra significativa de lo contrario; pero buena parte del pensamiento occidental, desde los primeros mártires hasta el siglo XX,[4] quedó impregnada de un vínculo estrecho entre dolor y redención y de cierta idea de su utilidad para la salvación personal y colectiva. La imagen del Crucificado era una incitación a la heroicidad frente el sufrimiento. Se entendía que con el dolor se purgaba alguna culpa o bien se pagaba el precio para hacerse digno de algún bien. El bien que se conseguía no sólo era el perfeccionamiento personal –del dolor se salía renovado y engrandecido–, sino también una redención del género humano al cual cada uno aportaba su dosis –inexplicablemente desigual, por otra parte– de sufrimiento.

Afortunadamente, esta ideología que presentaba el dolor como rentable y salvífico tiene menos fuerza a nuestro alrededor y ha quedado, excepto para una minoría exigua, como un anacronismo. Leriche, otro cirujano, pero éste, al contrario de aquél, pionero de la lucha contra el dolor, se quejaba ya en 1937 de que «teníamos que rechazar el concepto de *dolor benéfico* con todas nuestra fuerzas».[5] En esta línea, creo que actualmente la mayoría se apuntaría a la vehemente exhortación de Sánchez Ferlosio: «... los que dicen "vuestro dolor será fecundo" deberían decir "vuestro dolor es absolutamente inútil, gratuito, irreparable". ¿Acaso pide la felicitad tener sentido? Niégate pues a dárselo al dolor.»[6] Es cierto que los momentos de bienestar no necesitan ningún por qué, así que tampoco se entiende por qué deberíamos pedírselo a su contrario.

Rogeli Armengol, en su libro *Felicidad y dolor,* nos recuerda[7] que el dolor no tiene ninguna utilidad; quizá como señal de alerta en algún caso muy concreto, como el producido en la piel o en el aparato locomotor; pero no lo tiene ni siquiera cuando su origen es visceral, ya que sólo serviría («y desde hace pocos años», puntualiza con acierto) para poder pedir tratamiento médico. De hecho, ¿de qué sirve el dolor que va provocando el crecimiento de un cáncer de estómago o intracraneal inextirpable? La naturaleza sigue prodigándolo ciegamente a los seres vivos sin ningún objetivo aparente, termina diciendo de manera realista.

En este contexto, puede ser ilustrativa una conocida parábola de Buda. Un hombre ha sido herido por una flecha envenenada. Antes de que lo vayan a curar, quiere saber quién es el arquero y a qué casta pertenece, cómo es el arco, desde dónde se ha disparado y por qué. Si se entretiene así, dice el Buda, morirá; lo que debe hacerse es sacarle la flecha y curar la herida sin perder tiempo. «Debe aprenderse», dice, «a luchar francamente contra el sufrimiento, como intento explicar.»[8]

No puede esperarse nada del dolor. Es el enemigo principal. No deja pensar, ni sentir nada más que su presencia a aquel que lo sufre. Aleja todo lo demás: todo recuerdo del pasado, todo proyecto de futuro y hace insoportable el presente. Por lo tanto, deshumaniza, despersonaliza. Solamente se expresa en el lamento, el gemido o el grito; en general, sin permitir ningún tipo de simbolización efectiva y aprovechable. Y cuando ha pasado, deja asustado a aquel que lo ha padecido. Resulta estéril, devastador. El dolor esclaviza.

Lo que sentí hoy de madrugada creía realmente que no podía existir, es algo candente, al rojo blanco y absolutamente abrumador. Me oprime el sistema nervioso y lo ocupa hasta la última molécula..., y no me deja distinguir entre la sensación de dolor y el pánico. ¡Santo cielo! ¿De dónde viene esto? [...]
He estado pensando en el paraíso. El paraíso tiene que ser el cese del dolor. Pero esto entonces querría decir ¡que estamos en el paraíso cuando no nos duele nada! ¡Y sin darnos cuenta de ello![9]

Esta exposición de Lars Gustafsson sobre un dolor concreto confirma lo expuesto tan bien por Rogeli Armengol de forma más general: «Más que el placer, es el dolor el eje sobre el que gira la humanidad. El enunciado de este eje primordial podría ser: la felicidad es no tener dolor ni daño, la moralidad, no causarlos.»[10] Es cierto que la conciencia de estar libre de dolor debería ser una fuente de felicidad y alegría que desgraciadamente nos perdemos casi siempre. También es cierto que la sensibilidad que tengamos ante el padecimiento ajeno debería ser la piedra de toque para calibrar el progreso que hemos alcanzado o que queremos alcanzar.

Reivindicación de la analgesia

En el caso que nos ocupa, que es el de ayudar a la persona al final de su vida, es por tanto imperativo disponerse a prever y a prevenir el dolor, y a hacerlo desaparecer en cuanto se presente o a disminuirlo si no podemos hacer

232

otra cosa. Y esta disposición, y la eficacia a la hora de aplicarla, marca el grado de civilización de una sociedad. Por eso mismo, la utilización de opiáceos es un parámetro de calidad de la asistencia. Un país que los utiliza poco, como el nuestro, es un país que no trata bien a sus enfermos y moribundos. En un estudio reciente, conjunto entre oncología y cuidados paliativos, España no queda bien situada: ocupa el lugar 23 entre los 41 países estudiados, con un consumo de morfina por persona muy por debajo de la media europea (que es de 12,5 miligramos/año) e incluso algo inferior a la media mundial conocida (que es de 5,9).[11]

En lo que se refiere a esta cuestión todavía hay muchas reticencias irracionales debidas sobre todo a su asociación con el mundo de la droga y la connotación pecaminosa que lo rodea. Pero haríamos bien en recordar que los mórficos han sido desde siempre una herramienta fundamental para el tratamiento médico: desde los antiguos egipcios y babilonios se ha valorado mucho el beneficio que proporcionaba la «adormidera», bien fuera su sustancia madre o extractos suyos como la morfina desde principios del siglo XIX, o bien sus derivados semisintéticos posteriores, como la heroína. Sydenham, el conocido médico del siglo XVII que prefirió continuar en la cabecera de sus enfermos a instalarse en una plácida cátedra de Oxford, manifestaba que «sin el opio en el recetario habitual dejaría de ejercer de médico».[12] Actualmente se ha demonizado este grupo de analgésicos con la excusa de la adicción que producen y del peligro de sobredosis, pero las trabas restrictivas que ello supone, a pesar de incidir muy poco en la disminución del comercio de la drogadicción, por desgracia interfieren muchísimo, en cambio, en los buenos tratamientos. El estudio publicado en *Annals of Oncology* que acabamos de mencionar denuncia estas dificultades: «Esta encuesta ha puesto de manifiesto el exceso de obstáculos normativos que interfieren en la atención adecuada del paciente con dolor oncológico en algunos países europeos [...] En muchos de ellos domina el paradigma de una regulación basada en la criminalización y dirigida a disminuir el delito y la adicción, en lugar de un modelo de salud pública que facilite la curación y reduzca el daño de los enfermos.» Al final llega a la conclusión de que «el tratamiento insuficiente del dolor y del sufrimiento que de ello se deriva (de la regulación tan restrictiva) es una «catástrofe sanitaria»;[13] así se califica la situación.

Un ejemplo: ya debería haberse simplificado civilizadamente la prescripción de opiáceos, abandonando la receta específica «de estupefacientes» (¡sobre todo para casos urgentes!) y pudiéndose mantener quizá un registro posterior de lo que se ha prescrito para permitir un control razonable. En la película canadiense *Las invasiones bárbaras*, el hijo del paciente protagonista termina comprando a un yonqui lo que no ha podido obtener de ninguna otra manera para aliviar el dolor de su padre.

Marta Allué, antropóloga, y víctima ella misma de quemaduras, se muestra muy sensible a este problema. Cita el caso muy representativo del ex ministro de Sanidad en Francia, Bernard Kouchner, que vio cómo los médicos se resistían a proporcionarle opiáceos «como si fuera un crimen» para tratar su persistente dolor; y que, cuando finalmente accedieron a ello, no dejaron de hacerle algún reproche. Le sorprendió tanto que llegó a preguntarse hasta qué punto no utilizaban este regateo como instrumento de su poder.

La misma autora se refiere a un trabajo de la Sociedad Española del Dolor según el cual un 67 % de los médicos de primaria de una zona estudiada no hacía uso de los opiáceos y casi la mitad de los encuestados manifestaba tener «escrúpulos éticos» para utilizarlos.[14] Es decir, ha ido calando y extendiéndose en la conciencia de algunos profesionales una vaga sensación de peligro frente a la sociedad, y este temor termina siendo, ahora sí, un auténtico peligro, pero para los enfermos: a causa de un prejuicio se prefiere su sufrimiento a su posible tratamiento.

Debería quedar muy claro que resulta maleficente oponerse a un deber tan primordial como es el de aliviar el dolor. Que ninguna práctica rutinaria ni ninguna idea sobre lo que es un supuesto bien general pueden obligar a nadie a continuar sufriendo. Hay que repetir aquí lo que hemos dicho en capítulos anteriores: afortunadamente, se ha pasado de depender solamente de la supuesta virtud de los que nos tratan o ayudan, a poder confiar en unos deberes públicamente reconocidos, y el de ayudar a no sufrir es uno de ellos. No cabe, por tanto, ninguna «objeción de conciencia» al deber de aplicar en el momento oportuno un tratamiento analgésico de eficacia probada cuando hay una indicación para ello. Resulta descorazonador que alguien se refugie aún, para no seguirlo, en la excusa de que tiene un escrúpulo de orden «ético» y que utilice este concepto de manera tan desacertada. Quien lo hace, apela de hecho a su moral personal, a su conciencia, como único argumento; y, como ésta no es discutible por principio, cree que esgrimiéndolo ya no le es necesario justificarse más, como cuando alguien dice aquello de «yo tengo mis razones» para evitar dar explicaciones. Se utiliza entonces la «ética» como una «petición de principio» para «tener razón», cuando precisamente es un ámbito en el que hay que aportar siempre razones para que puedan sopesarse, valorarse. En el caso que tratamos, lo que se querría al adoptar esta actitud es no tener que discutir argumentos con el enfermo y reservar la decisión a la docta opinión «profesional», por ejemplo, la de limitar la indicación de opiáceos a los «casos extremos» y muy evidentes. Es lo que se le vino a conceder al pobre Kouchner en la experiencia mencionada anteriormente; y es lo que se dice a tantos enfermos sin pensar que sufrir dolor durante cierto tiempo ya es sufrir demasiado.

A veces se alegan dos razones para evitar o retrasar el uso de analgésicos potentes: la posible adicción y la tolerancia. En enfermedades avanzadas y terminales, ambas resultan risibles. El efecto adictivo no es un problema real: ni tan siquiera puede haber ocasión de que sea detectado en la mayor parte de las circunstancias. Y la tolerancia, es decir, la necesidad de aumentar la dosis con el paso del tiempo para producir el mismo efecto, se sobrevalora; resulta muy difícil diferenciarla de las necesidades cambiantes debidas a la progresión de la enfermedad, y además es absolutamente manejable. Ya en 1964, Cicely Saunders, la fundadora del movimiento *hospice* en Inglaterra, que tanto bien ha hecho por estos enfermos, decía en un trabajo revolucionario sobre tratamiento a los moribundos: «Nuestro estudio demuestra claramente que los opiáceos no son adictivos para los enfermos de cáncer en fase avanzada, que su consumo regular no afecta de manera relevante a su tolerancia, que la morfina oral funciona y que no produce indiferencia frente al dolor, sino alivio. Demasiados mitos sobre la tolerancia y la adicción envuelven actualmente el consumo de morfina.»[15]

Otro argumento que se esgrime es el del peligro de la posible depresión respiratoria y el acortamiento de la vida que se derivaría de la misma. Hablaremos de ello seguidamente, cuando tratemos la sedación, situación en la que también se esgrime.

La subjetividad del dolor

El dolor es una sensación esencialmente subjetiva, como lo es todo síntoma.* Es lógico, por tanto, que tengamos que detectar su presencia a través de la manifestación del enfermo, y que la demanda de ayuda que ésta conlleva constituya, de hecho, *la* indicación para actuar, sin que sea necesaria, en principio, ninguna otra comprobación. Tiene razón Chantal Maillard cuando, refiriéndose a los cuestionarios sobre el grado de dolor, dice: «Nunca ha dejado de sorprenderme –y pido excusas a los profesionales por no estar familiarizada con los posibles programas que sin duda estarán desarrollando al respecto– hasta qué punto me resultan infantiles las escalas para medir la intensidad del dolor.»[16] Confieso que a mí también me ha resultado siempre difícil proponérselas a los enfermos en momentos de dolor. Otra cosa es que ayuden a mejorar la calidad del tratamiento y a apreciar sus posibles variaciones. Tampoco ponemos en duda las formas de detección y medida para ayudar a personas con demencia y cambios de comportamiento en los que es difícil el diagnóstico (ante agitación o gemidos que hagan sospechar dolor subyacente, por ejemplo). Precisamente, puede ser útil ayudar a diferenciar el dolor y el temor a sufrirlo. Nos referimos a que no hay que utilizar las escalas y mediciones para poner en duda una demanda de alivio. «No juzgues nunca ni discutas sobre el dolor cuando es el de otro.»[17]

Es un hecho que el umbral para soportar este temible síntoma es muy personal y que la sensibilidad es muy dis-

---

* A diferencia del signo, que es objetivable (la fiebre, por ejemplo), el síntoma es la percepción por parte del enfermo de una alteración provocada por la enfermedad.

tinta de una persona a otra y de un momento a otro. Precisamente, el hecho de haber sufrido dolor, y el miedo a repetir la experiencia, aumenta la sensibilidad frente a él; y, al contrario, haber comprobado la atención del entorno y la eficacia del tratamiento aumenta la sensación de control y la fortaleza. Por esto es tan importante no esperar a que su manifestación sea más evidente para iniciar la analgesia (con mórficos o no: hay actualmente una amplia gama de medicamentos a disposición que se pueden escalonar), y adelantarse con pautas preventivas que eviten su presencia en lo posible. Y para esta tan pertinente indicación preventiva se confía sobre todo en el conocimiento profesional sobre lo que va a suceder y qué es lo que se aconseja antes. Por tanto, forma parte del deber profesional estar atento para detectar la probabilidad y para evitarla si es posible.

La conciencia del dolor como mal supremo es una reivindicación en la cual debemos implicarnos todos. En primer lugar, el paciente tiene que dejar de considerarse «paciente» en esto, como si estuviera obligado a soportar el daño para ser «buen paciente». Aunque la paciencia y la fortaleza sean virtudes importantes en la tribulación, no es necesario llevarlos demasiado lejos. A nadie debe darle vergüenza quejarse. Enfermos y familiares tienen que conocer el derecho a la demanda de alivio, mientras la demanda sea, naturalmente, razonable y proporcionada. Es cierto que en nuestra cultura hay una disminución, a veces preocupante, de la capacidad para tolerar los contratiempos y el malestar. También es cierto que para morir bien —ya lo hemos dicho— hay que pasar por la aceptación realista de lo que conlleva y asumir que no acostumbra a ser fácil. Pero, al mismo tiempo, hay que considerar la posibilidad de evitar el dolor como una conquista emancipadora, civilizadora, que permite vivir más humanamente el trance hacia la muerte.

El sufrimiento

Lo que ocurre con el dolor, ocurre también con otros síntomas molestos, algunos incluso estadísticamente más frecuentes antes de morir como son el ahogo o el delirio.[18] Y todos ellos provocan sufrimiento.

Ya se sabe que el sufrimiento va más allá del dolor y de cualquier síntoma físico. Puede tener otras causas, e incluso presentarse solo. Verse morir, por ejemplo, puede producir mucho sufrimiento, incluso sin ningún motivo somático visible. Hay quien llega a decir que el dolor u otro síntoma cualquiera, cuando es grande y se ve irreversible, disminuye el sufrimiento que uno sentiría al ver acercarse la muerte, porque la encuentra entonces liberadora. «¿Es posible que el dolor y el sufrimiento disminuyan la frustración y la rabia de verse morir y, en cierto sentido, ayuden a quien sufre a reconciliarse con la muerte?»[19] Pero no puede ser ésta una reivindicación del sufrimiento. Es, creo yo, solamente una manera de decir que, en alguna circunstancia, se puede preferir un sufrimiento a otro. O, lo que viene a ser lo mismo, que se prefiere acabar de una vez que continuar sufriendo más; y esto resulta obvio. Del dolor se puede aprender algo, claro está (recordemos aquello antiguo de «por el sufrimiento, la comprensión» de Esquilo).[20] Pero lo primero que se aprende de él es a no querer volver a repetir la experiencia.

Por otra parte, es cierto que en muchas situaciones no es muy útil diferenciar dolor de sufrimiento. Así, Rogeli Armengol dice por ejemplo, hablando de la felicidad (que identifica con la ausencia de dolor): «No me parece necesario distinguir los términos dolor y sufrimiento ya que se trata de palabras que tienen en común la referencia a un estado de ánimo del que todos queremos librarnos [...] Aflicción, miedo, tristeza, amargura, angustia excesiva, pesadumbre, hastío y cualquier tipo de turbación o perturbación mental serían formas de dolor.»[21] En este sentido hay que entenderlo cuando decimos, pongamos por caso, que recibir un mal pronóstico produce siempre un gran dolor; o también cuando recordamos la conocida máxima budista de que hay que «encontrar el remedio contra el dolor de vivir». Es evidente que se habla entonces de un dolor psicológico sinónimo de sufrimiento. Creo que todo el mundo lo entiende así. Pero aquí hemos querido diferenciarlos porque el tratamiento puede ser distinto: uno lo podemos tratar con analgésicos y el otro, evidentemente, no. Podemos pretender un «hospital sin dolor» como eslogan y está bien pretenderlo, pero no sería creíble pretender un «hospital sin sufrimiento», sería desmesurado.

De todas maneras, algunas de las consideraciones sobre el dolor que hemos apuntado son aplicables al sufrimiento en general, sobre todo respecto a los deberes de detección y de disposición para evitarlo y para mitigarlo. Como resume Cassell en una frase que se hizo célebre: «Los que sufren no son los cuerpos, son las personas.»[22] Ésta es una constatación que puede parecer banal pero que tiene una importancia enorme para el enfermo o los familiares. Porque no se puede olvidar el sufrimiento que, como bajo continuo, acompaña a toda manifestación sintomática, tanto si es de dolor físico como de cualquier otra alteración sentida y percibida como grave. Entonces al dolor se le añade más dolor. Y se le añade sobre todo la sensación de grave peligro para la integridad personal y el miedo a su falta de control. Es lógico que esta sensación de vulnerabilidad crezca no sólo en función de la intensidad del síntoma, sino también si se desconoce su origen, o si se le da un significado especialmente nefasto, o se cree que será irreversible y no tratable. ¡Qué distinto puede resultar un dolor, o la falta de aire, según cómo se viva! Si se vive como una injusticia de la cual se tiene que huir, como un castigo que debe soportarse, como una prueba para demostrar el propio valor, o, en cambio, si se afronta con la comprensión de la lógica evolución de la enfermedad y se confía en las estrategias paliativas que se llevarán a cabo. Simplemente, ¡qué distinto es un mismo dolor después de haber dormido bien y en compañía, o si se ha pasado la noche en blanco, solo y en un lugar inhóspito!

Tampoco puede extrañarnos que el sufrimiento se irradie alrededor: aquel que ve sufrir a quien ama puede sufrir casi tanto como él, como si fuera una parte suya la que sufre. Incluso a veces más, entre otras cosas porque su imaginación puede distorsionar la realidad por la que pasa el otro. Por tanto, aunque para tratar el sufrimiento deba empezarse por tratar su causa inmediata, nunca se puede olvidar esta otra dimensión sobreañadida, más íntima y quizá más perentoria en algún momento; e imprevisible, porque a veces los enfermos sufren cuando no lo esperamos, y no sufren tanto, en cambio, cuando creemos que así es.

Ahora bien, es indiscutible que el sufrimiento forma parte de la condición humana ante el infortunio y que, por tanto, no es realista pensar que se pueda evitar o controlar del todo, como puede pensarse cuando se le equipara sin más al dolor físico. Hay que reconocer que su origen es multifactorial y que algunos de los factores decisivos no son abordables desde fuera, y menos aún desde la medicina. Dar la falsa esperanza de que el sufrimiento se podrá evitar o que se erradicará totalmente en cualquier circunstancia es un engaño. Pero tanto su presencia –que hay que detectar– como su posibilidad –que debería ser anticipada– nos conminan a aceptar una responsabilidad ineludible, con la implicación que a cada cual le corresponda.

En primer lugar –ya hemos hablado de ello en el tercer capítulo–, acompañando. Si es cierto que el dolor esclaviza, con el esfuerzo de los demás para hacerle frente se pueden poner en marcha formas de solidaridad, de compasión y de lealtad que pueden sentirse como liberadoras. Porque si el dolor no tiene sentido, la persona que lo sufre sí lo tiene. Y, para nosotros, el solo hecho de verla sufrir llena ya de sentido lo que le debemos. A ella le resulta gratificante sentir la presencia atenta, el miramiento solícito, y esto puede disminuir su sufrimiento y aumentar la confianza. La mutua aceptación de fragilidad –tan humana– que esto supone, así como el reconocimiento de la necesidad que tenemos los unos de los otros, humaniza la situación en ambos sentidos y la transforma en menos estéril y más esperanzadora.

Los profesionales no pueden suplir estas necesidades que corresponde atender a los más próximos; pero, a pesar de ello, los médicos y las enfermeras deben tener en cuenta el contexto y estar atentos a la realidad sobre la que actúan. En primer lugar, apoyando a enfermos y familiares con el trato y hasta donde puedan, más allá del tratamiento. Y, después, evitando ser ellos mismos, con su actuación o abstención, causa de sufrimiento. Aunque no tengan conciencia de ello, pueden provocar sufrimiento en el proceso de comunicación: con una mentira abusiva, una huida racionalista ante una pregunta angustiada, con malas noticias comunicadas fríamente, manteniendo una distancia innecesaria, no respetando la falsa esperanza del enfermo como refugio, o con la falta de curiosidad por su mundo antes de discutir alternativas de futuro; todas estas formas poco respetuosas de comunicarse pueden provocar o aumentar el malestar. Ya hemos visto (también en el capítulo tercero) que la espera puede ser un ingrediente yatrogénico (es decir, provocado por el propio médico) de sufrimiento suplementario, y que –resaltémoslo otra vez– es perfectamente evitable con la adopción de una visión más amplia, con previsión. Con una mejor sensibilidad se puede mejorar el efecto terapéutico con la compañía empática y la humanización del entorno. Sobre todo, dando la esperanza de un mayor control.

La vez que vi más claramente el efecto terapéutico del acompañamiento cerca de la muerte fue en los últimos días de un gran hombre que me honró con su amistad, el profesor José Pérez del Río. Puede parecer ingenuo su relato, pero para mí fue una experiencia reveladora. A los ochenta y cuatro años era víctima de una enfermedad cancerosa que se había negado a investigar, posiblemente de colon, y con un cuadro neurológico que se trataba empíricamente. Un martes me mandó llamar para decirme que fuera a su casa –una masía solitaria– «con la pastilla», porque había «llegado el día». Recuerdo aún mi desconcierto mientras conducía hacia allí con todo un arsenal farmacológico. Al entrar, ya me dijo que había llegado «el momento», que no quería continuar y que le ayudase. Le vi inquieto y angustiado, a él, siempre tan ecuánime. No tenía dolor pero ya estaba muy debilitado y pálido. Cuando supe que hacía dos días que no dormía, le ofrecí un comprimido de Valium y durmió más de seis horas seguidas. Cuando despertó, renovado, me riñó: «Le he pedido una pastilla para morir, no para vivir: ni más ni mejor.» El reproche iba en serio. Le contesté que yo creía que así iríamos bien, que ya no me movería de su lado. Con esto se tranquilizó. Lúcido, incluso eufórico a partir de entonces y a pesar de su debilidad, hablamos entonces de muchas cosas, con el humor que le caracterizaba. Quiso que abriera una botella de Vega Sicilia que tenía preparada desde hacía un tiempo para aquella ocasión: quería brindar por el último día y por el hecho de dejar una vida que, me dijo, no querría repetir a pesar de las muchísimas cosas de las que había gozado. Escuchamos la *Sonata Patética* de Beethoven. Dormía cada vez más, y se despertaba cansado. Yo trabajaba en la mesa de al lado o le cogía de la mano cuando abría los ojos; compartíamos largos silencios. La presión sanguínea le bajaba poco a poco. Así transcurrieron las horas, con pequeños sorbos de agua, con la ayuda de un ibuprofeno para un malestar abdominal, el tratamiento antimiasténico que tomaba regularmente para poder hablar y deglutir, y tan sólo un Valium más para descansar; es decir, nada del otro mundo. Al cabo de dos días de haber llegado yo, murió plácidamente después de haberme dado en voz queda y pausada instrucciones precisas sobre cada cosa, pasos concretos que seguir después de su muerte y algunos consejos que no olvidaré.

Entristecido por la pérdida de un amigo íntimo e insustituible, sentí en cambio esa alegría que sentimos los profesionales cuando hemos podido ayudar, esta vez multiplicada por haber podido hacerlo con él. Recuerdo haber constatado en aquellos momentos, casi sorprendido, esto que ahora me resulta demasiado obvio y sobre lo que estamos tratando: que ninguna farmacopea, ninguna «pastilla», puede sustituir el poderoso efecto de la compañía afectuosa. Es el tratamiento más eficaz para el sufrimiento.

A pesar de todos los esfuerzos, un síntoma importante puede a veces ser resistente al tratamiento bien hecho; puede resultar «refractario», se dice. De la misma manera, el sufrimiento también puede continuar y aumentar a pesar de la compañía solícita y sin que una causa orgánica lo explique del todo. En casos así, siempre queda el recurso de la sedación, es decir, del tratamiento farmacológico dirigido a disminuir la conciencia del enfermo. Esta posibilidad se utiliza en muchas exploraciones, tratamientos o situaciones clínicas puntuales y variadas con la intención de evitar el malestar que las acompaña. Cuando se tiene que aplicar a un enfermo al final de la vida, se la llama «sedación terminal» o, mejor aún, «sedación en la agonía».

En general se trata de casos en que es esperada a corto plazo (hablamos de horas o de días) una muerte inevitable y la precede una agonía mal soportada. Es cierto que «agonía» deriva etimológicamente de «lucha» y que no es rara ante la muerte; es una lucha desigual y a veces puede ser demasiado dura. Frente a ella el enfermo aún tiene vida, pero ya no la disfruta, tan sólo la sufre. Es lógico, pues, que pueda preferir evitar la conciencia a partir de un momento, que quiera dormirse ya.

Cuando esto se presenta así, cuando en el periodo de agonía un síntoma físico o psíquico resulta refractario, la sedación está indicada. Debe proponerse entonces como medida de confort o practicarse directamente si hay, o ha habido, demanda bastante clara de hacerlo por parte del enfermo. Quizá la demanda la haya expresado a un familiar o a un cuidador: «Quiero acabar. Ya he tenido bastante: dormidme.» Quizá la manifestó a lo largo del diálogo con el profesional cuando anticipaba un plan de cuidado consensuado: «En los últimos momentos querría que, para evitarme sufrimiento, se me sedara en el momento que consideréis preciso...» Incluso puede haberlo suscrito así en un documento de DVA (DIP), y puede haber añadido: «dejo como representante para esta decisión a...».

De una manera u otra, lo importante es que la voluntad del enfermo se conozca y se respete. Si no se conoce en ese momento, tendremos que iniciar una propuesta de sedación, explicando al enfermo que tenemos una posibilidad de evitarle el sufrimiento pero que quedará dormido y desconectado del entorno. Por supuesto que no conviene llegar tarde y corriendo a tamaña decisión sin haber hablado nunca de ello. El enfermo debería conocer esta posibilidad y los familiares y los profesionales tendrían que haberla previsto. Porque la decisión tiene tanta trascendencia que resulta lógico que la voluntad del enfermo sea decisiva.

Hay quien no acepta la pérdida de la vigilia, de su mirada, de su identidad moral y de su capacidad de relación –aunque todas sean ya muy precarias– mientras no sea imprescindible, y se resiste a la sedación incluso en una situación de relativo sufrimiento. «Es extraordinariamente duro, para la persona que entiende que su conciencia es lo único que tiene para continuar siendo humano, renunciar a ella parcialmente o totalmente cuando el dolor se vuelve insoportable; porque perder la conciencia equivale a consentir la desaparición.»[23] Son las últimas oportunidades de vida humana que tiene.

Hay, en cambio, quien cree que, de todas formas, una agonía no es digna llegado cierto grado de sufrimiento y que la medicina puede y debe ponerle remedio. También tiene su razón en creerlo así, porque uno de los cuatro objetivos de la medicina universalmente aceptados, que tan bien formuló el célebre Informe Hastings, es el de evitar una «agonía excesiva». Y, por supuesto, la valoración del adjetivo «excesiva» no es sólo profesional, sino sobre todo personal, como ocurre con todas las situaciones de sufrimiento.

La voluntad del enfermo es, por tanto, decisoria y no puede presuponerse sin más. Tendríamos que conocerla. Está claro que no hay que pedir tampoco en estas circunstancias un consentimiento escrito, y que debe evitarse al máximo cualquier práctica defensiva. Así, sería una crueldad pretender obtener a toda costa, en ciertos momentos, una manifestación excesivamente explícita de la voluntad, buscando un formulismo exagerado, aunque sólo sea verbal. El sentido común debería ayudarnos a evitar excesos y a preservar, eso sí, el respeto al proyecto del enfermo como persona autónoma que es o que al menos ha sido. Ya hemos dicho que no porque el enfermo esté en una situación precaria hay que considerarlo automáticamente incompetente (es decir, incapaz de comprender y de decidir), aunque sea algo difícil comunicarse con él. Debemos aceptar que no haya ni pueda haber ningún modelo de aplicación fácil y generalizable para hacerlo bien. Es un problema de sensibilidad.

Algunos escándalos, como el de Leganés de hace unos años, han resultado nefastos. Se trataba de una denuncia –que resultó infundada– de abuso en la sedación de enfermos que llegaban a un servicio de urgencias. Debe admitirse que no es el lugar más idóneo para hacer este tipo de tratamiento y hacerlo bien, entre otras cosas porque en urgencias no se conoce al paciente, el entorno se presta poco a la confidencia y a la decisión tranquila y hay ruido, poco tiempo y mucho trabajo. En tales circunstancias es, por tanto, aconsejable decidir, si ello es posible, actuaciones reversibles que puedan ser discutidas y reconducidas más adelante y siempre que no impliquen mantener o aumentar un daño al enfermo. Pero pueden resultar peores algunos intentos de regulación jurídica de esta práctica clínica, si lo que pretendemos es seguridad de decisión en un asunto que, como muchos otros, requiere moverse en un terreno muy individualizado y con mucha prudencia.* Insistimos en que resulta imprescindible individualizar y en que hay que preguntarse qué es lo que quiere aquel enfermo concreto y no sólo lo que querría un enfermo como ése.

Dicho esto, sería bueno resumir diciendo que ninguna idea abstracta, ningún sentimiento o conciencia de nadie –familiar o profesional– tendría que impedir la ayuda legítima que pide una persona en esta situación obligándola a sufrir; tanto si la causa de la demanda es un signo o síntoma detectable desde fuera (delirio, disnea o dolor son los más frecuentes) como si se debe a la intolerancia personal a verse morir (el desasosiego de verse morir también puede llegar a ser un síntoma refractario). Sea cual sea la causa, estaríamos ante una agonía excesiva que conviene tratar mediante sedación. Pero tampoco es admisible decidir la sedación atolondradamente (por la presión de una familia angustiada, por ejemplo) sin un conocimiento sólido del pronóstico o sin conocer la voluntad del enfermo.

* Vemos con inquietud que en algunas leyes de «muerte digna» se prevé que la sedación deba hacerse con el «previo consentimiento informado explícito». Aunque se diga en ellas que no hace falta que sea por escrito, existe el peligro que lleve a una práctica formalista de la toma de decisión y que resulte deshumanizada. El Comité de Bioética de Cataluña ha propuesto, como alternativa, que se diga que la sedación debe adaptarse a la voluntad del enfermo, «expresada o bien con una demanda por su parte, o bien con su aceptación a una propuesta»; formulación que, diciendo lo mismo en el fondo, incita a una práctica más cautelosa.

Un escrúpulo ya obsoleto para practicar la sedación en la agonía (y también la analgesia potente, como hemos apuntado antes) se basaba en el hecho de que acortaba la vida. En primer lugar, no siempre es así en el tratamiento correcto, cuando se dosifica bien. La sedación, por ejemplo, puede ser más o menos intensa y puede ser definitiva o transitoria; tiene una gradación que debe utilizarse proporcionadamente al sufrimiento que intenta evitar, sin ir más allá. En segundo lugar, es difícil y seguramente superfluo poder asegurar si la muerte se ha adelantado algo con esa sedación en un enfermo que ya estaba muriéndose. Finalmente, resulta moralmente grave negarse a este hipotético «doble efecto» y anteponerlo a un sufrimiento real. Incluso la Iglesia católica lo admite así. No solamente ahora, sino en pasadas declaraciones y encíclicas de diferentes papas (recordemos la famosa carta de Pío XII dirigida a los anestesistas, ya de 1957). Se admite desde la ancestral legitimación escolástica del doble efecto si hay una buena intención, simultaneidad (que el buen efecto no venga a consecuencia del malo) y proporcionalidad entre ambos.

Pero es que ni tan sólo se trata de este problema. Desde todos los puntos de vista, debe quedar claro que hay obligación de tratar el sufrimiento que acompaña a la agonía y que la sedación es el tratamiento idóneo cuando hay algún síntoma intratable o lo pida la angustia o el sufrimiento moral. La cuestión no es, pues, si se acelera o no la muerte, sino cómo se llega a ella: si con un sufrimiento evitable o, por el contrario, apaciguándolo mediante la pérdida de conciencia. Y, para decidirlo bien, conviene considerar dos premisas éticamente relevantes: primero, comprobar si hay posibilidades de ofrecer un tratamiento mejor como alternativa y que tenga el mismo efecto paliativo del sufrimiento y, segundo, como en cualquier otra actuación, si se respeta suficientemente la voluntad de la persona, habida cuenta incluso de la desorientación que acostumbra a acompañar el final de la vida.

En el caso de que la voluntad sea patente (se haya expresado de una manera u otra) y no podamos ofrecer al enfermo ningún otro tratamiento mejor, ni ética ni jurídicamente puede ser discutible la indicación de una sedación. No sería aceptable que tolerásemos que un paciente se viese obligado a sufrir por culpa de un escrúpulo nuestro. «Alargar el sufrimiento innecesariamente es una forma de tortura.»[24]

En el caso de que no se pueda conocer la voluntad del enfermo, el médico y el equipo profesional (el parecer de enfermería es muy importante) tienen que hacer una propuesta a los familiares después de la valoración ponderada de la situación clínica, y este diálogo con los familiares –lo veremos más abajo– no siempre es fácil, aunque lo sea la mayoría de las veces cuando se ve clara la oportunidad. Entonces, el médico debe indicar una sedación proporcionada a la situación. Que el tratamiento sea proporcionado quiere decir, en este caso, que esté dirigido a conseguir el efecto de confort que se busca, escogiendo el medicamento adecuado –el midazolam es el más usado, y el haloperidol o la levomepromazina en caso de delirio– en las dosis oportunas, con una inducción suficiente y un control estrecho de la evolución; finalmente, es preciso utilizar la vía más cómoda, que es la oral mientras sea posible y la subcutánea si no lo es (salvo que se disponga de una vía venosa para otras necesidades).

Este tratamiento proporcionado es distinto, tanto en cuanto a su objetivo y su forma de aplicación como en cuanto al resultado obtenido, de la utilización de ciertos «cócteles líticos» o eutanásicos. El primero es una buena práctica totalmente aceptada para controlar el sufrimiento; con el otro, en cambio, se pretende una acción contundente que produzca una muerte rápida vivida como liberación, y que no es permitida hoy en día entre nosotros, tal como veremos en el capítulo siguiente. Es importante tener bien presente esta diferenciación.

Debe recordarse que la decisión de sedación terminal implica al mismo tiempo, una vez decidida, el abandono o la limitación de algunas medidas de soporte que han dejado de tener su objetivo y que ya resultarían fútiles.

EVITAR LAS MEDIDAS INÚTILES

Se dice que una actuación es fútil cuando resulta inútil para conseguir el bien del enfermo. Por lo tanto el hecho de que lo sea o no depende de este objetivo primario y no de la mera eficacia biológica que pueda tener. Por ejemplo, un diurético puede ser eficaz para aumentar la cantidad de orina de un enfermo, pero es fútil si esperamos la muerte en pocas horas. Hay una frase del *Quijote* que, para mí, resume perfectamente lo que es la futilidad: «Es como echar agua en el mar.»[25] Podemos hacerlo, pero con ello el enfermo no gana nada. Recordemos que no todo lo posible resulta conveniente: tenemos que mirar, antes de hacerlo, qué es lo que buscamos para el enfermo, qué ganará y perderá con ello y qué carga le imponemos.

Precisamente, lo que conviene es evitarle actuaciones inútiles y gravosas al final de la vida, particularmente ahorrando molestias innecesarias. Así, cuando la inutilidad de una medida es lo bastante clara, no tan sólo está permitido dejar de aplicarla, sino que sencillamente no debe ni proponerse, ni iniciarse, ni continuarse. Aquello que es fútil no está indicado y por lo tanto es, en principio, nocivo (aparte del despilfarro que supone). La buena práctica consiste entonces en saber parar. Es lo que se conoce en la literatura médica y bioética como la «limitación del esfuerzo terapéutico» (LET), y es una de las decisiones más importantes de buena ayuda al final de la vida. A pesar de que la expresión ha hecho fortuna, no es muy brillante, porque también conviene limitar otras actuaciones que no son propiamente terapéuticas (las exploratorias, los traslados). ¿De qué sirve conocer el equilibrio iónico, el potásico, de un enfermo agónico? Además, al mismo tiempo que se limitan unas medidas, tienen que potenciarse otras como las paliativas. Por eso es mejor hablar de «adecuación de las actuaciones».

Ya hemos dicho que el miedo del ciudadano está cambiando en nuestro entorno. Ahora, en gran parte teme que se retrasen las medidas analgésicas y de confort y que, en cambio, se le continúe sometiendo a terapias agresivas, ya inútiles en su situación. Teme que la obsesión por continuar con estas últimas retrase precisamente la aplicación más necesaria. Frente a él se yergue el fantasma de lo que se ha venido en llamar «encarnizamiento terapéutico». Tampoco es una expresión muy acertada, porque parece que se refiera a una voluntad perversa, cuando es indudable que lo que se hace en todo caso es fruto de una buena intención: otra cosa es que, considerándola, se vea que está mal orientada o que en ese momento resulta fuera de lugar.

Un hecho importante a tener en cuenta es que la futilidad acostumbra a presentarse en una actuación que ya fue iniciada y se viene realizando, seguramente con éxito, hasta ese momento. Quiero decir que la mayor parte de las actuaciones bien indicadas y útiles dejarán de serlo en algún momento y tenemos que estar atentos a esta eventualidad. No debería ser normal que la gente muriese con catéteres, sueros y sondas puestas, o siguiendo hasta el último día un tratamiento quimioterápico, antibiótico o de diálisis; es absurdo. Seguramente las medidas eran correctas el día que se instauraron y mientras fueron útiles, pero han dejado de serlo. Debemos aprender a detenerlas.

Y esto incide en un problema moral debatido desde siempre: ¿qué es mejor, no poner o tener que quitar? Siempre se ha dicho que no hay diferencia ética ni legal entre una manera u otra de limitar el tratamiento; pero también se ha admitido que hay una dificultad psicológica superior en tener que retirar lo que ya está en marcha. Es ésta una apreciación que precisamente está evolucionando últimamente con la mejora de la relación y la información clínicas. Es cierto que resulta difícil tener que quitar si no se ha previsto hacerlo y no se ha consensuado previamente; pero lo es muchísimo menos si la medida ya se consideró desde un principio transitoria y se pactó así. No debería temerse empezar una actuación sobre cuya utilidad tenemos dudas, a pesar de que podamos tener que suspenderla después si se demuestra que ya no la tiene o ha llegado a perderla. Si se informa debidamente de esta eventualidad, no costará tanto limitarla. Y esto es capital en situaciones de urgencia. Por ejemplo, ¿iniciamos o no el tratamiento del ictus cerebral del anciano? Podemos contestar: «Accedemos a que se empiece pero quizá pediremos que se suspenda si vemos, cuando tengamos más datos, que el estado en el que quedaría no es compatible con el que él toleraría.»

Lo que no puede ser es que el argumento para continuarlo sea solamente el de que ya se ha iniciado. Como tampoco hay razón para continuar al amparo de lo mucho que ha costado haber llegado hasta allí (recuperando una parada cardiaca, o habiendo extirpado con gran esfuerzo un tumor). Hay que estar dispuesto a reconsiderar cada vez el objetivo, y adecuar así las actuaciones a cada momento.

Ésta es una constatación básica: debe preverse el cambio de estrategia y hay que ser lo bastante flexible como para poder adaptarse a la nueva situación. Y lo primero es pensar en ello, como le gusta insistir a Clara Llubià.[26] Sólo teniendo presente esta posibilidad, se detectará el momento para reconsiderar la situación y tomar la decisión correcta.

Ya vimos que la decisión de limitación no puede ser cuestionable cuando procede de la voluntad expresada por el enfermo, ya sea directamente cuando aún es cabal (recordemos que a esto obliga el consentimiento informado), ya sea a través de un DVA o DIP hecho previamente, o si la expresa su representante. La definición de futilidad ya hemos dicho que se basa en el objetivo perseguido, y que éste depende en gran parte la voluntad del paciente y no sólo de los datos objetivos. A veces, estos últimos pueden ser contundentes por sí solos: no tiene ningún sentido continuar el tratamiento de mantenimiento de un enfermo en cuidados intensivos si se ve que las posibilidades de recuperación que aporta son demasiado improbables y sólo se le mantiene artificialmente. Pero otras veces es la voluntad del enfermo la que define el límite: por ejemplo, alguien puede tener probabilidades aceptables de recuperación, pero la calidad de vida que resultaría no sería aceptable para él, es decir, no admite el objetivo que le brindan nuestras probabilidades de ayuda. Esta voluntad resulta entonces definitoria de la futilidad de las medidas que propondríamos en ese caso.

254

Si no se conoce ninguna indicación suya, también conviene tener la iniciativa de retirar o de no iniciar cualquier actuación que veamos que pueda comportar alguna molestia al morir y que no tenga un efecto claro para su confort. Por ejemplo, no sería recomendable mantener puesta una sonda de nutrición con la muerte segura y próxima. En cambio, si no hay voluntad en contra, no debería limitarse aquello que es eficaz y simple, que no implica molestias y que no hay suficiente seguridad de que sea inútil. Por ejemplo, la sonda vesical, mucho menos molesta, puede ahorrar molestias urinarias y, por tanto, ser recomendable mantenerla.

Está claro que la mayoría de estas decisiones deben tomarse en condiciones de relativa incertidumbre, a menudo mayor de lo que pueda parecer: puede haber solamente algún indicio de la voluntad del enfermo, poca constancia de la utilidad del tratamiento, molestias nada fáciles de valorar y, sobre todo, un pronóstico difícil de cuantificar.

En estas condiciones, incluso puede suceder que la decisión que se vaya a tomar sea muy compleja y trascendente, no sólo puntual y transitoria. Puede implicar, por ejemplo, abandonar o no el tratamiento que hasta entonces se creía curativo, y aceptar una muerte contra la cual se estaba luchando. Esto (nada raro) obliga a una deliberación franca y profunda entre todos los implicados, dándose plazos razonables para meditar la decisión definitiva. «No va bien y no vemos posibilidades de recuperación. Si su estado no ha mejorado lo suficiente el lunes con el tratamiento que estamos aplicando, quizá tendríamos que hacernos a la idea de que ya es inútil continuarlo y deberíamos sentarnos para decidir su limitación y ayudarle a morir bien, sin que sufra más.» Esta decisión puede ser muy dura, sobre todo cuando la mala evolución ha destruido esperanzas que se mantenían hasta entonces, lo cual puede ser difícil para los familiares, evidentemente, pero también para los profesionales.

Normalmente corresponde a éstos plantear la situación con realismo, porque son ellos los que la ven aparecer en el horizonte. Y, al hacerlo, deben tener en cuenta algunos pasos a seguir, progresiva o separadamente, según sea el caso. Sobre cada uno de ellos hay que llegar a un consenso suficiente. El primer paso sería el de no iniciar ninguna nueva actuación frente a una nueva eventualidad; es lo que ha dado lugar a las «órdenes de no reanimación» (frecuentemente escritas como ONR): si se para el corazón, no intentar reanimarlo; si sangra, no poner más sangre; no practicar cirugía si se obstruye el intestino, etcétera. El segundo paso es el de continuar con lo que se está haciendo pero planteándose la retirada en un plazo razonable, como decíamos, si no aparece un cambio positivo en ese tiempo. El tercero consiste en retirar alguna medida instaurada, por ejemplo la alimentación asistida, la diálisis, la heparina o los antibióticos. En el cuarto, se retira ya todo tratamiento, incluso el soporte de la hidratación y de las drogas vasoactivas con las cuales se mantiene la presión y la perfusión de tejidos. Finalmente, quedaría la retirada del respirador o la disminución progresiva de la ventilación.[27]

En esta progresión, tan sólo las medidas analgésicas y paliativas de confort se mantendrían o aumentarían. Ya hemos visto que la sedación puede estar indicada precisamente para poder limitar el tratamiento y evitar el sufrimiento suplementario (antes de sacar el tubo endotraqueal, por ejemplo).

256

El consenso en el entorno del enfermo

Muchas de estas decisiones se toman sin que el enfermo participe en ellas. Es obvio que no puede ser de otra manera cuando ya está inconsciente; pero también suele suceder así aunque el enfermo mantenga la conciencia y no esté demasiado disminuida. Los familiares, angustiados, tienden a una protección muy estricta sobre él y, en consecuencia, a un paternalismo tal que lo deja muy apartado de las decisiones, de las cuales va a ser únicamente sujeto pasivo. Todo para el enfermo pero sin el enfermo. Es cierto que frecuentemente se llega al final de la vida con una capacidad de autonomía muy relativa y se confía en la ayuda del entorno, y se agradece. Resulta, por tanto, comprensible esta necesidad de protección del enfermo frente a la vulnerabilidad, pero no deberían llegar a impedirse las pocas posibilidades de participación que aún pudiera tener, y que suelen valorarse poco. No debería llegar a prescindirse de él, en una palabra. Porque, si se hace, pasa de ser vulnerable a ser vulnerado. Ya hemos dicho que acompañar no es sinónimo de sustituir sin más, y que conviene estar alerta para no perder aquellas oportunidades de respeto que ayuden a morir mejor.

A veces es muy evidente que las decisiones de limitación o de adecuación, de analgesia o de sedación, deben tomarse «por sustitución». Y así, con esta misma expresión, lo especifica incluso la ley. Entonces los familiares o el representante nombrado por el enfermo (en un documento de voluntades anticipadas, de instrucciones previas, por ejemplo) deberán tomarlas junto con los profesionales.

En esta situación, tan habitual, es muy importante no perder de vista al enfermo y sus necesidades, por encima de los sentimientos, valores o gustos de quien toma la decisión. Y no es fácil, ni para retrasar ni para adelantar acontecimientos.

Por descontado, ya hemos dicho que un peligro en ese momento es el de continuar luchando contra la enfermedad y retrasar inútilmente una muerte ya inevitable, al considerarla como mal absoluto y no ver que podría no ser mal alguno para el enfermo en aquella situación. Es frecuente que lo más fácil sea continuar actuando: se tiene que pensar menos, no es preciso tomar ninguna decisión aparentemente comprometida y da la sensación de hacer «todo lo necesario». A veces los familiares pueden ser los inductores a ello, al oponer resistencia a aceptar la situación. Puede que el motivo de esta dificultad sea un problema personal, de culpabilidad por ejemplo: es frecuente que el que más resistencia oponga sea quien menos ha cuidado al enfermo por aquella cadena inconsciente de «he hecho poco, hemos hecho poco, habéis hecho poco, deberíamos hacer más, deberíais hacer más». O puede ser debido a una falta de información o a haber sido víctima hasta aquel momento de falsas esperanzas. Entonces conviene reconducirlas, algo que puede requerir tiempo y sobre todo dedicación para hacer comprender que, a pesar de la pena, se trata de no poner impedimentos al tránsito pacífico que el enfermo va a realizar.

De todas formas, estas reticencias del entorno, de una u otra causa, tienen su peso y no conviene pasarlas por alto sin más, pues se trata de llegar a un consenso que sea lo más amplio y aceptable posible. Puede pasar que esta necesidad de conseguirlo legitime, pongamos por caso, que se retrasen las medidas de limitación y que se continúe un tratamiento de soporte fútil si hay una buena razón para ello, no se daña al enfermo y no se prolonga la decisión más allá de un tiempo razonable. ¿Quién no encontraría admisible que se mantuviera en la UCI a un joven en muerte cerebral que ha sido víctima de un accidente reciente mientras se espera que su familia se reúna para que se haga cargo de lo que está sucediendo?

Y no se trata solamente de mantener a un enfermo así unas horas más en la UCI. A veces esta falta de previsión, o la dificultad para decidir la limitación, es el motivo de actuaciones fútiles desde el mismo domicilio, incluso agresivas. ¡Cuántos enfermos no son trasladados inútilmente a urgencias en los últimos momentos porque los familiares no soportan un nuevo síntoma aparatoso (una respiración visiblemente dificultosa) que el enfermo preagónico presenta en casa y que no se había previsto! Y hay que admitir que no resulta nada confortable pasar el último día de la vida en una ambulancia atravesando la ciudad para acabar muriendo en el ajetreo de una sala de urgencias. Lo que acostumbra a pasar en estos casos es que, hasta el último momento, se ha querido hacer todo lo posible utilizando todos los medios al alcance.

Resulta claro en casos así que la tecnología más alta que uno pueda imaginar para ayudar en la agonía ¡es el teléfono de un equipo asistencial de confianza! Tener el número de su móvil, y poder llamar para pedir consejo cuando se precisa, es lo más eficaz, lo más útil, lo menos costoso y lo más gratificante; mucho más que todos los servicios de urgencia de los hospitales de tercer nivel y todas las nuevas tecnologías punta, que no están ni pensadas ni bien preparadas para cuidar este tipo de enfermos y de situaciones. Lástima que esta ayuda tan próxima resulte tan difícil de alcanzar, sea tan lejana.

Conviene preparar estas cosas. Es importante comprender qué es lo que pasa, lo que puede o va a pasar y lo que se puede hacer por el bien del enfermo. Evidentemente, siempre debemos acompañarle, aceptar los hechos, los síntomas, tolerar los silencios y el tiempo que transcurre; saber estar. Es poco, pero es mucho. Resulta de mucha ayuda para el enfermo ver que se mantiene a su lado el coraje y la tranquilidad. Está claro que para ello se precisa información previsora y el asesoramiento profesional, al menos para saber que no se está perdiendo ninguna oportunidad útil, porque ésta es una duda que a menudo asalta a los acompañantes. Y, por encima de todo, deben contenerse los aspavientos, en general por sentimientos de miedo o de culpa. Se tiene que ser consciente de lo que pesa más en la balanza: si estamos siguiendo los valores del enfermo o los nuestros o los de nuestro entorno. La confesión de Jordi Gol es muy instructiva al respecto: «La mayoría de los sanitarios pasaba de largo; y los que nos acercábamos mirábamos lo que constituía nuestra gran tentación: el enchufe del respirador automático. Era muy fácil desconectarlo. Pero nadie lo hizo. Y la chica murió al cabo de una semana de íleo paralítico. No lo desconectamos no por el respeto debido a la chica que moría, sino por amor propio, por el miedo a tener remordimientos: era en nosotros mismos en quienes pensábamos.»[28] Resulta muy honesto este reconocimiento del peso que en la decisión tienen las convicciones acríticas del entorno y de cómo frecuentemente se sobreponen a las necesidades del enfermo y a nuestros deberes.

A veces esta misma invasión del entorno puede llevar al efecto contrario, no a alargar la agonía sino a pretender eludirla. La dificultad para aceptar tener que vivirla tan de cerca, aunque se sepa que el enfermo está ya inconsciente y que no sufre, puede llevar a la familia a pedir actuaciones poco razonables en este sentido. Una vez se admite que la muerte es inevitable, tiende a pensarse que es mejor que llegue enseguida. Y así, se puede pedir una sedación que ya no sería necesaria; o se puede pedir aumentarla para acortar la espera del desenlace (una media de dos días).[29] Los profesionales pueden verse así presionados por la familia para aplicar medidas más enérgicas de lo que estaría indicado. «Doctor, nos dijeron que moriría, y ya ha pasado una noche entera: ¿no lo estamos haciendo sufrir?», pueden decir guiados por el propio sufrimiento y el cansancio. Debe intentarse contener esta impaciencia y recordar que el duelo no debería inducir a actuaciones innecesarias sobre el enfermo. No hablemos de situaciones en que ya el motivo de la sedación intempestiva proviene del profesional en una situación poco propicia para la reflexión, como es la de un servicio de urgencias colapsado de un gran hospital. La sedación debe ser siempre una decisión meditada, razonada y hablada; lo que en catalán llamaríamos *«enraonada»*, que incluye todo eso a la vez.

Es decir, también la sedación puede llegar a ser fútil; y también puede haber cierto «encarnizamiento paliativo», por decirlo de algún modo, que conviene evitar.

En resumen, procurar una buena analgesia, con sedación cuando sea preciso, y evitar las actuaciones inútiles son las dos medidas que, junto con el respeto al rechazo del enfermo, forman parte de las buenas prácticas fundamentales para tratar correctamente las situaciones del final de la vida. En cualquier caso, siempre se tiene que pensar en ellas, siempre debe preverse su posibilidad. Para estar preparados y no confundirlas con la eutanasia, conviene tener claros los conceptos y los límites éticos y legales que las separan. Y esto es lo que vamos a analizar seguidamente.

1. J. Milton. *Paradise Lost.* Libro VI, 462, 463 y 464. New Arts Library, 1999. Web (5 de noviembre de 2009) www. paradiselost.org/5-overwiew.html.

2. P. Piulachs. «El sentido del dolor». Discurso de ingreso en la Real Academia Nacional de Medicina. Madrid, 1974. Pág. 113.

3. Marcos 14:36.

4. M. Scheler. *Le sens de la soufrance.* Aubier. París, 1942. Pág. 7.

5. T. Dormandy. *El peor de los males. La lucha contra el dolor a través de la historia.* Antonio Machado Libros. Madrid, 2010. Pág. 640.

6. R. Sanchez Ferlosio. *Mientras no cambien los dioses, nada ha cambiado.* Alianza. Madrid, 1987. Pág. 93.

7. R. Armengol. *Felicidad y dolor. Una mirada ética.* Ariel. Barcelona, 2010. Pág. 40.

8. N. Mahâthera. *La paraula del Buda.* Publicacions de l'Abadia de Montserrat. Barcelona, 1984, Majihima Nikata. Sutta 63. Pág. 67. Traducción propia.

9. L. Gustafsson. *Muerte de un apicultor.* Muchnik. Barcelona, 1978. Págs. 109 y 141.

10. R. Armengol. *Felicidad y dolor. Una mirada ética.* Ariel. Barcelona, 2010. Pág. 39.

11. N. I. Cherny, J. Baselga, F. de Conno y L. Radbuch. «Formulary availability and regulatory barriers to accessibility of opioids for cancer pain in Europe: a report from the ESMO/ EAPC Opioid Policy Iniciative.» *Annals of Oncology.* 2010, n.º 21. Págs. 615-626.

12. M. Broggi. *Memòries d'un cirurgià II: Anys de plenitud.* Edicions 62. Barcelona, 2002. Pág. 282. Traducción propia.

13. N. I. Cherny; J. Baselga; F. de Conno; L. Radbuch. «Formulary availability and regulatory barriers to accessibility of opioids for cancer pain in Europe: a report from the ESMO/EAPC Opioid Policy Iniciative». *Annals of Oncology.* 2010, n.º 21. Págs. 615-626.

14. M. Allué. «El dolor en directo». En Ramon Bayés (ed.). *Dolor y sufrimiento. Monografías Humanitas.* Vol. 2, n.º 2. Barcelona, 2004. Pág. 77. www.fundacionmhm.org.

15. T. Dormandy. *El peor de los males. La lucha contra el dolor a través de la historia.* Antonio Machado Libros. Madrid, 2010. Pág. 681.

16. C. Maillard. «Sobre el dolor». En Rafael Argullol (ed.). *Cuerpo, mente, arte y medicina. Monografías Humanitas.* Vol. I, n.º 4. Barcelona, 2003. Pág. 100. www.fundionmhm.org.

17. M. Allué. «El dolor en directo». En Ramon Bayés (ed.). *Dolor y sufrimiento. Monografías Humanitas,* Vol. 2, n.º 2. Barcelona, 2004. Pág. 75. www.fundacionmhm.org.

18. J. Porta. *Ética y sedación al final de la vida.* Quaderns Víctor Grífols, n.º 9. Barcelona, 2003. Pág. 24.

19. I. Heath. *Ayudar a morir.* Katz. Buenos Aires, 2008. Pág. 62.

20. Esquilo. *Tragèdies III. Agamemnon.* Bernat Metge. Barcelona, 1934. Pág. 21.

21. R. Armengol. *Felicidad y dolor. Una mirada ética.* Ariel. Barcelona, 2010. Pág. 40.

22. E. J. Cassell. «The nature of suffering and the goals of Medicine.» *New England Journal of Medicine.* 1982, n.º 306. Págs. 639-645.

23. C. Maillard. «Sobre el dolor». En Rafael Argullol (ed.). *Cuerpo, mente, arte y medicina. Monografías Humanitas.* Vol. I, n.º 4. Barcelona, 2003. Pág. 99. www.fundionmhm.org.

24. J. Drane. *More Human Medicine: A Liberal Catholic Bioethics.* Edimboro University Press. Edimboro (Pensilvania), 2003. Pág. 28. Traducción propia.

25. M. de Cervantes. *El ingenioso hidalgo don Quijote de la Mancha.* AHR. Barcelona, 1962. Pág. 265.

26. C. Llubià. «Cuidados críticos: la escucha como terapia imprescindible». *Psicooncología.* 2008, n.º 5. Págs. 233-243.

27. Comité de Bioética de Cataluña. *Recomendaciones a los profesionales sanitarios para la atención a los enfermos al final de la*

vida. Fundació Víctor Grífols i Lucas. Barcelona, 2010. http://comitebioetica.files.wordpress.com/2012/02/cbcfividaes.pdf.

28. J. Gol. *Jordi Gol i Gorina (1924-1985): Els grans temes d'un pensament i d'una vida.* La Llar del Llibre. Barcelona, 1986. Pág. 71.

29. J. Porta *et al.* «Estudio multicéntrico catalano-balear sobre la sedación terminal en cuidados paliativos». *Medicina Paliativa.* 1999, n.º 6. Págs. 153-158.

9. LA BUENA MUERTE Y LA EUTANASIA

Es imprescindible distinguir bien lo que hemos mostrado hasta ahora como buenas prácticas de lo que se entiende por eutanasia. De lo contrario, se podría pensar que cualquier proceso de morir en el que se interviniera médicamente (como cada día resulta más habitual) constituiría una eutanasia, sobre todo si la decisión ha sido difícil y discutida. Sería una equivocación intelectual, moral y también legal.

Todo familiar o profesional debe tener claro que una cosa es mitigar el sufrimiento que puede acompañar al proceso del final de la vida, evitando a la vez las medidas que lo alarguen inútilmente, y otra distinta es provocar la muerte. Las primeras opciones forman parte de lo que hay que hacer, y la última, en cambio, está proscrita en nuestro país por ahora, a pesar del debate que se abre de forma intermitente sobre su despenalización en algún supuesto. Si las confundimos, podemos causar algún daño, porque la sombra de la eutanasia planea como un fantasma cuando se piensa con poco rigor sobre estas cuestiones, y el miedo puede acabar paralizando lo que podría haber sido una buena ayuda. Conviene, pues, tener bien definidos los conceptos. Definir (de-finir) es precisamente señalar sus límites (*limes, fines,* en latín) y, por suerte, esto puede hacerse ahora con más nitidez que antes.

Para anunciarlo de manera resumida: hoy día sólo puede considerarse eutanasia el acto de procurar la muerte de un enfermo que sufre, que es capaz y lúcido, y se hace de forma activa y directa, a petición suya. Como veremos enseguida, ya no podemos hablar de «eutanasia pasiva» o «indirecta», porque estos supuestos han quedado obsoletos desde la promulgación de los nuevos derechos de los enfermos y del reconocimiento general de los deberes que se derivan de ellos. Continuar empleándolos es contribuir a la confusión.

Claro que se comprende con indulgencia que la percepción social ha cambiado mucho en los últimos años, en esto como en muchas cosas, y ello explica que observemos alguna desorientación cuando se usa el término «eutanasia» coloquialmente. Históricamente, el concepto no tenía una connotación tan precisa como la que tiene hoy en día. Por ejemplo, hablando de César Augusto, Suetonio dice: «El destino le reservó una muerte tranquila, tal como siempre había deseado. En efecto, casi siempre que oía decir que alguien había muerto rápidamente y sin sufrir, imploraba a los dioses que le fuera concedida para él y para los suyos la misma "eutanasia" [y escribe εὐθανασιαν, en griego]; ésta era precisamente la palabra que solía usar.»[1] En este párrafo (es la documentación más antigua sobre la palabra) se ve «eutanasia» como sinónimo de buena muerte, puesto que etimológicamente quiere decir esto (del griego, *eu,* bien o bueno, y *thánatos,* muerte): simplemente, muerte sin sufrimiento, casi sin agonía, dulce o en paz; es decir, la que todos querríamos, la que todo el mundo persigue y la que es, precisamente, el objetivo de las actuaciones que hemos reivindicado a lo largo del libro. Si nos quedáramos con esta acepción tan amplia, la confusión estaría servida: casi toda intervención de ayuda, todo proceso medicalizado sería susceptible de llamarse así y, tal como están las cosas, se dudaría de que constituyera un buen hacer.

EVITAR LA MALA MUERTE NO ES EUTANASIA

César Augusto imploraba una buena muerte. Y lo imploraba a los dioses porque temía el destino que administran ellos tan injustamente, con un criterio de distribución que rehúye toda racionalidad, equidad y compasión. Precisamente por esto es justo y necesario que nosotros corrijamos, en lo que podamos, el mal que ellos o la naturaleza nos deparan ciegamente. Con el conocimiento científico, las posibilidades técnicas, las leyes equitativas, las medidas administrativas y la solidaridad consensuada entre todos, intentamos precisamente esta corrección: procurar una ayuda personalizada que permita morir lo mejor posible, sea cual fuere el escenario en que sobrevenga.

Al propio César, si ahora hiciera la misma invocación, le contestaríamos: «Confíe también en nosotros: procuraremos que las cosas vayan bien para usted y los suyos con lo que podamos hacer.» Y con la medicación que tenemos a mano atenderíamos su esperanza y le ofreceríamos la posibilidad de beneficiarse de una buena analgesia si le hiciera falta e incluso de una sedación si se presentara un síntoma que no se pudiera tratar de otra manera. Y no lo haríamos como gracia hacia él por ser quien es, sino por tratarse de un deber general asumido por todos nosotros.

Ya no tiene sentido por eso hablar de eutanasia en aquellos supuestos en los cuales no hacemos más que cumplir con nuestro deber. A no ser que dijéramos lo mismo de tantas otras actuaciones: y que, si habláramos de buena cirugía, dijéramos «eucirugía»... Resultaría superfluo por demasiado evidente: «Sólo faltaría», añadiríamos enseguida: «lo contrario sería simplemente mala praxis.» Y es cierto: no tiene sentido pensar que, cuando se hace bien lo que se debe hacer, estemos haciendo algo tan especial que tengamos que subrayarlo con otro nombre. Ya no tiene sentido ningún término diferenciador y calificativo sobre la ayuda al final de la vida desde el momento en que hemos decidido que todo el mundo tiene derecho a que «se le evite una muerte prematura y se fomente, y no se amenace, una muerte tranquila», expresándolo con la conocida formulación del documento *Los fines de la medicina* del prestigioso Hastings Center.[2] El ciudadano tiene derecho a que se le evite una agonía excesiva o en malas condiciones.

Si con la analgesia o la sedación que ofrecemos –siempre proporcionadas al sufrimiento presente– se avanzara hipotéticamente la muerte de alguien (y ya hemos visto en el capítulo anterior que es muy difícil asegurarlo en una situación concreta) lo consideraríamos un efecto secundario que, como en muchísimas otras actuaciones médicas, puede aceptarse si al indicarla se ha hecho una ponderación equilibrada del balance entre riesgos y beneficios, y si además el enfermo ha aceptado el riesgo. Es decir, no se puede hablar en estos casos de una «eutanasia indirecta», como antes se hacía, sino de tratamiento correcto (¿«eutratamiento»?) para el control de los síntomas molestos que acompañan al proceso de morir: no se quiere provocar la muerte con ello, sino tratar de que, puesto que llega, se produzca con la máxima calidad posible.

Y con este mismo objetivo también hay que mirar, evidentemente, que nuestras actuaciones no acaben siendo contraproducentes, contrarias al interés del enfermo; que no acaben siendo yatrogénicas, es decir, como su etimología señala, que no sea el médico quien produzca el daño. Por ejemplo, hay que estar atento a que las actuaciones que se han venido utilizando contra la enfermedad y para posponer la muerte, mientras era razonable, no se transformen después en un impedimento absurdo para morir tranquilo y en paz. Hay que saber detener las acciones cuando ya resulten inútiles; y ya hemos visto que para considerar lo que es «fútil», es decir, lo que no es conveniente, además de los datos que aporta el médico (de pronóstico, eficacia esperada, alternativas, posibles secuelas, etcétera), también cuenta la voluntad del enfermo, que siempre puede rechazar o limitar cualquier actuación propuesta o empezada. Pues bien, también el respeto a estas opciones, como sabemos, forma parte de los deberes básicos ahora reconocidos y, por lo tanto, tampoco merecen ninguna otra consideración para separarlas de la buena práctica profesional, como se hacía antes al designarlas como «eutanasia pasiva». Ahora ya forman parte simplemente de unos deberes clínicos: el de evitar la futilidad en nuestra actuación y el de respetar el derecho de cualquier persona a que no se le imponga nada que no quiera, aunque esta persona esté enferma y muy enferma.

Además, conviene hacer una consideración muy relevante éticamente: con cada una de estas prácticas ahora apuntadas, es evidente que no somos nosotros los que provocamos la muerte, sino que simplemente dejamos que ésta llegue: primero, sin sufrimiento, o con el menor posible; y segundo, sin interponerle unos obstáculos que o bien resultan inútiles y contraproducentes para el enfermo, o bien, aunque serían adecuados para nosotros, no son aceptados por él.

Podríamos resumir todavía más estas distinciones fundamentales con el cuadro siguiente, extraído de Pablo Simón, promotor de un artículo colectivo,[3] en el que participamos muchos autores, clarificador en cuanto a los conceptos que no deben confundirse y que ha quedado como referencia en España sobre estas cuestiones:

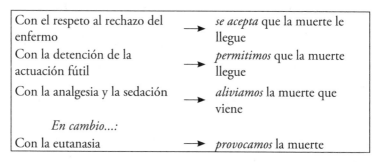

Con el respeto al rechazo del enfermo	→	*se acepta* que la muerte le llegue
Con la detención de la actuación fútil	→	*permitimos* que la muerte llegue
Con la analgesia y la sedación	→	*aliviamos* la muerte que viene
En cambio...:		
Con la eutanasia	→	*provocamos* la muerte

Es decir, cuando la muerte viene, *aceptarla, permitirla o aliviarla* es buena práctica si así se pide y/o está indicado por alguna razón. Es el fundamento de la amplia y legítima demanda social para evitar lo que, por ejemplo, temía el César y estaba en el trasfondo de su invocación: evitar una «mala muerte», lo que él quizá hubiera llamado una «distanasia».

A veces se identifica «distanasia» sólo con «obstinación terapéutica»,[4] es decir, con la rutina o la voluntad de continuar con medidas desproporcionadas para mantener la mera vida biológica; con hacer demasiado en este sentido. Creo que habría que entenderla de forma más amplia, porque también es hacer las cosas mal. Visto de esta manera, lo sería toda muerte mal tratada y maltratada, mal llevada por exceso o defecto; aquella en la cual, por acción u omisión, se provoca o permite un sufrimiento evitable.

Evitar la mala muerte es *la* cuestión perentoria. Y el hecho de actuar para evitarla no puede confundirse nunca con la eutanasia.

Lo que es más grave todavía es que esta mala muerte pueda deberse a nuestra actuación; es lo primero que deberíamos vigilar. La cuestión incumbe, claro está, sobre todo a los profesionales, que tienen que procurar una utilización adecuada y oportuna de su capacidad de actuación. ¡Cuántos enfermos no mueren en pleno tratamiento inútil y tercamente continuado hasta el final para una curación ya imposible! Pero también implica a los familiares y allegados, que pueden tener iniciativas poco razonables debido a su atolondramiento y angustia, que pueden resultar dañinas para el enfermo. Podríamos repetir aquí el ejemplo del moribundo trajinado en ambulancia arriba y abajo el último día de su vida en busca de un tratamiento ilusorio, cuando lo que más necesitaría sería la mayor tranquilidad posible en su entorno. La causa de que los familiares lleven al enfermo a urgencias a morir mal puede estar en el temor a sentirse abandonados; por tanto, se trataría de una culpa compartida.

No podemos olvidarnos tampoco de la Administración, que tendría que cuidar mucho más el entorno en el que mueren los ciudadanos en sus instituciones; no ya en la sala de urgencias, sino también en las mismas salas de hospitalización, tan inhóspitas a veces. Con respecto a esta insensibilidad, querría repetir el ejemplo que a veces he citado como paradigmático de una mala muerte:[5] es difícil imaginar una muerte más sórdida que la que ocurre en una habitación cualquiera de un gran hospital, si llega al anochecer de un día festivo, teniendo que escuchar Tele5 en el televisor del vecino, con la visita vertiginosa de un joven médico de guardia, desconocido y ajetreado, y con los familiares sacados al pasillo por un equipo de enfermería sobrepasado. Es una estampa real y habitual entre las muchas que toleramos. Y recordemos aquí que la mitad de las muertes de nuestro entorno se produce en los hospitales.

Todas estas muestras de mala muerte apuntadas (de «distanasia», podríamos decir, aunque no se correspondan con un «encarnizamiento terapéutico» propiamente dicho) las provocamos nosotros y, por lo tanto, está en nuestras manos evitarlas para que la muerte sea... más «eutanásica», como diría el viejo César; salvo que ahora nosotros no lo llamaremos así, y diremos que debe ser simplemente más adecuada y conforme a lo que cada cual tiene derecho a esperar de una atención de calidad, respetuosa y personalizada más apropiada.

PERSONALIZAR LA MUERTE NO ES EUTANASIA

Una conocida frase de Rilke dice así: «Señor, da a cada cual su propia muerte / el morir que proviene de aquella vida / en la cual se encontró sentido, amor...»* Resulta interesante la mejora que introduce Jordi Llovet al decir lo que me permito traducir así: «Hacerse cada cual con su propia muerte.»[6] Es decir, conseguir un morir que permita una «muerte propia».[7] Creo que la matización subraya un concepto que resulta fundamental para hablar de un buen final de la vida: el de su apropiación; sobre todo el de procurar que nadie pueda sentir que se le expropia de

***

* «O Herr, gib jedem seinen eignen Tod. / Das Sterben, das aus jenem Leben geht, / darin er Liebe hatte, Sinn und Not.» Rainer Maria Rilke. Das Stundenbuch – Das Buch von der Armut und dem Tode. 1903.

272

él. La idea está en la base de los derechos que hemos visto y de toda demanda de ayuda realmente humanizada y humanizadora.

Reproduzco aquí un párrafo de Diego Gracia sobre el particular: «No hay duda de que la enfermedad mortal va poco a poco expropiando el cuerpo, hasta acabar con él. Pero tampoco la hay de que los procedimientos técnicos y asistenciales puestos a punto estas últimas décadas (técnicas de soporte vital, unidades de cuidados intensivos, etcétera), cuando no se utilizan correctamente, pueden incrementar aún más este proceso de expropiación. Se entiende por ello que haya enfermos para los que el morir sea preferible al vivir de esta manera. Hay expropiaciones peores que la muerte, precisamente porque distorsionan más la posibilidad de apropiación. Es preferible no poder apropiarse nada (eso es, la muerte) que verse obligado a asumir como propio un modo de vida que se considera humillante, indigno, inhumano.»[8]

Tenemos que ser muy cuidadosos ante la vulnerabilidad de estos enfermos y estar más que nunca atentos a sus valores, preferencias conocidas y límites que puedan señalar; porque fácilmente podemos decepcionarlos y acabar haciéndoles seguir el proceso que nosotros decidimos por ellos. Podemos vulnerar su voluntad, por ejemplo, simplemente desatendiendo lo que quieren. Así, a menudo se les trata mal (de trato) al tratar demasiado (de tratamiento) lo que ya no es tratable y, en cambio, dejando sin tratar suficientemente su sufrimiento.

Lo ilustraba muy gráficamente un editorial del *New England Journal of Medicine:* «La situación sería análoga a la de aquel padre que alentara a un hijo a subirse a un árbol cada vez más y más arriba... Y finalmente, cuando llegara arriba del todo y viera que ya no podrá bajar sin ayuda, el padre le dijera: Lo siento, te he ayudado a subir pero no puedo ayudarte a bajar.»[9]

Los enfermos a quienes les ocurre lo mismo que a este hijo sienten que se les ha abandonado. Y recordemos que el abandono es uno de los peores pecados, porque es una muestra de inhumanidad, tanto si lo comete un familiar con uno de los suyos como si lo hace el profesional con su paciente o la Administración sanitaria con un ciudadano. Aunque hasta entonces hayamos hecho mucho por él, es imperdonable abandonarlo al final de la vida. Todo el mundo espera de su entorno esta última muestra de solidaridad y de sensibilidad antes de morir. No hace falta que lo hagamos bajar bruscamente del árbol de la vida, pero la mayoría de las veces puede ayudársele paso a paso. Y, como hemos mostrado, podemos hacerlo casi siempre bastante bien: respetando los límites que cada cual señale, conociendo sus deseos, retirando los tratamientos que sean inútiles, usando la analgesia y el control de los síntomas cuando haga falta y recurriendo a una sedación proporcionada si es necesario.* Tenemos suerte de vivir en nuestro siglo y en nuestro mundo.

¿PODEMOS IR MÁS LEJOS?

Legalmente, no. Hemos llegado a una línea de demarcación clara. Al otro lado está la muerte provocada voluntaria y directamente a petición de una persona que sufre una enfermedad o una situación de sufrimiento incurable,

---

* Algunos han llamado «ortotanasia» a estas buenas prácticas (del griego *orthos,* recto o correcto), pero es un neologismo que creemos innecesario y contraproducente.

cuando para ella resulta insoportable y se practica con una ayuda médica decisiva («necesaria», especifica la ley). Podría ser ésta una definición mínima de eutanasia, que podría adoptar dos formas diferenciadas según quién sea el que la lleve a cabo finalmente: cuando es la misma persona se habla de suicidio médicamente asistido, y si es el profesional quien lo hace a voluntad del paciente, de eutanasia propiamente dicha.

No se trata, pues, con la eutanasia, de querer evitar una «mala muerte» como hemos visto hasta ahora; es decir, de evitar la agonía excesiva o el sufrimiento que la acompaña, ni de respetar tampoco el rechazo del enfermo a una actuación que no le interesa. Con lo que veíamos, no se hacía más que dejar que la muerte, que ya estaba viniendo, llegara oportunamente sin trabas ni dolor. En el caso de los supuestos de los que hablaremos ahora, de las formas de eutanasia, se trata de provocarla aunque esté relativamente lejos: en el caso conocido del señor Sampedro, sin su determinación no era previsible que ocurriera a medio plazo.

Podríamos decir que la eutanasia no quiere tanto evitar una «mala muerte» como rehuir una «mala vida», la que se prevé en algunas situaciones de patología grave. Y a la sociedad, que acepta ampliamente el primer planteamiento, le cuesta aceptar esta última opción. Sobre todo por razones ideológicas que pesan mucho sobre el legislador; y también por miedo al abuso. Tan sólo unos pocos países la han despenalizado hoy en día; aunque el hecho sea trascendente en sí mismo y nos pueda resultar instructivo el estudio de su resultado.

No podemos reproducir aquí la amplísima controversia sobre este tema, con los numerosos argumentos que se esgrimen en pro y en contra en todo el mundo y en nuestro entorno.[10] Colectivos de prestigio, juristas, bioeticistas, profesionales de la salud, filósofos, sociólogos, educadores, iglesias y políticos presentan argumentos que agitan nuestras sociedades occidentales de vez en cuando. Son muchos los casos conflictivos que han salido a la luz en los últimos tiempos debido a distintos juicios y pronunciamientos. Se podría llenar una biblioteca con los textos que hacen referencia a este tema, pero no es objeto de este libro hacer siquiera un resumen de ellos. Lo que interesa dejar muy claro es la delimitación de la que hablábamos al empezar el capítulo, y el hecho de que la figura penal (como se dice en derecho) de la eutanasia (a la que se intenta describir sin nombrarla) no incluye ni el tratamiento de la agonía para conseguir su sosiego, ni la decisión de no iniciar o retirar tratamientos no deseados o los de soporte ya inútiles; es decir, deja fuera de la consideración penal a las antes denominadas «eutanasia indirecta» y «eutanasia pasiva», respectivamente. Por tanto, todo lo que hasta ahora hemos mostrado queda excluido de esta polémica.

Una vez delimitado esto, tan sólo apuntaré alguna consideración personal sobre esta otra actuación, tan discutida, rehuyendo las posiciones demasiado simplistas de uno u otro lado.

Empezaré con una experiencia personal. Creo que mi primer contacto con la idea de que la muerte puede ser mejor que lo que queda de vida en algunos casos desesperados lo tuve a través de una película: *Capitanes intrépidos,* de Victor Fleming, que vi a los diez años. Trata de la transformación del niño Harvey, que de caprichoso e insoportable hijo de millonario pasa a convertirse en un joven cabal (un tema muy querido a Kipling, autor de la novela en la cual se basa). Este niño mimado tiene la suerte de caer del lujoso transatlántico en el que viaja y ser res-

276

catado y educado durante unos meses por los pescadores del banco de Terranova, haciéndose íntimo amigo de uno de ellos, Manuel, interpretado por un convincente Spencer Tracy. Hay una escena desgarradora, en la que un mástil se rompe y cae al agua arrastrando con él a Manuel. Éste pide entonces que no se intente salvarlo, que se corten los cables que lo atrapan y le están partiendo; y ante todos, ante los ojos de su joven e incondicional amigo, se hace lo que dice y él se hunde con todo el velamen mientras se despide sonriendo.

Quizá un niño de ahora vea la muerte en la pantalla más habitualmente, pero no creo que se le plantee de forma tan elegante y contenida ni una tragedia como la de aquella decisión ni la equilibrada elaboración de duelo que sigue después. A Harvey le vimos madurar; y a los jóvenes espectadores que nos identificamos con su dolor, nos ayudó a que lo hiciéramos a nuestra manera, tal como induce a hacerlo el verdadero arte. Recuerdo que, a pesar de mi consternación, al salir del cine de barrio había penetrado en mí un mensaje indeleble: había comprendido que la compasión podía ir más allá de actuaciones convencionales cuando se trata de evitar sufrimientos intolerables a quien se quiere y se respeta.

A pesar de la distancia evidente que separa este ejemplo de las posibles decisiones en la clínica, querría aprovecharlo para subrayar lo que para mí son dos pilares básicos que hay que tener siempre en cuenta, incluso cuando hablamos de eutanasia y sabiendo que nos referimos con ella a provocar la muerte intencionada y directamente. Uno es el de no abandonar a la persona que sufre; y el otro es el de conocer su voluntad de manera unívoca.

A veces se dice que la colaboración profesional en este tipo de demanda sería destructora del objetivo sagrado de la profesión y que pondría en entredicho la confianza de la población en ella. No creo que se pueda afirmar en general y sin más tal cosa, porque depende de algunos condicionantes. Por ejemplo, depende de la relación clínica en la cual se inscriba: no sería igual si la relación ha sido larga, se ha hecho sólida, y es cálida y amistosa, que si, en cambio, se limita a responder a un contrato impersonal, frío y ocasional. No olvidemos que el objetivo central por el que se profesa es sobre todo el de ponerse al servicio del enfermo y ayudarlo a no sufrir, no sólo a luchar contra las enfermedades y a posponer la muerte. Y, considerando esto, como dice muy bien Màrius Morlans, «la compasión puede ser el argumento que venza el antiguo tabú».[11] Siendo él un buen clínico, conoce los valores que impregnan la profesión bien entendida. Limitémonos ahora a recordar los que hemos subrayado en el capítulo segundo como nucleares en toda ayuda al enfermo grave: el de la compasión, como implicación comprensiva, el del coraje, como compromiso, y el de la lealtad, como fidelidad. Son valores que tienen mucha fuerza, la suficiente para no dejar ningún profesional indiferente ante una demanda tan dramática, sobre todo si se le hace comprensible con una voz lo suficientemente lúcida y reiterada. Otra cosa es el análisis posterior que todo buen profesional tenga que hacer del caso (causas, posibles alternativas, etcétera), su intento de persuadir al enfermo y, al fin, la aceptación o no de lo que se le pide. Que conste que son poquísimas estas demandas, y casi todas se reconducen amistosamente hacia un tratamiento correcto, a veces mejorado; pero esto último casi nunca es posible con la mera proclamación de grandes principios, sino siempre atreviéndose a acompañar al enfermo hasta sus «zonas más oscuras» para allí poder discutirlo todo.

De las rarísimas demandas no reconducibles, cabe que alguna no pueda seguirse por culpa de los escrúpulos de conciencia. Se debe admitir también. Jordi Gol lo explica: «No sé si habría practicado uno u otro tipo de eutanasia en aquellos casos... [en aquel momento, en 1974, no se tenía clara su diferenciación]. Lo que sé es que siento remordimientos de no haberlo hecho, porque pienso que nunca fue el amor al enfermo lo que detuvo mi mano, sino el miedo a perder la paz de mi conciencia y que ésta no estaba condicionada por mis convicciones íntimas, sino por el sustrato cultural que incluía. Me temo que si hubiera obrado de otro modo tampoco me vería libre de remordimientos, en un sentido distinto pero similar. Está muy claro que formo parte de la Humanidad enferma y que vivo mis propios miedos y contradicciones.»[12] Es muy honesto el reconocimiento.

Está claro que los valores que coexisten y se contraponen se ponderan entre sí y, en una circunstancia concreta, uno pasa por encima de los demás. Así, es evidente que los escrúpulos de conciencia pueden tener su peso y prevalecer en el caso de la eutanasia, puesto que, recordémoslo, se trata de una demanda de acción médica (no de limitación u omisión a la que al enfermo tiene derecho), sin una indicación suficientemente clara (no se trata ninguna enfermedad) y con un disenso social muy fuerte frente a ella. Por lo tanto, cabe siempre la posibilidad de la negativa del profesional. Ahora que es ilegal la actuación, evidentemente; pero incluso sería razonable una postura similar cuando no lo sea, ya que se trata de una circunstancia muy especial.

Pero, del mismo modo, también es comprensible que en algún caso acabe pesando más la voluntad de ayuda en la misma conciencia. Y, si así fuera, lo que queremos mostrar es que decantarse por ello no tan sólo no desdeciría el objetivo profesional, sino que éste sería posiblemente el que legitimaría en última instancia la opción tomada.

El famoso ejemplo de Timoty Quill, médico de familia, es ilustrativo sobre esto. El mes de marzo de 1991 publicó un artículo en *The New England Journal of Medicine* en el cual explicaba minuciosamente la muerte de Diane, paciente suya durante más de ocho años. Diane había superado la depresión, el alcoholismo y un cáncer, y cuando había recuperado la alegría de vivir, el trabajo y las relaciones personales, fue golpeada por el diagnóstico de una leucemia aguda mielomonocítica, de curso rápido e irreversible sin tratamiento. El doctor Quill refiere la larga y reiterada deliberación con ella para convencerla de que aceptara la quimioterapia, a la que ella finalmente se negó. A partir de entonces, se vieron con más frecuencia y ella y su familia se interesaron por las opciones que tenía: ingreso en un centro especializado en paliación cuando fuera necesario, etcétera. Diane creía firmemente en la importancia de mantener lo que ella entendía por dignidad: evitar la degradación, los dolores y mantener su control; no quería pasar por lo que sabía o imaginaba. Un día pidió una receta de barbitúricos para dormir. A pesar de que el doctor Quill sospechó enseguida que podían muy bien ser para suicidarse más adelante, la enferma continuó refiriéndose al insomnio, posiblemente para no implicarlo a él. Al fin, reconoció la intención de utilizarlos en algún momento, pero prometió no hacerlo si no era absolutamente necesario y que eximiría a todo el mundo de la responsabilidad. Él reconoce que, a través de las numerosas conversaciones, constató que, si acaso, se trataría de una decisión sólidamente arraigada, sin excesiva depresión ni un estado de ánimo alterado, sin coacción y con la conciencia plena de lo que quería. Al fin, dice: «Escribí la receta con un sentimiento de inquietud sobre los límites que estaba traspasando, legales, profesionales, personales y espirituales...»

Diane utilizó los tres meses siguientes para profundizar sus relaciones con su marido, su hijo y sus amigos. Incluso se prestó a dar una conferencia a médicos en formación sobre la importancia de las decisiones libres y el derecho a rechazar tratamientos. A lo largo de la evolución, recibió transfusiones, medicación para el dolor creciente y pasó dos episodios serios de infección, hasta que llegó a un estado muy precario. La última semana fue despidiéndose de todo el mundo. Y un día pidió a su marido una hora de soledad; y su familia, al volver a la habitación, la encontró plácidamente muerta en el sofá. El doctor Quill tuvo que dar como causa de la muerte la «leucemia aguda», obviando la palabra «suicidio» para evitar convertirlo en un caso judicial con la posible implicación de familiares y de él mismo; también para evitar la autopsia y exponer públicamente la vida de la enferma.

Al final del artículo se lamenta de que tuviera que decir una mentira por haberla ayudado a ser consecuente con ella misma escogiendo una opción cuyas razones comprendía aunque no las compartiera. Y acaba exclamándose: *I wonder why Diane, who gave so much as so many of us, had to be alone for the last hour of her life»* («Me pregunto por qué Diane, que tanto nos había dado a tantos de nosotros, tuvo que pasar sola la última hora de su vida»).[13]

La ayuda que se muestra en este ejemplo sería legalmente tolerada en algunos países; en Suiza, en Holanda, en Bélgica, en Alemania. Incluso en España podría considerarse así, tal como lo defiende a menudo la especialista en derecho penal (y en este tema, en concreto) Carmen Tomás-Valiente:[14] nos recuerda que el Código Penal tan sólo penaliza la inducción y la ayuda «necesaria y directa» al suicidio en enfermos graves (del que «cooperare activamente con actos necesarios y directos»);* y defiende que la receta médica podría considerarse no necesaria y fácilmente sustituible para conseguir la sustancia, la cual normalmente no es nada más que una dosis suficiente de barbitúricos (que se pueden ir acumulando con tiempo) tomada en un vaso de naranjada, quizá con un antiemético previo para evitar el vómito; y todo ello resulta fácilmente asequible.

Menos en el estado de Oregón, en los Estados Unidos continúa penada la receta médica para el suicidio, e incluso el acompañamiento en ese acto. Y Timothy Quill fue acusado por el fiscal a raíz del artículo. El gran jurado, de todos modos, no admitió la acusación, y también el Consejo de Conducta Profesional del Estado de Nueva York evitó castigarlo deontológicamente. El argumento para no hacerlo, además de señalar que él no podía estar seguro de si la enferma acabaría tomándose o no la medicación (en nuestra legislación diríamos que no había sido, la suya, una actuación suficientemente «necesaria y directa»), quiso subrayar que la relación profesional entre el doctor Quill y

---

* El artículo 143.4 del código penal dice «El que causare o cooperare activamente en actos necesarios y directos a la muerte del otro, a petición expresa, seria e inequívoca de éste, en caso de que la víctima sufriera una enfermedad grave que conduciría necesariamente a su muerte, o que produjera graves padecimientos permanentes y difíciles de soportar, será castigado con la pena inferior en uno o dos grados a las señaladas en los números 2 y 3 de este artículo» (que señalan de seis a diez años).

la enferma era tan «estrecha y prolongada» que había permitido calibrar la situación; y que esto lo diferenciaba radicalmente de otros casos que sí habían sido penados, como el del doctor Kevorkian, que ofrecía sus «servicios» de forma indiscriminada.[15]

No abandonar al enfermo que sufre es un imperativo potente y, en un momento dado, puede pasar por delante de otras muchas consideraciones para un profesional comprometido, sobre todo cuando se ha forjado una relación lo bastante íntima. Las encuestas muestran que la mayoría de los médicos estaría de acuerdo con una despenalización de los supuestos eutanásicos en nuestro país, aunque muchos matizarían después en qué condiciones estarían dispuestos voluntariamente a colaborar en ellos.[16] Exactamente igual se expresa la British Medical Association, que tuvo que cambiar su ancestral postura en contra al ver el cambio que se ha producido en la apreciación de los médicos británicos en el mismo sentido.[17]

La demanda de ayuda

En este momento, una amplia mayoría de la población estaría de acuerdo en regular alguna práctica de eutanasia en España sin demasiadas diferencias entre los votantes a los diferentes partidos políticos, según una reciente encuesta del CIS.[18] Es lógico que esta adhesión haya ido creciendo a medida que los ciudadanos valoraban más su libertad, aplicándola también a aquellas cuestiones que conciernen a su enfermedad, su sufrimiento y su muerte. Hay estados morbosos que algunas personas creen que les conducen a un resto de vida que consideran profundamente indigna. A veces, los miembros del entorno lo comprenden así; otras veces, no tanto. La valoración es siempre muy personal y puede haber, aparte de factores objetivables, otros simbólicos, de imagen, que pueden pesar mucho. Sea por lo que fuere, algunas personas preferirían morir antes que tener que continuar viviendo experiencias así. Y, para ellas, puede ser una esperanza de mayor decencia y dignidad saber que pueden contar con una puerta abierta en esta dirección, la traspasen después o no.

«Saber que puedo morir si quiero me da más vida, me hace más agradable la que todavía me queda», nos dice Debby Purdy, una inglesa enferma de ELA (una enfermedad neurológica degenerativa progresiva) que ya ha contactado con la asociación suiza Dignitas que facilita el auxilio al suicidio, pero que ha abierto un proceso judicial en su país para pedir que su marido pueda acompañarla sin que se le inculpe después por haberlo hecho.[19] Otro caso de demanda muy conocido es el de Sigmund Freud, afectado de un cáncer de paladar desde hacía mucho tiempo (¡había sufrido treinta y tres intervenciones en dieciséis años!), y que pidió a su médico y amigo, el doctor Max Schur, que lo ayudara: «Recordará, amigo Schur, aquella primera conversación entre nosotros. Entonces me prometió que no me abandonaría cuando llegara el momento. Esto de ahora ya es pura tortura y no tiene ningún sentido...»;[20] y el amigo fue fiel a la promesa.

En la práctica, solicitudes como éstas, la de Diane o la de Freud, son muy minoritarias. Tengamos en cuenta que en el estado de Oregón, después de más de quince años de despenalización del suicidio médicamente asistido, de todos los enfermos en situación terminal, tan sólo pide la receta médica un 0,5 %, y sólo la usa después un 0,1 %.[21] En Bélgica, después de ocho años de experiencia con la eutanasia regulada, su tasa es del 0,7 % de todas las muertes, según el informe de la Comisión Federal de Control.[22]

Pero, a pesar de ser tan minoritarias, para la mayoría de la gente se trata de una reivindicación esencial ligada a la necesidad de ayuda y a la autonomía de las personas, aunque quizá no piensen usarla nunca. Los teólogos Hans Küng y Walter Jens, en un magnífico libro, defienden muy nítidamente esta posibilidad:

> Millones de hombres y mujeres, como Hans Küng y yo mismo, se ocuparían con más tranquilidad de sus asuntos si supieran que, llegado el momento, contarían a su lado con [...]
> Hombres como Timothy Quill o Max Schur, médicos que, cuando se sacan las batas blancas, a última hora de la tarde, hablan con personas y no con pacientes, les dejan participar en los planes, responden a la pregunta de «¿Que haría usted en mi situación? Dígamelo sinceramente» y, al final, [...] consultan con el médico de cabecera, que conoce bien al enfermo que muere y puede apreciar lo que será soportable para él y para sus familiares. Porque el enfermo desea que lo recuerden como un ser humano personal y autónomo, no como un ser despojado de toda dignidad, desfigurado y destruido, y con una lamentable imagen que haga olvidar lo que fue.
> Viviríamos menos preocupados con la certeza de que también contaremos con una Gertrude Postma, que caritativamente libró a su madre de sufrimientos insoportables; o de que también podemos hacer un pacto con un hombre tan humano y valiente como Max Schur. Se viviría ciertamente mejor con esta seguridad.
> La fe infantil en que se es inmortal, anclada en el inconsciente profundo, perdería su poder. Por el contrario, el pensamiento de que la dignidad de los seres

humanos se basa en el hecho de ser finitos y poder morir, podría ser el lema de nuestra sociedad, junto a la afirmación de que todo hombre tiene derecho a no sufrir.[23]

Pienso que se trata de argumentos muy persuasivos.

La resistencia social

A pesar de esto, hay una resistencia social a la despenalización que debe considerarse seriamente. Es la que se basa en el miedo. En primer lugar, en el miedo a las consecuencias de que esta salida, si se admitiera legalmente, constituyera por ella misma una presión indebida sobre algunas personas vulnerables y dependientes. Por ejemplo: ¿por qué no opta por esta posibilidad quien ve que es una carga para los suyos? ¿No sería más solidario, caritativo y valiente quien lo hiciera así? ¿No podría convertirse incluso en la forma «bien vista» de poner fin a la vida? Aparte de estas preguntas, también hay quien tiene un miedo legítimo a que se utilice indebidamente, con demasiada laxitud, en el momento de aplicarla.

De todas maneras, hay que argumentar, en primer lugar, diciendo que estos miedos no se corresponden con la experiencia en países en los que ya se practica, donde no se detecta esta tendencia y, en cambio, sí se constata que los que más solicitan estas prácticas no son ni los más vulnerables ni los más dependientes (como puede verse en el informe belga citado). En segundo lugar, esta posibilidad imaginada tan sólo como posible (que se ha denominado «pendiente resbaladiza») no es una razón suficiente para impedir que una persona en concreto reclame algo que para él sí es muy real y en cambio no produciría daño a nadie más.[24]

Incluso llega a suceder que alguien que está en contra de despenalizar esta práctica comprenda en cambio el caso concreto (el de Diane, Freud o Sampedro). Pero prefiere que la ley la continúe prohibiendo de forma general aunque no se cumpla, ni se persiga ni se castigue en esa circunstancia. «Bien, en el caso del que me has hablado, se comprende y lo acepto, pero me da miedo que se generalice», he oído decir más de una vez. Precisamente, para evitar esta situación tan poco defendible y que favorece la clandestinidad. Holanda, por ejemplo, antes de la legislación de 2002 pasó por un periodo en el cual, con unos requisitos conocidos y una estrecha vigilancia pública, se orientó esta adaptabilidad al caso concreto sin modificar ninguna ley. Se entendía que el principio según el cual ningún miembro de la comunidad podía quitar la vida a otro, o ayudarle a hacerlo, tenía un fuerte arraigo social; pero también que la compasión y el respeto a la dignidad y a la autonomía de las personas podían ser argumentos que contradijeran o moderaran este principio general en pro de algunas personas en cierto momento. Así, la opinión pública llegó a aceptar que se pudiera justificar un cambio legislativo que diera respuesta a estas demandas siempre que, al mismo tiempo, se asegurara que no se ponía en peligro ni a la sociedad en su conjunto, ni a sus miembros más vulnerables en particular, ni a las profesiones sanitarias.

Y esto es posible. Se trata de imaginar unas limitaciones para esta excepción que sean lo bastante claras y restrictivas, junto a un control sobre su seguimiento que sea lo bastante transparente y eficaz. Quizá lo mejor sea transcribir aquí los requisitos que consensuó el Comité de Bioética de Cataluña en el año 2006 después de una larga deliberación:

Habría que tener en cuenta una serie de condiciones antes de autorizar la ayuda al suicidio o la eutanasia. Ante todo, conviene recordar los elementos que definen y delimitan ambas prácticas:

- Presencia de enfermedad terminal (incurable y avanzada) o de patología incurable que provoque sufrimiento severo y que se prevé permanente.
- Competencia necesaria por parte del paciente para tomar y controlar este tipo de decisión en beneficio propio. Esto incluye información exhaustiva sobre posibles alternativas y una ponderación de las mismas en la cual la muerte resulte ser la mejor de ellas.
- Requerimiento expreso, serio, inequívoco y persistente del paciente, a iniciativa suya y por su propio bien.
- Tiene que haber un médico que acepte la petición del enfermo.
- Provocación directa de la muerte de forma consensuada y medicalizada.

El médico que acepte la petición del enfermo:
- Tiene que estar convencido de que realmente está en fase terminal o con un sufrimiento intratable.
- Tiene que aceptar que para ese paciente concreto la situación irreversible es insoportable y, por lo tanto, que lo que busca es su bien.
- Tiene que descartar cualquier afección psiquiátrica grave como causa de la petición.
- Tiene que iniciar un proceso de deliberación clara con el paciente:
  • sobre el diagnóstico, pronóstico y molestias de la enfermedad;
  • sobre las alternativas, incluidas de cuidados paliativos, y sus posibilidades;

- sobre las consecuencias de la decisión, también para los demás;
- y sobre la comprensión de la información recibida.
- Tiene que investigar y asegurarse de que la solicitud se hace de manera voluntaria, a iniciativa suya y sin coacción del entorno.
- Tiene que comprobar que el enfermo mantiene su determinación durante un tiempo prudente y puede constar así en un documento de voluntades anticipadas que sea vigente.
- Tiene que pedir el parecer de un segundo médico consultor.

Este médico consultor:
- No debe formar parte del equipo del médico que ha asumido la petición.
- Tiene que examinar al paciente y confirmar por sí mismo el diagnóstico, el pronóstico de terminalidad de la enfermedad o la intratabilidad del sufrimiento.
- Tiene que comprobar la información recibida por el paciente, la comprensión del que pide y su firme determinación.
- Tiene que insistir en informar de las alternativas que pueda haber y comprobar que realmente son rechazadas.
- Tiene que calibrar la competencia del enfermo y la ausencia de influencias determinantes internas o externas.

Todo esto tiene que documentarse y consignarse con transparencia para después poder ser analizado responsablemente y juzgado como procedente o no. Por tanto, todo el proceso tiene que constar en la historia clínica, en hojas especiales a tal efecto, que deben incluir:
- La demanda expresa del paciente, con las reiteraciones, causas, razones y aceptación de las consecuencias.

- Las valoraciones de los médicos, el responsable y el consultor.
- La aceptación del médico responsable en la ayuda al suicidio o en la eutanasia.

Es más, si el objetivo central es provocar la muerte acordada en beneficio del enfermo, el método empleado también debe ser un requisito a controlar socialmente:
- Tiene que estar médicamente asistido y aplicado bajo control sanitario.
- Tiene que ser seguro, rápido y que no añada sufrimiento.
- Tiene que ser documentalmente comprobable.

En cualquier caso tiene que quedar claro que ningún médico ni otro profesional sanitario se verá obligado a atender solicitudes de eutanasia o de ayuda al suicidio y la sociedad tiene que garantizar mediante mecanismos de supervisión y control pertinentes que estos procesos se hacen de acuerdo con los criterios que se han establecido.[25]

Como éstos, cabría imaginar, discutir y consensuar unos requisitos suficientes para que se pudieran atender algunas demandas que ahora son injustamente desatendidas, o que son atendidas en la clandestinidad, y se preservara al mismo tiempo el control social con suficientes garantías para que no quepa duda de la seguridad necesaria para prevenir abusos. La situación en Bélgica puede ser un ejemplo de seguimiento transparente, responsable, razonable en cuanto a dificultades y respetuoso con la confidencialidad y la práctica clínica. Así, se podrían superar muchas de las reticencias a una legislación prudente para despenalizar la eutanasia en algunos supuestos.

Otra cosa distinta es cuando la oposición a que se dé este paso proviene de cierta concepción sobre la sacralidad de la vida, y cuando se quiere que esta particular forma de entenderla continúe imponiéndose a muchos que no la comparten. Ya hemos dicho que ninguna idea general y abstracta debería poder obligar a nadie a sufrir; y también que la defensa de la autonomía personal, pilar de nuestras sociedades, comporta, no solamente que cada cual pueda intentar realizar su proyecto vital a su manera (y con ayuda si la necesita), sino también que ningún otro individuo o institución debe interferir en este esfuerzo suyo mientras no dañe a un tercero.

Precisamente es en la sacralidad de la vida donde debe basarse toda ayuda a una persona que va a morir. Pero en la sacralidad de esa vida personal y concreta, que tiene un relato en construcción, unas preferencias y unos valores que para esa persona pueden ser sagrados, y que nosotros tendremos que respetar como tales. No se trata con esto de impulsar un «preferentismo» caprichoso, sino de considerar indigno no respetar lo bastante la vida de cada cual, impidiendo las opciones con las que esta vida individual se define.

Aplicándolo al caso que nos ocupa, la despenalización permitiría no pedir ni aceptar la eutanasia a quien crea que ésta no le brindaría ninguna ayuda; mientras que la prohibición actual no permite que pueda beneficiarse de ella quien cree que sí le serviría y la pide. Es una asimetría manifiesta que toda legislación democrática debería tener en cuenta a la hora de legislar. Quizá lo haga cuando la sociedad se decida a ayudar a algunos enfermos que lo necesitan, a dar seguridad a los profesionales que crean que pueden hacerlo y cuando se convenza de que puede haber garantías razonables para éstos y los demás.

El debate es inevitable, aunque no sea prioritario en estos momentos. Al menos, no lo es para más del 95 % de los ciudadanos que nunca usarían la eutanasia. Ya hemos dicho que nuestra preocupación máxima, precisamente, es la de evitar en este momento que la confusión tenga una mala influencia en aquella ayuda a la que esta amplia mayoría sí tiene ya derecho.

La polémica social sobre la despenalización de la eutanasia continúa presente; puede quedar un tiempo atenuada, pero seguro que se reavivará cuando los medios de comunicación aireen algún otro caso de denegación. Entonces, el problema se pondrá otra vez en primer plano, sacudirá las conciencias, se volverá a reivindicar la legitimidad y se retomará el problema allí donde se dejó: si despenalizar o no, y si para ello bastaría con modificar simplemente el artículo 143.4 del Código Penal o elaborar una ley propia. Es cierto que sobre este tema sería conveniente una mayor deliberación y lo más racional posible; quizá la que, distanciada de los momentos de pasión, se centrara con mayor transparencia en los valores que están en juego, y en qué se basa cada una de las opciones sin simplificaciones abusivas ni descalificaciones generales.

A pesar de todo, como decíamos al empezar el capítulo, lo importante es que se diferencie con nitidez lo que es el ámbito de la eutanasia, aún discutible, de lo que ya no lo es: el de la buena práctica establecida. Que se comprenda que una cosa es provocar o provocarse la muerte en unos determinados supuestos concretos y otra distinta (intelectual, ética y legalmente) ayudar al enfermo a aproximarse a la muerte sin que se le interpongan obstáculos excesivos cuando sea oportuna y se traten en cambio las molestias que la puedan acompañar. Porque, si no se delimita como es debido, en aquel momento el enfermo puede quedar sin el tratamiento y sin el trato que merece.

Tengamos en cuenta que todavía es hora de que se generalicen entre nosotros estas imprescindibles buenas prácticas. Hace falta que las administraciones se las tomen seriamente, que los profesionales de cualquier especialidad se formen mejor en cuidados paliativos y que se haga un análisis crítico de cómo se aplican en este momento. Sobre todo conviene que los ciudadanos las conozcan mejor, y éste ha sido el objetivo principal del presente libro.

No pedimos ninguna nueva ley para implementarlo. Con las que tenemos sobre la autonomía de cualquier ciudadano enfermo, y con la autorregulación profesional, a nuestro entender es suficiente. Cualquier intento de «mejorar» la práctica clínica legislativamente tiene sus peligros y, por lo tanto, sólo debería hacerse cuando sea estrictamente necesario y procurando no provocar retrocesos ni producir desconciertos. La única necesidad legislativa pendiente podría ser, si un día se llegara a un consenso suficiente, la de poder ir más allá para no abandonar a quien lo pida y lo sienta ligado a su manera de entender la propia dignidad.

NOTAS

1. Suetonio. *Vida dels dotze cèsars.* Fundació Bernat Metge. Barcelona, 1967. Tomo II. Pág. 53. Traducción propia.
2. Hasting Center. *Los fines de la Medicina.* Fundació Víctor Grífols i Lucas. Barcelona, 2004. Pág. 45.

3. P. Simón *et al.* «Ética y muerte digna: propuesta de consenso sobre un uso correcto de las palabras». *Calidad Asistencial.* 2008, n.º 23. Págs. 271-285.

4. Real Academia de la Lengua. *Diccionario de la Lengua Española.* 22.ª edición. Espasa. Madrid, 2001.

5. M. A. Broggi, C. Llubià y J. Trelis. *Intervención médica y buena muerte.* Documento de trabajo n.º 93. Fundación Alternativas. Madrid, 2006. Pág. 59. www.fundacionalternativas.com/laboratorio.

6. J. Llovet. *Quadern. El País.* 20 de enero de 2000. Traducción propia.

7. P. Laín Entralgo. *La muerte propia. JANO.* 1985, n.º 650. Pág. 82.

8. D. Gracia. «Historia de la Eutanasia». En Javier Gafo (ed.). *La eutanasia y el arte de morir,* UPCM, Madrid, 1990. Pág. 28.

9. G. I. Benrubi. «Euthanasia. The need for procedural safeguards». *The New England Journal of Medicine.* 1992, n.º 326. Págs. 197-198.

10. M. Boladeras. *El derecho a no sufrir.* Los Libros del Lince. Barcelona, 2009. Observatori de Bioètica i Dret. *Document sobre disponibilitat de la pròpia vida en determinats supòsits.* Barcelona, 2003. http://www.pcb.ub.es/bioeticaidret/archivos/documentos/Declaracion_sobre_la_eutanasia.pdf. Institut Borja de Bioètica. «Vers la possible despenalització de l'eutanàsia». *Bioètica & debat,* enero-marzo de 2005. www.ibbioetica.org. Comité Episcopal para la Defensa de la Vida. *La eutanasia: 100 cuestiones y respuestas.* Febrero de 1993. http://www.conferenciaepiscopal.nom.es/ceas/documentos/eutanasia.htm.

11. M. Morlans. «L'assistència mèdica al final de la vida». *FRC.* 2004, n.º 9. Pág. 91-101. Traducción propia.

12. J. Gol. «Algunes qüestions ètiques de la relació metgemalalt». En *Jordi Gol i Gorina (1924-1985): els grans temes del pensament i d'una vida.* La Llar del Llibre. Teide. Barcelona, 1986. Pág. 51. Traducción propia.

13. T. Quill. «Death and dignity. A case of individualized

decision making». *The New England Journal of Medicine*. 1991, n.º 324. Págs. 691-694.

14. C. Tomás-Valiente. *Posibilidades de regulación de la eutanasia solicitada*. Documento de trabajo n.º 71. Fundación Alternativas. Madrid, 2005. www.fundacionalternativas.com/laboratorio.

15. R. Dworkin. *El dominio de la vida*. Ariel. Barcelona, 1994. Págs. 242-243.

16. «Seis de cada diez médicos españoles apoyan que se legalice la eutanasia». *El País*, 6 de octubre de 2003. http://www.elpais.com/articulo/sociedad/medicos/espanoles/apoyan/legalice/eutanasia/elpepisoc/20031006elpepi soc_2/Tes.

17. A. Sommerville. «Changes in BMA policy on assisted dying». *British Medical Journal*. 2005, n.º 331. Págs. 686-688.

18. «Más allá de la vida». *La Vanguardia,* 28 de agosto de 2010. Págs. 20 y 21. http://hemeroteca.lavanguardia.es/preview/2010/08/28/pagina-21/82757254/pdf.html?search=eutanasia.

19. «Debbie Purdy». *El País*, 1 de septiembre de 2009. Pág. 31.

20. J. Pohier. *La mort opportune. Les droits des vivants à fin de vie*. Seuil. París, 1998. Pág. 160.

21. J. Júdez. «Suicidio médicamente asistido al final de la vida». *Medicina Clínica (Barcelona)*. 2005, n.º 125. Págs. 498-503.

22. Commission Fédérale de Contrôle et Évaluation de l'Euthanasie. *Quatrième rapport aux chambres législatives*. Bruselas, 8 de junio de 2010. www.health.fgov.be/euthanasie.

23. H. Küng y W. Jens. *Morir con dignidad. Un alegato a favor de la responsabilidad*. Trotta. Madrid, 1997. Págs. 82-83.

24. C. Cassell y D. Meier. «Morals and moralism in the debat over euthanasia and assisted suicide». *The New England Journal of Medicine*. 1990, n.º 323. Págs. 750-752.

25. Comité Consultivo de Bioética de Cataluña. *Informe sobre l'eutanàsia i el suïcidi assistit*. Departament de Salut. Generalitat de Catalunya, 2006. Págs. 139-140.

EPÍLOGO

Se dice a menudo que, tal como pasa con el sol, no puede mirarse a la muerte de cara. Creo, sin embargo, que lo que sí tenemos que mirar de frente es la ayuda que prestamos a quien se acerca a ella. Y nos hace falta toda la luz que podamos tener para intentar mejorarla; para hacerla apropiada. De ahí el título: «apropiada», no sólo en el sentido de «como es debido», según los estándares mínimos que hemos ido mostrando, sino también en el sentido de que cada persona que muere pueda apropiarse al máximo de su proceso, que la muerte sea algo suyo, a su estilo. A esto pretende contribuir modestamente este libro, siguiendo recomendaciones que el Comité de Bioética de Cataluña hizo en su día y con algunas consideraciones personales.

Al acabar estas páginas me doy cuenta de que conviene que haga alguna puntualización. Por un lado, que no he rehuido la complejidad que se presenta en las decisiones; no he querido simplificarlas. Pero, por otro, que no he podido detenerme en algunas situaciones en las que estas dificultades son mayores: en la demencia y otras formas de incompetencia, en la difícil muerte del joven y el fuerte impacto en su familia; o, por ejemplo, en la de aquel inmigrante que muere solo en una cultura desconocida y a veces hostil. Tampoco he diferenciado los ámbitos en los que la muerte se produce: en el hospital, en casa, en una residencia o en una unidad de cuidados intensivos. Así es que, a la postre, quizá no he sido lo bastante conciso para presentar un esquema de utilidad práctica y, en cambio, tampoco lo bastante completo como para aportar un verdadero análisis.

Con respecto al punto de vista, es el de un cirujano; por lo tanto, el de alguien no experto en la ayuda a morir, aunque la haya tenido que vivir a menudo. Cualquier médico o enfermera de cuidados paliativos habrían hecho más precisiones en algunos puntos y quizá mostrado una imagen más tranquilizadora. De hecho, he querido dejar claro que su modelo global constituye el futuro que todos deseamos tener a mano cuando llegue nuestra hora. Mi mirada se basa, no obstante, en un amplio panorama de situaciones que quería mostrar al ciudadano sin entrar en detalles sobre tratamientos o medidas específicas: es fruto de cincuenta años de ejercicio público y privado, y de veinte de reflexión bioética.

Si soy tan crítico a veces es porque soy, ante todo, autocrítico: casi todo lo que denuncio como carencias que hay que corregir lo he vivido como limitación en mí mismo. Respecto al tema central, me he sentido siempre torpe al tener que ayudar a morir a los enfermos, sobre todo por falta de preparación puntual. También me ha costado aceptar según qué negativas al tratamiento, decidir alguna limitación y saber proporcionar una sedación. Admito que he dicho «mentiras piadosas» para proteger al paciente, sobre todo durante mis primeros años, y que, otras veces, he informado mal, con verdades excesivas e innecesarias; y que a menudo he caído en la tentación de inducir falsas esperanzas para provocar gratificaciones efímeras en el enfermo o en su entorno. Soy el primero en haber propuesto a veces, y convencido a todos, para alguna actuación que después se ha demostrado desproporcionada, dejándome llevar quizá por retos técnicos que identificaba con el modelo de excelencia a seguir, y que, cuanto más difícil era el reto, más valor adquiría a mis ojos de cirujano. En cambio, es cierto que, al mismo tiempo, he sentido el miedo de acercarme a la cabecera de algún enfermo, de tener que darle malas noticias, de aceptar determinadas complicaciones o de sentir la culpa de algún error. Como dice un escrito de mi abuelo Joaquim Trias i Pujol: «Si escarbamos en la memoria, todos recordamos accidentes desgraciados que habríamos podido evitar... Y para tranquilizar la conciencia contamos con un mecanismo de defensa útil, que es el olvido; pero todo queda registrado en el inconsciente y allí gravita como un lastre para siempre.» Yo he preferido, como sé que él hubiera querido, no intentar eludir estas vivencias sin más, ni tampoco quedarme lamentándolas vanamente. He querido aprovecharlas como motor de una reflexión sobre las posibilidades de mejora que pueda haber.

La mejor reflexión es aquella que no rehúye un recorrido escrutador sobre la experiencia y no cae en racionalizaciones engañosas. Debemos confiar en que, desde la honestidad intelectual y moral, la reflexión servirá para uno mismo y quizá para otros. La mejor plataforma para llevarla a cabo es la que proporciona un grupo multidisciplinario como son las de bioética. Los participantes en el grupo de trabajo de nuestro comité sobre este tema constatamos el enriquecimiento que supuso salir del reducto estéril de cada cual, como refugio donde preservar la fácil explicación de que lo que se hizo no podía hacerse de otra manera, o el arrepentimiento tranquilizador de la conciencia. Hay que llegar a hacer un análisis crítico y fundar en él posibles propuestas de mejora.

Precisamente, con respecto a las propuestas, tengo que admitir que es razonable cierto pesimismo ante la situación. Y algunas posturas que defiendo para superarla pueden parecer voluntaristas y estar fundamentadas en algún mito que, como el de la excelencia (del profesional o del cuidador), pueda parecer pasado de moda. Es posible que a algunos les resulten ilusorias las simples premisas de las que parto. Porque, si es cierto que una aproximación personal más conforme a la muerte es necesaria, parece que se contradice con la cultura imperante, abocada como está en la busca de un tipo de felicidad muy opuesta al conocimiento y a la aceptación de uno mismo y de las propias limitaciones (de la vejez, la enfermedad o la dependencia) que decíamos que requeriría. Con respecto a la compañía asidua y cálida de familiares y amigos, tan importante para el que tiene que morir, tenemos que admitir también que cada vez es más difícil conseguirla; no tan sólo por razones de una menor disponibilidad de espacio y tiempo, sino también por la tendencia a la delegación en una atención profesional que se ve como sinónimo de más calidad. Pero esta esperanza tampoco se corresponde del todo con la realidad. En general, médicos e instituciones sanitarias tienen la mirada muy centrada en la actuación contra las enfermedades, sin que la ayuda a los enfermos al final de la vida parezca que forme parte de su incumbencia: ni lo fue en su formación, ni lo es en su organización ni en la práctica clínica habitual, con las excepciones honorables de muchos profesionales (enfermeras sobre todo) y de alguna especialidad concreta, como la de cuidados paliativos.

Por lo tanto, parecería que el futuro no se presenta muy halagüeño. Existe incluso el peligro ya señalado de que se opte por especializar este tipo de asistencia sin más. Sería una solución a medias. La verdadera pasaría por aceptar que la atención de los ciudadanos al final de su vida debería ser tan prioritaria como la que hemos conseguido contra las enfermedades, y a todos los niveles de la asistencia. Lo cual presupone conocimientos, habilidades y actitudes nuevas para la mayoría de nosotros.

¿Es posible? Es difícil; pero en mi opinión sería una falacia contestar que no lo es porque simplemente «las cosas parece que no van por este lado», o porque de la realidad que ahora tenemos delante tenga que inferirse inevitablemente un futuro ya previsto de antemano.

Es cierto que la confianza en que la situación cambie se basa en la voluntad de que así sea y en el convencimiento de que puede ser. Pero es que precisamente la reflexión ética siempre trata de posibilidades y de voluntad. Fue así como se llegó a la escolarización obligatoria y a la atención sanitaria universal; y así es como se optó por la conservación del patrimonio cultural, por ejemplo (no hablemos ya de la reciente conciencia ecológica, inimaginable hace unos años). Quizá estas conquistas parecieron ilusas al comienzo, pero al fin se las prefirió. Los ciudadanos valoraron un mundo que las contemplara, y se adoptaron.

En el mismo sentido, no veo que sea utópico en principio dirigir nuestra voluntad a una mejor calidad de la atención al final de la vida. «No es utopía aquello que los hombres pueden pero no quieren hacer», decía el profesor José Pérez del Río. Entre la utopía y el pragmatismo hemos optado por reclamar un esfuerzo transformador. Porque, por un lado, la demanda existe. Por otro, la mejora resultaría gratificante para todo el mundo, incluso para los profesionales y la Administración. A los profesionales preparados les aliviaría no ver la muerte del enfermo como una derrota, sino como una ocasión para continuar prestando su ayuda. Se darían cuenta de que esto les da más seguridad y les vuelve más completos, porque aumenta el control de la realidad que se traen entre manos y porque actúan con más eficacia sobre ella. De hecho, es una actividad para la que se entiende que también profesaron.

De la misma manera, las instituciones deberían ver como una asignatura pendiente la de que los ciudadanos murieran mejor. Son objetivos como éste los que, en definitiva, legitiman su servicio. Que conste que no se trata de que promulguen nuevas normas, ya que, en muchos aspectos, resultarían reiterativas; se trata de que en la práctica se tomen en serio el objetivo. Ahora, cuando parece que el único «valor» que mueve las organizaciones sanitarias es el del ahorro, deberían considerar que esta mejora no representaría demasiado gasto (quizá alguna medida de confort) y que valdría la pena intentarla si comparan su alto rendimiento y bajo coste con el enorme y desproporcionado esfuerzo económico que continuamente se hace para obtener unas ganancias cada vez más pequeñas, marginales y minoritarias.

De todas formas, si queremos que la ayuda al final de la vida funcione mejor, es conveniente añadir a la formación, a la práctica clínica y a las medidas de organización una mayor dosis de humanización. Conviene reivindicarla siempre junto a cualquier enfermo, evidentemente; pero es en estos momentos cuando su falta resulta más decepcionante y empobrecedora.

Humanización, en el supuesto que nos ocupa, quiere decir reverencia por lo que hay de más humano en cada persona y por lo que pueda ser más emancipador para ella.

Así es como debemos leer, creo yo, la sentencia de Terencio «nada humano me es ajeno». Podríamos concretarlo: ningún aspecto humano de quien sufre puede ser ajeno a quien se dispone a ayudarlo. Es posible que fuera esto mismo lo que quería decir Hipócrates pidiendo que «habría que traer sabiduría a la medicina y medicina a la sabiduría»; y aunque él diga a continuación que «así el médico será semejante a un dios...», creo que nos conformaríamos con que fuera lo más humano posible. Es lo que espera el ciudadano. Y no sólo de la medicina: lo espera de todo aquel que se le acerque en este trance. Pretende que se respete su vida, pero no con la atención puesta en su mero latido biológico, sino con cierta veneración por la empresa humana que cada individuo representa y que querría mantener e impulsar hasta el final. Pide que sea este proyecto personal el que informe, de una manera u otra, de la ayuda que va a recibir; y no a la inversa: que una torpe actuación, o abstención, lo tergiversen.

Todos, familiares y profesionales, debemos aceptar que hay un momento en que conviene ayudar al enfermo no a no morirse esta vez, sino a morir en paz. Y que, para estar a la altura del momento, conviene tener sensibilidad para adaptarse a las necesidades personales y no solamente a las circunstancias objetivas. Hemos visto que aparte de luchar contra los síntomas y de evitar actuaciones inútiles, hay que proporcionar una compañía atenta y el máximo confort posible. Debemos comprenderlo a pesar del sufrimiento por la pérdida (o por el fracaso) que podamos sentir, para no sumarle el de no haber hecho lo suficiente para ayudar a morir bien.

Y para conseguirlo hay que lograr cierta resonancia entre el entorno y el mundo que cada cual ha ido forjando a lo largo de los trabajos y los días y con un estilo propio, incluso estético. Hay un símil de Descartes que equipara la vida a una melodía musical que uno trata de armonizar al final. Creo que la imagen es sugerente, y pienso que, siguiendo su hilo, podemos decir que debemos intentar no interrumpir esta melodía a media frase ni alargarla sin sentido añadiéndole disonancias. Una melodía siempre tiene un sentido propio; tiene un tono, con la nota «tónica» que lo representa. Y, para acabarla como es debido, hay que saber volver a esa tónica; incluso, hay un momento en que la presencia de otra nota, la «sensible», nos la sugiere ya para finalizar.

Pues bien, unos sentirán la melodía más claramente que otros, pero todos los que rodean al enfermo deben saber que existe este intento de armonización en esa última etapa, y que esto merece nuestra admiración y respeto. Reconocerlo y afinar el oído debería permitirnos a los demás, instrumentos acompañantes, unirnos concertadamente al solista (que es siempre el enfermo) en sus acuerdos finales.

AGRADECIMIENTOS

Antes que nada, debo agradecer las aportaciones generosas de cuatro amigos. En la edición catalana ya citaba a los tres primeros. A Oriol Petitpierre, que, al posicionarse como posible familiar o simple ciudadano, y con su lectura minuciosa me corrigió muchas limitaciones para que fuera inteligible para los no profesionales. La erudición de Lluís Quintana y su familiaridad con los textos me ayudaron en su presentación. Tuve en cuenta, como siempre, las consideraciones de Rogeli Armengol sobre algunos conceptos que, como pensador riguroso que es, ha trabajado en profundidad. Y para esta edición castellana que el lector tiene entre manos, he tenido la gran suerte de contar con la ayuda insustituible de Enrique de la Lama. Su crítica a los giros impropios que toda traducción de uno mismo fomenta, así como la introducción de algunos matices, han mejorado el texto. Esta cuádruple compañía amistosa ha convertido la escritura en una aventura agradable y estimulante para mí: sin ellos, me hubiera sentido inseguro. Quizá deban perdonarme alguna obstinación mía que es posible que haya desperdiciado alguno de sus esfuerzos.

Estoy agradecido, claro está, a los componentes del grupo del trabajo sobre las *Recomendaciones a los profesionales sanitarios para la atención a los enfermos al final de la vida:* la sombra de ese texto colectivo planea en cada página del mío. Primero cito a Clara Llubià, anestesióloga y dedicada a los cuidados críticos, y a Jordi Trelis, de cuidados paliativos, porque juntos publicamos un primer informe sobre el tema para la Fundación Alternativas, que fue el germen del grupo de trabajo. Después, cito a los otros integrantes del mismo: el amigo Rogeli Armengol, médico psiquiatra, Ramon Bayés, profesor de psicología, Josep M.ª Busquests, del Departament de Salut, Anna Carreres, médica de la unidad de urgencias, Clara Gomis, filósofa y psicóloga, Pilar Loncan, médica de socio-sanitario, Joan Padrós, médico internista, y Montserrat Puig, enfermera de cuidados paliativos. La discusión que mantuvimos, tan provechosa, me enriqueció y la echo de menos.

También agradezco la influencia continua de todos los componentes del Comité de Bioética de Cataluña, del de ahora y de los anteriores, a quienes no puedo citar como querría. Merece una mención el grupo del mismo comité sobre la eutanasia y al que ya me he referido en el capítulo correspondiente: Rogeli Armengol, Margarita Boladeras, Victòria Camps, Ramon Espasa, Javier Hernández, Màrius Morlans, Milagros Pérez Oliva, Albert Royes y Núria Terribas.

Estoy en deuda con muchas más personas. Ya he dicho que muchas de las ideas que expreso las he cosechado de alguien, a menudo sin recordar muy bien de quién se trata.

INTRODUCCIÓN   9

1. LA VIVENCIA DE LA MUERTE PRÓXIMA   15
   Las dificultades personales   19
   La ilusión de evitar la muerte   23
   La comprensión del hecho   26
   No enseñar, sino ayudar a morir   29
   Prepararse más allá de la razón   38

2. LA COMPAÑÍA AL ENFERMO   45
   De la soledad a la hospitalidad   45
   Los valores esenciales   48
      La compasión o empatía   48
      El coraje   50
      La lealtad   51
   Saber estar   53
   La confianza   55
   Saber escuchar   57
   La mentira   61
   El muro de silencio   64
   La información y las malas noticias   67

3. LA ESPERANZA, EL MIEDO Y EL TIEMPO 79
   Definir la esperanza 81
     La falsa y la buena esperanza. 84
   El miedo 90
     La culpa y el perdón 101
   Acompasar el tiempo 103

4. DERECHOS Y DEBERES 111
   Del mundo privado al público 111
     La sociedad abierta. 114
   Cambios recientes en la asistencia. 116
   Los derechos de los enfermos 119
     Derecho a recibir asistencia de calidad 120
     Derecho a no ser discriminado. 123
     Derecho al respeto. 127
     El derecho a negarse a una actuación 129

5. LUCES Y SOMBRAS DEL MUNDO
   PROFESIONAL........................... 137
   Profesionalidad y comprensión de los cambios. . 140
   La tentación del cientificismo.............. 144
   Una nueva mirada 147
   Nuevas habilidades...................... 152
   Una nueva relación...................... 155
   Una nueva formación.................... 159

6. AYUDAR A DECIDIR (EL DIFÍCIL EJERCICIO
   DE LA AUTONOMÍA PERSONAL) 169
   La persuasión 172
   Los requisitos de la voluntad 176
     Libertad. 177
     Competencia o capacidad de hecho. 179
     Información adecuada. 182

El derecho a rechazar actuaciones 183
La demanda de actuación 187
La planificación del futuro 189

7. EL DOCUMENTO DE VOLUNTADES
   E INSTRUCCIONES, O TESTAMENTO VITAL 197
   Decidirse por un documento 197
   Marco legal del documento 200
   Pasos previos 203
   Confección del documento 205
   Partes del documento 207
     1. Expresión de valores personales 207
     2. Instrucciones concretas 208
     3. Nombramiento de un representante 210
     4. Otras especificaciones 213
   Validación del documento 214
   Divulgación y registro del documento 217
   Renovación del documento 218
   La utilización del documento 219
   Derechos y deberes ante el documento 223

8. DOS ACTUACIONES BÁSICAS: EVITAR EL DOLOR
   Y LAS MEDIDAS INÚTILES 227
   El peor de los males 228
   Reivindicación de la analgesia 232
   La subjetividad del dolor 237
   El sufrimiento 239
   La sedación en la agonía 245
   Evitar les medidas inútiles 251
   El consenso en el entorno del enfermo 257

9. LA BUENA MUERTE Y LA EUTANASIA 265
   Evitar la mala muerte no es eutanasia 267
   Personalizar la muerte no es eutanasia 272

¿Podemos ir más lejos? 274
    No abandonar al que sufre 278
    La demanda de ayuda. 283
    La resistencia social. 286

EPÍLOGO 297

Agradecimientos 305